D1876404

Josef Quadflieg

Sie bewegten die Welt

Josef Quadflieg

Sie bewegten die Welt

Lebensbilder unserer Zeit

PATMOS

Zum Autor: Josef Quadflieg wurde 1924 geboren. Als erfolgreicher Autor vieler Kinder- und Jugendbücher im Patmos Verlag ist er einem großen Publikum seit langen Jahren bekannt. Als erzählendes Jugendbuch erschien von ihm zuletzt: »Jesus. Geschichte eines Lebenden«, Patmos Verlag Düsseldorf 1999.

Ein spannender Jugendroman und ein neuer Zugang zur Geschichte Jesu und seiner Freunde: Was war an diesem Mann so ungewöhnlich, dass er schon zu Lebzeiten zum Stein des Anstoßes für viele wurde? Warum folgten ihm so viele – bis über den Tod hinaus?

Format 14,8 x 21 cm, 240 Seiten, ISBN 3-491-79525-7

Bibliografische Information Der Deutschen Bibliothek
Die Deutsche Bibliothek verzeichnet diese Publikation in der Deutschen Nationalbibliografie; detaillierte bibliografische Daten sind im Internet über http://dnb.ddb.de abrufbar.

6. Auflage 2004
© 2000 Patmos Verlag GmbH & Co. KG, Düsseldorf
Alle Rechte vorbehalten.
Printed in Germany
ISBN 3-491-79534-6
www.patmos.de

Inhalt

Vorwort

Vor kurzem ist das 20. Jahrhundert zu Ende gegangen. Mit seinen 100 Jahren hatte es 36525 Tage, und bei allem Guten und Erfreulichen, das sich in all diesen vielen Tagen ereignete, hat es doch nicht einen einzigen Tag gegeben, an dem nicht irgendwo auf der Welt Menschen über Menschen Leid und Unglück gebracht haben – in Kriegen und Bürgerkriegen, in Aufständen und Pogromen, in Revolutionen oder Massakern, in still dahin schwelender Ungerechtigkeit oder in himmelschreiender Gewalt. Die einen waren vor den anderen auf der Flucht, Stärkere unterdrückten Schwache, Massenvernichtung und Völkermord gab es im zivilisierten Europa so sehr wie im afrikanischen Busch und im Dschungel Südostasiens. Männer, Frauen und Kinder wurden wegen ihrer Religion, wegen ihrer Hautfarbe, wegen ihrer Lebensweise oder ihrer politischen Meinung diskriminiert und verfolgt, wurden in Gefängnissen gefoltert und in Lagern ermordet.

Doch es gab zum Glück hin und wieder auch Lichtblicke in der finsteren Bilanz des Jahrhunderts. Ingenieure machten es sich zur Aufgabe, die Menschen durch moderne Techniken einander näher zu bringen. Wissenschaftler bemühten sich, Leid zu mildern oder durch Forschungen und Experimente in der Elektronik die Kommunikation zu fördern. Künstler schufen Plastiken und Gemälde, die das graue Bild des Alltags aufhellten und verschönerten, Komponisten schrieben Musik, mit der sie jungen und alten Menschen Freude machten. Sportler aus verschiedenen Völkern und Nationen trafen sich zu friedlichen Wettkämpfen. Dichter schrieben gegen die Unmenschlichkeit an und gaben mit ihren Werken Trost und Hoffnung. Politiker und Lehrer, Theologen und Philosophen meldeten sich zu Wort und zeigten Wege auf zu Frieden und Versöhnung, zu Toleranz und menschenwürdigem Verhalten.

Von zwanzig solchen Lichtblicken erzählt dieses Buch »Sie bewegten die Welt«, Lebensbilder von zwanzig Männern und Frauen, die gut waren und anderen Gutes getan haben. Alle, von denen erzählt wird – im 20. Jahrhundert oder kurz davor geboren – haben in den entscheidenden Jahren ihres Lebens das Gesicht des 20. Jahrhunderts mitgeprägt. Sie haben nach Kräften versucht, die Welt zu bewegen, nicht zurück in die Barbarei, sondern nach vorn in eine menschenwürdigere Zukunft.

Sie haben gewaltlos gegen die Unterdrückung von Minderheiten in den USA, in Indien und Südafrika gekämpft und dabei selber viel Unrecht erleiden müssen: Martin Luther King, Mahatma Gandhi, Nelson Mandela. – Sie haben bis zur Erschöpfung geforscht und gearbeitet, um die Menschheit einen Schritt voranzubringen, und haben in ihrer zweiten Lebenshälfte ihre Kraft für die Heilung verwundeter Soldaten oder für die Heimführung von Kriegsgefangenen aufgewandt: die in Polen geborene Marie Curie und der Norweger Fridtjof Nansen. – Sie haben für die Gleichstellung der Frauen gestritten: Marie Juchacz und die Österreicherin Bertha von Suttner; sie haben die Rechte der Kinder eingefordert wie die Italienerin Maria Montessori und Janusz Korczak aus Warschau, der mit seinen jüdischen Waisenkindern sogar in den Tod gegangen ist. – Sie haben sich als Politiker für die Versöhnung ehemaliger Kriegsgegner eingesetzt, wie Willy Brandt, oder sich für ein von Respekt und Liebe getragenes Verhältnis von Christen und Nicht-Christen stark gemacht, wie Papst Johannes XXIII. – Sie haben dem Ungeist des Nationalsozialismus getrotzt und dabei ihr Leben gelassen: Hans und Sophie Scholl, Dietrich Bonhoeffer, Pater Maximilian Kolbe; sie haben gegen den Krieg, gegen das Wettrüsten und den Einsatz von Atombomben protestiert: Käthe Kollwitz, Albert Schweitzer und Albert Einstein. – Sie haben sich aufgerieben in ihrem Einsatz gegen die Leiden der Ärmsten und zu Menschenwürde und Ehrfurcht vor dem Leben aufgerufen: nochmals der Deutsch-Franzose Albert Schweitzer, Henry Dunant aus der Schweiz, Elsa Brändström aus Schweden und Mutter Teresa aus Albanien mit all ihren bewunderungswürdigen Schwestern.

Manche von ihnen waren katholische, manche evangelische Christen, King war Baptist, Mandela Methodist, Korczak und Einstein waren Juden, Gandhi war gläubiger Hindu, andere gehörten nicht ausdrücklich einer bestimmten Religionsgemeinschaft an. Allen aber war gemeinsam: Sie haben dort, wo sie standen, im Geist der Bibel gelebt und gehandelt, sie haben sich bemüht, »das Gute zu tun und vom Bösen abzulassen, den Frieden zu suchen und ihm nachzujagen«, wie es in einem 3000 Jahre alten jüdischen Psalm heißt. Sie haben auf je ihre eigene Weise »den Nächsten geliebt wie sich selbst«.

Josef Quadflieg

Henri Dunant

Der Gründer des Roten Kreuzes

Manchmal zeigt das Fernsehen grauenvolle Bilder: Flüsse sind über die Ufer getreten, reißen Brücken mit sich fort und überfluten Straßen und Bahnlinien; Dörfer werden von einem Erdbeben zerstört, Tausende Menschen sind obdachlos geworden; ein Eisenbahnzug ist entgleist, ein Flugzeug abgestürzt, ein Reisebus von der Fahrbahn abgekommen und ausgebrannt; Frauen und Kinder fliehen aus Kriegsgebieten. Bei solchen Katastrophen kann man fast immer die Helferinnen und Helfer des Roten Kreuzes sehen: Sie retten Verletzte und bergen Tote; sie bauen Zelte auf für Flüchtlinge, Rotkreuz-Ärzte leisten erste Hilfe, Helfer verteilen Trinkwasser, Nahrungsmittel, Decken, Medikamente.

Henri Dunant war ein Schweizer Bankier. Versehentlich in die Schlacht von Solferino verwickelt, änderte er sein Leben: Er wurde der Gründer der größten Hilfsorganisation der Welt: des Internationalen Roten Kreuzes.

Das Rote Kreuz ist die größte Hilfsorganisation der Welt. Allein in Deutschland hat das DRK, das »Deutsche Rote Kreuz«, 4,8 Millionen Mitglieder, weit mehr als irgendeine Partei oder eine Gewerkschaft, mehr als jeder andere Verband oder Verein (den Deutschen Fußballbund und den ADAC ausgenommen). Die Mitglieder helfen vor allem durch ihre Beiträge und Spenden, dass das Rote Kreuz seine vielfältigen Aufgaben erfüllen kann; viele sind als freiwillige Helferinnen und Helfer tätig: Sie kümmern sich um alte Menschen, pflegen Kranke und gehen Behinderten zur Hand, oder sie halten sich bereit für den Einsatz bei Katastrophen. Neben den

293 000 ehrenamtlichen Mitgliedern, die ihre Dienste ohne Bezahlung tun, gibt es etwa 75 000 Männer und Frauen, die das Helfen zu ihrem Beruf gemacht haben und beim DRK angestellt sind: als Ärzte und Pfleger und Schwestern, als Rettungswagenfahrer, Hubschrauberpiloten, Altenheimleiter oder Büroangestellte in der Verwaltung.

Das Rote Kreuz verdankt seine Entstehung einem Schweizer, der 1828 geboren wurde und der in der ersten Hälfte des 20. Jahrhunderts starb: Henri Dunant.

Henris Eltern waren wohlhabende Kaufleute. Schon als er ein Kind war, prägten sie ihm ein: »Bub, setz in deinem künftigen Leben alles daran, viel Geld zu verdienen!« Nach seiner Schulzeit begann er eine Ausbildung als Bankangestellter, und seine Eltern sahen voll Freude, dass er eifrig lernte und dabei war, ein geschickter Kaufmann zu werden. Doch als Henri 18 Jahre alt wurde, erschraken sie: Ihr Sohn legte sein gespartes Geld nicht in Aktien, Wertpapieren und Immobilien an, um reich und immer reicher zu werden; er tat sich vielmehr mit ein paar Freunden zusammen und wendete sich den Armen zu. Abends gingen sie mit ihrem unter dem Mantel versteckten Geld in die Genfer Elendsviertel und halfen denen, die in der großen Stadt vergessen und verloren waren: Greisen und Gebrechlichen, Lahmen und Krüppeln, Einsamen und Sterbenden, Obdachlosen und Stadtstreichern. Sie kauften Kleider und Schuhe und brachten sie ihnen, auch Lebensmittel, Wolldecken und Medikamente gegen die Erkältungskrankheiten, die sie sich in den Winternächten zugezogen hatten. Einmal erfuhr Henri, dass eine Witwe ihre Miete nicht mehr bezahlen konnte; da ging er hin und steckte ihr heimlich eine ziemlich große Geldsumme zu, damit sie mit ihren neun Kindern nicht vom Hausbesitzer auf die Straße geworfen würde.

Zusammen mit seinen Freunden gründete Henri einen Verein zur Betreuung der Armen. Sie nannten ihren Verein »Almosengesellschaft«. Schon nach zwei Wochen hatten sich 114 hilfsbereite junge Männer der Almosengesellschaft angeschlossen. Die Gesellschaft wuchs und wuchs, in der Schweiz, aber bald auch in Frankreich, in Belgien und in den Niederlanden. Später änderten sie ihren Namen und nannten sich *Christlicher Verein junger Männer,* kurz: CVJM. Heute gibt es den CVJM in vielen Ländern der Welt, auch in Deutschland. Die Männer und Frauen des CVJM helfen vor allem denen, die es in die Fremde verschlagen hat und die in den Großstädten keine Freunde finden und einsam sind.

Damals – es war um die Mitte des 19. Jahrhunderts – waren die

Europäer (die bereits seit langem bald hier, bald dort in Afrika eingedrungen waren und weite Gebiete zu ihren *Kolonien* gemacht hatten) dabei, den Kontinent aufs gewissenloseste wirtschaftlich auszubeuten. Auch die Schweizer Bank, bei der Henri Dunant arbeitete und bei der er inzwischen ein hoch geschätzter Geldfachmann und Mana-ger geworden war, beteiligte sich daran: Sie erwarb ein ansehnliches Landgebiet in Algerien und machte ungeheure Geldgewinne. Henri Dunant war 25 Jahre alt; da entsandte ihn sein Chef nach Algerien und ernannte ihn zum stellvertretenden Direktor. Als Dunant sah, wie groß der Gewinn war, den seine Bank in Afrika abkassierte, dachte er: Warum soll ich als Angestellter meiner Bank beim Geldverdienen helfen? Warum soll ich mich nicht selbstständig machen und auf eigene Faust und für meine eigene Tasche Gewinne herauswirtschaften? Er vergaß die Armen und Hilflosen, an denen vordem sein Herz gehangen und für die er seine Ersparnisse hergegeben hatte. Von heute auf morgen verwandelte sich seine Barmherzigkeit in Geldgier.

Dunant kündigte bei der Bank und kaufte ein ausgedehntes Tal am Rand der Wüste, an dessen östlichem Hang ein gewaltiger Wasserfall herunterstürzte. Er ließ Ölbäume anpflanzen, Weinstöcke, Feigenbäume, er ließ einen riesigen Sumpf entwässern und auf dem neu gewonnenen Boden Felder für Weizen, Kartoffeln und Gemüse anlegen. Aus dem Wasserfall leitete man das Wasser für die im Tal angelegten Felder und Plantagen ab, und so wurde aus dem vor kurzem noch dürren und nutzlosen Boden bald ein blühendes, fruchtbares Land.

Im folgenden Jahr kaufte Dunant noch einmal Land hinzu und ließ Öl- und Getreidemühlen bauen, die vom Wasserfall angetrieben wurden. Eines Tages musste er jedoch erfahren, dass er sich verrechnet hatte: Er hatte, um aufzubauen, mehr Geld ausgegeben, als er einnahm. Die Schulden wuchsen ihm über den Kopf und nach fünf Jahren Algerien stand er vor dem Ruin. Er sandte Bittschriften in die Schweiz und Bettelbriefe an reiche Verwandte in Frankreich, aber niemand wollte ihm bei seinen riskanten Unternehmungen weiterhelfen. In seiner Verzweiflung machte er sich auf, um Napoleon III. aufzusuchen, den Kaiser von Frankreich, dem damals Algerien unterstand, und ihn persönlich um Hilfe zu bitten. Der Kaiser führte gerade einen Krieg gegen Österreich und hielt sich an der Front in Norditalien auf. An dem Tag, als Henri Dunant im Heerlager Napoleons ankam, hatte die entscheidende Schlacht zwischen den Österreichern und den aus vielen Ländern zusammengetrommelten Heeren der Franzosen begonnen. Es war bei der Stadt Solferino, man schrieb den 24. Juni 1859. Dieser Tag sollte der Wendepunkt im Leben des Henri Dunant werden.

In dem Kugelhagel der Gewehre und dem unaufhörlichen Donner der Kanonen war es für Dunant unmöglich, zum Gefechtsstand des Kaisers vorzudringen und ihm seine Bitte um Geld vorzutragen. Untätig musste er warten, bis der Abend kam und die Schlacht zu Ende ging. Als er in seinem vornehmen Anzug aus dem schmutzigen Keller kroch, in dem er den ganzen Tag gesessen und Schutz gesucht hatte, stand er starr vor Schrecken da. »Es war eines der furchtbarsten Schauspiele, welche die Phantasie sich ausmalen kann«, schrieb er später in sein Tagebuch: »Auf den Feldern lagen 40 000 Tote, die Zahl der Verwundeten war noch größer.« Überall sah er Soldaten, denen Granatsplitter Arme und Beine abgerissen hatten, überall stöhnten Verwundete; Pferde, von Geschossen getroffen oder von Säbelhieben zerfleischt, wälzten sich im Todeskampf auf der Erde. Entsetzt wandte Henri Dunant sich ab und weinte voll Mitleid mit den Schreienden und vor Zorn über den Unsinn des Krieges. Noch in derselben Nacht zerriss er die Bittschrift, die er Napoleon überreichen wollte, und sprach zu sich selbst: »Ich kann und will nicht länger das Geld anbeten, fortan soll Geld in meinem Leben keine Rolle mehr spielen. Ich will den Menschen helfen, die mich brauchen, sonst nichts.«

Am anderen Morgen, kaum dass die Sonne aufgegangen war, fing er an, Verletzte zu den Plätzen zu tragen, an denen Ärzte Knochenbrüche schienten und Wunden verbanden. Er hielt sie während der schmerzhaften Operationen in seinen Armen; er tröstete junge Männer, fast noch Knaben, die nach ihren Müttern schrien, und ältere, die nach ihren Frauen und Kindern riefen, und sprach mit den Sterbenden ein letztes Gebet.

Dann lief er hinüber in das nahe gelegene Städtchen Castiglione und sprach alle Männer an, die er auf dem Marktplatz und in den Straßen und Gassen traf. »Was steht ihr hier müßig?«, rief er ihnen zu. »Kommt mit mir! Helft mir! Packt mit an! Zwei Hände sind zu wenig, ich kann allein nicht genug tun!« Sie gingen mit ihm auf das Schlachtfeld und machten sich unverzüglich an die ungewohnte Arbeit. Weitere Männer, die von Dunants Aufruf erfahren hatten, kamen hinzu, und als sie um Mitternacht erschöpft nach Castiglione zurückkehrten, zählte Dunant 289 Freiwillige, die den ganzen Tag über nach seinen Anordnungen, Ratschlägen und Befehlen Hunderten von Verwundeten Hilfe geleistet hatten. Mit diesem Häuflein wackerer Männer – Dunant an ihrer Spitze – war, so könnte man sagen, die Idee der späteren weltweiten Hilfsorganisation des *Roten Kreuzes* geboren.

Zwei Tage danach war Sonntag. Noch immer lagen Soldaten in der Junihitze an den Wegrändern und warteten auf Hilfe. In Castiglione läuteten die Glocken und die Frauen schickten sich an, in ihren Sonntagskleidern zur Kirche zu gehen. Da stellte Henri Dunant sich ihnen in den Weg und rief: »Ihr Frauen von Castiglione! Ihr wollt, wie an jedem Sonntag, zum Gottesdienst gehen, als sei in Solferino, ganz in eurer Nähe, nichts geschehen. Ich sage euch: Heute ist nur eines richtig und wichtig: Gott zu dienen, indem ihr den Hilflosen dient, die am Straßenrand liegen!« Die Frauen und Mädchen schauten einander an; doch dann begriffen sie, was Dunant meinte. Sie folgten ihm nach Solferino und trugen, zusammen mit ihren Männern, so viele Verletzte in die schattige Kirche, wie in dem großen Gedränge hineinpassten. Manche holten Betttücher aus ihren Häusern, andere brachten Hemden und Unterhosen herbei, und es war kaum eine, die nicht nach Hause eilte und nicht das Sonntagsessen, das schon auf dem Herd stand, in Näpfe und Kübel füllte, zur Kirche von Castiglione brachte und an die hungernden Soldaten austeilte.

Da hörte Dunant, wie an der Kirchtür ein Tumult entstand. Er ging hin und sah, dass die Frauen zwei schwer verletzte Soldaten aus der Kirche warfen und auf der Treppe liegen ließen.

»Was soll das?«, rief er.

»Es sind Österreicher, Herr«, sagten die Frauen. »Sie sind versehentlich in die Kirche gebracht worden. Es sind zwei von unseren Feinden. Wir aber helfen nur unseren Landsleuten, den Italienern, und unseren Verbündeten, den Franzosen!«

Zornig rief Dunant: »Haltet ein! Macht dem Hass ein Ende! Rührt es denn nicht euer Herz, wenn ihr seht, wie sie sich winden vor Schmerzen und sich krümmen vor Hunger? Wo Menschen leiden, gibt es nicht mehr Italiener und Österreicher, gibt es nicht mehr Franzosen noch sonst eine trennende Nationalität. Alle Menschen sind Brüder und Schwestern!«

Solche Worte hatte man in Kriegszeiten noch nie gehört. Helfen, ja. Aber doch nicht den Feinden! Nur widerwillig gehorchten sie dem Befehl Dunants. Sie trugen die beiden Österreicher in die Kirche zurück und gaben ihnen zu essen und zu trinken. Henri Dunant aber ließ nicht locker, bis die Leute von Castiglione ihre alten Vorurteile und ihren ganzen Starrsinn aufgaben und die Sakristei ihrer Kirche zu einem kleinen Operationssaal umbauten. Während sie noch damit zu tun hatten, eilte Dunant zum kommandierenden General und erreichte, dass Ärzte und Sanitäter, die in Gefangenschaft geraten waren, umgehend freigelassen wurden und mit ihm nach Castiglione gehen durften. Schon am nächsten Morgen reichten ein österreichischer Arzt, ein italienischer Medizinstudent, ein Militärarzt aus Korsika, ein deutscher Chirurg und ein französischer Sanitäter einander die Operationsinstrumente und versorgten und pflegten gemeinsam alle, die man in die Sakristei trug – ohne Rücksicht auf ihre Staatszugehörigkeit.

Was Henri Dunant bei der Schlacht von Solferino und in den darauf folgenden Wochen von Castiglione erlebt hatte, schrieb er auf und veröffentlichte es in einem Buch mit dem Titel *Erinnerung an Solferino.* Das Buch wurde ein Welt-Bestseller: In Frankreich war es schon wenige Jahre nach Erscheinen zehnmal nachgedruckt worden; es wurde ins Deutsche übersetzt, ins Niederländische, Englische, Dänische, Schwedische, Norwegische, Spanische, Italienische und sogar ins Japanische. Der Erfolg des Buches lag an der einfachen und zugleich staunenswerten Geschichte, die darin erzählt wurde: Ein unbedeutender Privatmann, vom Schicksal auf ein blutiges Schlachtfeld geführt, war zum Verkünder von Toleranz und Hilfsbereitschaft geworden und rief mit all seiner Energie gegen Krieg und Gewalt auf. Mit einem Schlag war Dunant ein weltberühmter Mann. Doch an Ruhm lag ihm nicht viel; wichtig allein war ihm, dass sein Aufruf in aller Welt gehört wurde: Verwundeten zu helfen, ganz gleich, ob Freund oder Feind, ganz gleich, ob Franzose oder Engländer, ob Deutscher oder Russe.

Vier Jahre nach Solferino und nur ein knappes Jahr nach Erscheinen seines aufsehenerregenden Buches hatte Henri Dunant sein erstes Ziel erreicht: Am 26. Oktober 1863 kamen hochrangige Vertreter aus 16 europäischen Staaten in Genf zusammen und unterschrieben die sogenannte *Genfer Konvention,* einen Vertrag, den Dunant mit einigen seiner Mitarbeiter verfasst hatte. In diesem Dokument war festgelegt, dass die Helferinnen und Helfer, die sich auf den Schlachtfeldern und nahe hinter der Front um Verwundete kümmern, nicht als Freund oder Feind zu betrachten, sondern von den Krieg führenden Mächten als neutral anzuerkennen seien: Sie dürften nicht bei ihrer Arbeit behindert, geschweige denn militärisch angegriffen und beschossen werden. »Verbandsplätze und Lazarette«, so stand in der Genfer Konvention, »sowie die Armbinden des helfenden Personals sind einheitlich mit dem Zeichen des Roten Kreuzes auf weißem Grund zu kennzeichnen.« Die Genfer Konvention wurde zunächst nur von den 16 Unterzeichner-Staaten eingehalten; nach und nach aber wuchs das Internationale Rote Kreuz zu einer Organisation, deren Satzungen sich bis heute 175 Staaten angeschlossen haben. Einige islamische Länder, die nicht das christliche Zeichen des Kreuzes verwenden wollen, setzten den »Roten Halbmond«, die »Rote Sonne« oder den »Roten Löwen« auf ihre Hilfsfahnen; der spätere Staat Israel den »Roten Davidsstern«.

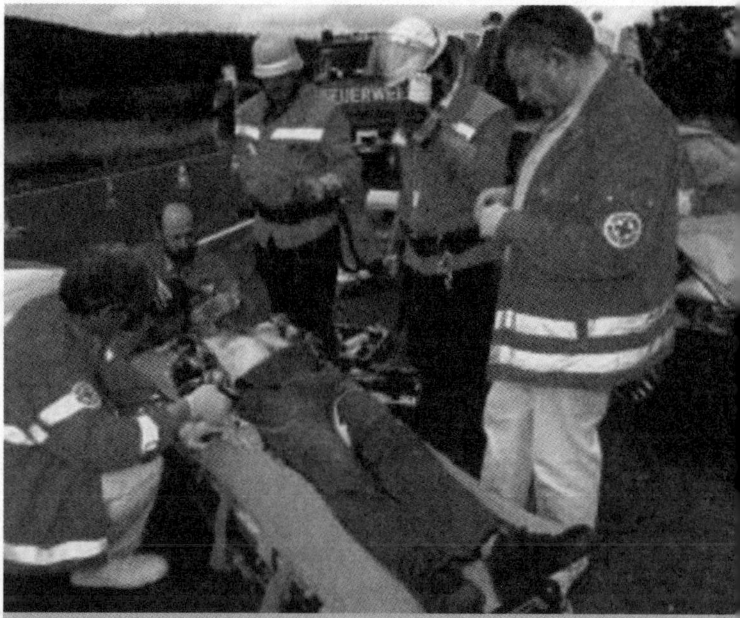

In Deutschland kommen jedes Jahr fast 8000 Menschen bei Verkehrsunfällen ums Leben. Wie viele wären es wohl, wenn es die stets einsatzbereiten Rettungsdienste des Deutschen Roten Kreuzes und ähnlicher Organisationen nicht gäbe!

Als sieben Jahre nach Solferino erneut ein Krieg vom Zaun gebrochen wurde – diesmal zwischen Österreich und Preußen –, trat endlich als letztes der europäischen Länder auch Österreich dem Internationalen Roten Kreuz bei. Nach dem Krieg empfing Wilhelm I., der König von Preußen, Henri Dunant in seinem Schloss in Berlin bei den Siegesfeierlichkeiten. »Ich war der erste Fürst in Europa«, sagte er stolz, »der Ihr Werk gewürdigt und gefördert hat, und ich freue mich, dass jetzt alle Länder Europas die Genfer Konvention unterzeichnet haben!« Seine Frau, die Königin Augusta, die bei den Kämpfen in Böhmen Verwundete gepflegt hatte, trat auf Henri Dunant zu und sprach: »Wissen Sie, Herr Dunant, dass ich Ihre weiße Armbinde mit dem Roten Kreuz getragen habe und stolz darauf gewesen bin?«

Um den Gedanken an die Humanität und Barmherzigkeit nicht nur in den wilden Zeiten des Krieges zu pflegen, sondern auch in den Jahren des Friedens weiter wach zu halten, griff König Wilhelm von Preußen – der wenig später Kaiser von Deutschland wurde – alle Vorschläge auf, die Henri Dunant ihm unterbreitete: In zahlreichen Städten, vor allem in den Industriegebieten, wurden auf seine Anweisungen hin Waisenhäuser gebaut und Nacht-Asyle für Obdachlose eröffnet; man richtete Kinderkrippen ein, damit die Eltern tagsüber ihrer Arbeit nachgehen konnten, ohne dass ihre Kinder auf der Straße herumlungern mussten. An vielen Orten wurden sogenannte Armen-Apotheken gegründet und Arme-Leute-Spitäler gebaut, die von Schwestern und Ärzten des Roten Kreuzes betreut wurden. Durch die freiwilligen Helfer des Roten Kreuzes war bald über ganz Preußen, ja über ganz Deutschland ein großes Netz von Hilfsstützpunkten ausgebreitet, um bei Hungersnöten und Feuersbrunst, bei Überschwemmungen und Eisenbahnunglücken, bei Seuchen und anderen Katastrophen zur Stelle zu sein und rasch und zuverlässig Hilfe leisten zu können.

Mehr noch als der König setzte seine Gemahlin – vorbildlich für andere fürstliche Frauen in Europa – ihre Kraft für die Sache des Roten Kreuzes ein. Königin Augusta gründete in Berlin den ersten »Vaterländischen Frauenverein vom Roten Kreuz«. Die Frauen richteten mit Umsicht und Eifer überall im Land Blutspendestellen ein und versammelten Jugendliche um sich, die sie in Kursen für die Erste Hilfe bei Unfällen ausbildeten; sie organisierten häusliche Pflegedienste für Menschen, die wegen Krankheit, Alter oder Gebrechlichkeit ihre Wohnung nicht verlassen konnten. Dunant war glücklich, erleben zu dürfen, wie sein Werk wuchs und zum Segen für unzählige leidende Menschen wurde.

Doch sein Glück war nicht von Dauer. Seine vernachlässigten afrikanischen Projekte stürzten ihn von Jahr zu Jahr tiefer in Schulden. Die Banken und die reichen Privatleute, die ihn seinerzeit unterstützt hatten, ließen ihm nun durch Richter und Rechtsanwälte Mahnungen und Drohbriefe ins Haus schicken. Er fuhr nach Algerien, um an Ort und Stelle das Unglück vielleicht doch noch in den Griff zu bekommen: vergebens. Er fuhr in die Schweiz, um – als der berühmteste Schweizer der Welt – Kredit und Aufschub zu erwirken: Man wies ihn ab. Zuletzt reiste er nach Paris, wo er vom französischen Kaiser, den er in Solferino nicht hatte sprechen können, freundlich und mit öffentlichen Ehren empfangen wurde. Allein: Geld gab ihm auch der Kaiser nicht.

Entmutigt kehrte Henri Dunant nach Genf zurück. Dort wartete noch Schlimmeres auf ihn: Im Vorstand des Internationalen Roten Kreuzes hatte es während seiner Abwesenheit Spannungen und Streit gegeben. Neider hatten sich stark gemacht, die Henri Dunant seinen Ruhm nicht gönnten. Sie nannten ihn einen Spinner und Fantasten, weil er immer noch mehr, nämlich das scheinbar Unmögliche zu erreichen trachtete: Er wollte die Politiker dafür verantwortlich machen, dass nicht erst die Folgen der Kriege gemildert, sondern dass Krieg überhaupt von vornherein unmöglich gemacht und total abgeschafft würde – ein Plan, für dessen Durchsetzung auch Bertha von Suttner aus Österreich und Alfred Nobel aus Schweden (die etwa zur selben Zeit lebten wie er) bei den Mächtigen der Welt warben, wenn auch ohne die geringste Chance, je dieses hohe Ziel zu erreichen.

Dunants Gegner verdrängten ihn aus dem Vorstand des Internationalen Roten Kreuzes; enttäuscht zog er sich zurück. Alles war ihm gleichgültig geworden: Er lief mit abgetragener Jacke und ausgefranster Hose herum, ließ seinen sonst so schönen Bart ungekämmt und ungepflegt herunterwachsen und schaute nicht auf, wenn ihn jemand grüßte. Schließlich wurde er krank und schrieb an seine Familie, sie sollte ihm doch helfen. Da schickten ihm die Verwandten jährlich eine Geldsumme, gerade mal 25 Cent mehr, als man in Amerika an Kostgeld für einen Hund ausgibt, den man wegen Altersschwäche in eine Hundepension gibt.

Im Jahre 1901 wurde zum ersten Mal der Friedensnobelpreis verliehen; Henri Dunant erhielt ihn. In der zugehörigen Urkunde hieß es: Sie erhalten den Preis »für das verdienstliche und wirksamste Bestreben zur Förderung allgemeiner Brüderlichkeit«. Er nahm den Preis schweigend entgegen; das Geld, das zur Verleihung gehörte, verschenkte er an Arme, obwohl er selber arm war. Zurückgezogen von all seinen früheren Freunden und von vielen vergessen, die ihn einst hoch verehrt hatten, starb Henri Dunant an einem Sonntag des Jahres 1910 in Heiden in der Schweiz.

Bertha von Suttner

Eine Frau kämpft für den Frieden

Bertha von Suttner unterstützte mit ihrem Buch »Die Waffen nieder!« und mit zahlreichen Aufrufen zur Beendigung des Wettrüstens die Bemühungen der weltweiten Friedensbewegungen zu Anfang des 20. Jahrhunderts.

Bertha von Suttner wurde 1843 in Prag geboren, im Lande Böhmen, das damals zu Österreich gehörte. In Österreich regierte, an prunkvollem Hof, Kaiser Ferdinand; überall im Land gab es stolze adlige Familien, die sich rühmten, von Fürsten und Baronen, von Grafen und Freiherren abzustammen. Auch Bertha hatte einen vornehmen Titel vorzuweisen; auf ihrer Visitenkarte stand: »Baronin von Suttner, geborene Gräfin Bertha Sophia Felicita Kinsky von Chinic und Tettau«. Ihr Vater war der Kaiserliche Feldmarschall Graf Kinsky und entstammte einem 600 Jahre alten Grafengeschlecht; einer seiner Vorfahren gehörte zu den Rebellen, die einst auf der Prager Burg den Dreißigjährigen Krieg ausgelöst hatten, ein anderer war Oberst im Lager des berühmten Feldherren Wallenstein gewesen. Ihr Vater, Graf Kinsky, besaß große Landgüter in ganz Böhmen, das Kinsky-Palais auf dem Altstädter Ring zu Prag war sein Wohnsitz, dort wurde Bertha geboren. Sie hat aber ihren Vater nie kennen gelernt: Kurz vor ihrer Geburt starb er, 74 Jahre alt. Ihre Mutter, Sophie Wilhelmine von Körner, war im Gegensatz zum Vater nur eine »einfache« Gräfin. Weil sie keine bedeutenden Vorfahren aufzuweisen hatte, galt sie beim österreichischen Hochadel nicht viel. So kam es, dass Bertha als junges Mädchen von den anderen Töchtern aus adligen Häusern verächtlich behandelt wurde. Als sie, mit achtzehn Jahren, in ihrem mit Rosen besetzten weißen Kleid bei einem festlichen Ball in die große Gesellschaft eingeführt werden sollte, ließ man sie links liegen und keiner der jungen Herren holte sie zum Tanz. Darüber war sie so tief gekränkt, dass sie in ihrem Trotz ohne viel zu überlegen den Heiratsantrag eines reichen, 52 Jahre alten Mannes annahm; es war der Bruder des Dichters Heinrich Heine. Sie verlobten sich; doch noch im selben Jahr löste sie, ernüchtert, die Verlobung wieder auf. Damals ahnte noch niemand, dass das sitzen gelassene Mädchen Bertha einmal die berühmteste Persönlichkeit der Kinsky-Familie werden sollte.

Genoss ihre Mutter auch nur geringes Ansehen unter den österreichischen Adligen, so hatte sie doch einen Vorteil: Sie war sehr reich. Zuerst wohnte sie noch in dem fürstlich ausgestatteten Palais in Prag, das sie von ihrem Mann geerbt hatte; dann zog sie mit ihren Kindern Bertha und deren älterem Bruder von Prag weg nach Brünn, von Brünn nach Wien, von Wien nach Klosterneuburg. An jedem neuen Ort richteten sie sich eine schönere und komfortablere Wohnung ein. Viele Dienerinnen und Diener sorgten für sie, ausländische Erzieherinnen wurden eingestellt und unterrichteten Bertha in der englischen, französischen und italienischen Sprache. Sie lernte Klavier spielen, sieben Jahre lang nahm sie Gesangunterricht.

Nach der Enttäuschung auf dem Ball reiste die Mutter mit Bertha in vielen Städten Europas umher: Mal sah man sie in Baden-Baden oder in den vornehmen Kurorten Böhmens, mal in Rom oder Venedig, mal in Bad Homburg, in Paris, in Wiesbaden. Nicht zuletzt ging es ihr natürlich darum, für Bertha einen reichen und angesehenen Mann zu finden. Darum versäumten sie keinen der großen Bälle und nahmen fleißig an den aufwändigen Festen und Empfängen in den Adelspalästen und Schlössern teil. In Berthas Tagebuch aus dieser Zeit kann man lesen, dass die jungen Damen in jenen Tagen manchmal zwei Drittel ihrer Zeit auf die Sorge um ihre auserlesene, sündhaft teure Garderobe verschwendeten.

In diesen sorgenlosen, leichtlebigen Jahren war Bertha so sehr mit den oberflächlichen Tagesereignissen des gesellschaftlichen Lebens beschäftigt, dass sie kaum Zeit für ernstere Dinge fand. In Venedig interessierte sie sich wenig für die Werke der Malerei, der Architektur und der Bildhauerkunst, um derentwillen alljährlich Tausende von Menschen aus aller Welt eigens herbeireisten, um sie mit Staunen und Ehrfurcht zu betrachten; sie stieg lieber in die Gondel und machte mit ihren ausgelassenen Freundinnen bei Fackel- und Kerzenschein Vergnügungsfahrten durch die Kanäle der Lagunenstadt. In Rom besuchte sie zwar die antiken Sehenswürdigkeiten, aber nur pflichtgemäß und lustlos. Statt die Ausgrabungsfelder zu studieren und die Siegessäulen und Triumphbögen der alten römischen Kaiser anzuschauen, statt in die großen Museen oder in den ehrwürdigen Petersdom zu gehen, flanierte sie über die lauten, von fröhlichen Menschen erfüllten Plätze, saß schwatzend an einem der zahlreichen Brunnen oder sonnte sich inmitten der Touristenscharen auf der berühmten Spanischen Treppe und sah dem bunten Treiben der vorbeiziehenden Puppenspieler und Musikanten zu.

Noch ein zweites und ein drittes Mal verlobte Bertha sich. Der eine war ein Hochstapler, den sie nicht durchschaute. Er redete ihr vor, sein Vater sei der reichste Mann von Australien. In Wirklichkeit hatte er kein Geld, sondern hohe Schulden, und er verschwand bei Nacht und Nebel. Der andere war ein wirklicher Prinz, aber auch er war völlig verarmt, machte sich zu Schiff davon und starb, unterwegs nach Amerika, an der Seekrankheit. Es kam noch schlimmer: Berthas Mutter war eine leidenschaftliche Glücksspielerin geworden; sie verlor in den Spielcasinos von Rom und Paris das ganze Vermögen, das sie von Graf Kinsky, ihrem Mann, geerbt hatte.

Als das Vermögen dahinschmolz und ihre Armut von Woche zu Woche spürbarer wurde, fuhren Bertha und ihre Mutter, enttäuscht und gedemütigt, nach Wien zurück. Bertha – inzwischen dreißig Jahre alt – musste eine Arbeitsstelle suchen, um sich und die Mutter am Leben zu erhalten. Sie bewarb sich als Erzieherin bei der reichen, gräflichen Familie des *Freiherrn von Suttner*. Ihre Bewerbung wurde nach kurzer Überprüfung angenommen.

Die Familie von Suttner hatte sieben Kinder, von denen einige bereits erwachsen waren. Berthas Arbeit bestand darin, vormittags den jüngeren Kindern Klavierunterricht zu erteilen und sie Fremdsprachen zu lehren. Nachmittags musste sie mit den heranwachsenden Töchtern in der offenen Kutsche stundenlang als Gesellschafterin durch den Wiener Stadtpark fahren, damit die jungen Damen, wie es damals üblich war, von den Söhnen vornehmer und wohlhabender Familien gesehen wurden. Eine merkwürdige und geistlose Arbeit, die Bertha zwar nicht gefiel, die sie aber tat, um Geld zu verdienen. Zum Glück hatte sie viel freie Zeit: Endlich kam sie dazu, die klassischen Werke der deutschen, englischen und französischen Dichter zu lesen. So holte sie in den drei Jahren im Hause Suttner nach, was sie in der turbulenten Zeit von Rom, Venedig und Paris versäumt hatte.

Da geschah es: Der jüngste Sohn der Suttners, Artur Gundaccar Freiherr von Suttner, verliebte sich in seine Erzieherin. Als ihre heimliche Liebe ans Licht kam, waren Arturs Eltern entsetzt. Ihr Sohn Artur Gundaccar – verliebt in eine ihrer Hausangestellten, eine sieben Jahre ältere Frau aus nicht sonderlich hoch geschätztem und dazu inzwischen verarmtem Adel! Das kam natürlich nicht infrage. Man setzte Bertha zwar nicht sofort vor die Tür, aber sie musste sich unverzüglich um eine andere Stelle bemühen.

Der Zufall kam ihr zu Hilfe. In der Wiener Zeitung erschien ein Inserat, in dem ein »sehr reicher, hoch gebildeter älterer Herr« eine Dame suchte, die ihm, in Paris, als Sekretärin dienen und ihm den Haushalt führen sollte. Die Dame müsse »gesetzten Alters« sein und in englischer und französischer Sprache korrespondieren können. Der Herr nannte weder seinen Namen noch seinen Stand; als Bertha auf die Annonce hin an die Zeitung schrieb, erhielt sie schon bald Antwort. Der ältere Herr war 42 und hieß Alfred Nobel, der weltberühmte Erfinder des Dynamit und einer der reichsten Männer Europas. Unter Tränen und Treueschwüren nahmen Bertha und Artur voneinander Abschied. Die Suttners bezahlten Bertha die Eisenbahnfahrt nach Paris, erleichtert, dass das Verhältnis zwischen der armen Bertha von Kinsky und dem Freiherrn Artur Gundaccar von Suttner nun wohl nicht zu einer unstandesgemäßen Heirat führen würde.

Die Arbeit bei Alfred Nobel während des Jahres 1876 brachte eine entscheidende Wende in Berthas Leben. Bisher hatte sie sich nie für die Naturwissenschaften, nie für Physik und Chemie interessiert, und schon gar nicht für Kriegs- und Friedenspolitik. Als Nobels Sekretärin musste sie sich nun mit solchen Fragen beschäftigen: Sie ordnete die laufenden Notizen und Protokolle seiner wissenschaftlichen Experimente; sie hatte Einblick in die schriftlichen Anfragen, die aus aller Welt in Paris eintrafen; sie besorgte seine Antwortbriefe, in denen er gewissenhaft auf die Probleme der Fachleute einging, soweit sie für seine Arbeit von Bedeutung waren.

Alfred Nobel merkte rasch, dass er in Bertha von Kinsky eine Gehilfin gewonnen hatte, die außergewöhnlich intelligent war, die mitdachte und die ihre Arbeit mit großem Fleiß, mit viel Umsicht und engagiertem Interesse ausführte. Der sonst so verschlossene, menschenscheue und wortkarge Wissenschaftler schloß Bertha in sein Herz. Viele Abende lang saß er mit ihr zusammen und sprach mit ihr über seine Arbeit, nicht zuletzt über die Folgen, die seine Erfindungen möglicherweise für die Menschheit haben könnten.

Mit dem Dynamit und den anderen hochexplosiven Sprengstoffen, die er zehn Jahre zuvor erfunden hatte, wurde es möglich, in den felsigen Landstrichen von Mittelamerika den Panamakanal und in Griechenland den Kanal von Korinth zu bauen, die Tunnelgänge für den Bau der St.-Gotthard-Bahn in den Fels zu treiben und die Fahrtschluchten der Transpazifischen Bahn aus den Bergen zu sprengen – aber es wurde auch möglich, immer bedrohlichere, menschenvernichtende Waffen für den Krieg zu entwickeln. Gerade darüber diskutierten und stritten sie oft bis tief in die Nacht. Beide glaubten damals, in Zukunft könnten Zerstörungsmaschinen von solch gewaltiger und abschreckender Wirkung gebaut werden, dass niemand mehr wagen würde, einen Krieg anzufangen, denn in einem solchen Krieg müssten alle Beteiligten, Freund und Feind, zu Grunde gehen.

Eines Tages, Alfred Nobel war gerade bei seinen Verwandten in Stockholm, kam ein Telegramm von Artur Gundaccar Suttner: »Kann ohne dich nicht leben!« Ohne auch nur eine Minute zu zögern, packte Bertha ihre Sachen, legte einen Dankesbrief, den sie in der Nacht geschrieben hatte, auf Nobels Schreibtisch und reiste mit freudigem Herzklopfen früh am anderen Morgen zurück nach Wien. Artur erwartete sie und brachte sie zu einer befreundeten Familie, bei der sie sich verstecken konnte. Drei Wochen später heirateten sie heimlich in einer Dorfkirche nahe bei Wien. Sie flohen unbemerkt – von nun an Artur von Suttner und Bertha von Suttner – aus Österreich weg in den fernen Kaukasus, wo sie von einer Fürstin, die Bertha von einem früheren Kur-Aufenthalt in Bad Homburg kannte, herzlich empfangen und liebevoll aufgenommen wurden.

Das jungverheiratete Paar wollte aber auf Dauer nicht von der Gunst und dem Geld ihrer Gastgeberin leben, sondern auf eigenen Füßen stehen. Wieder erteilte Bertha Klavier- und Gesangsunterricht und lehrte adlige russische Kinder die deutsche Sprache; ihr Mann Artur arbeitete in einer Tapetendruckerei und bei einer Baufirma. Zugleich begannen beide, Zeitungs- und Zeitschriftenartikel zu schreiben und nach Österreich zu schicken: mit großem Erfolg, denn ihre Beiträge über Länder und Menschen am Schwarzen Meer wurden mit Interesse aufgenommen und gut bezahlt. Kurz darauf schrieb Bertha ihr erstes Buch, in dem sie ihre Vorstellungen und Hoffnungen für eine bessere Zukunft der Menschheit darlegte.

Während ihres Aufenthalts im Kaukasus brach auf dem Balkan zwischen Russland und der Türkei ein Krieg aus. Bertha hörte vom Leid der verwundeten und gefangenen Soldaten, vom Elend der vertriebenen und flüchtigen Männer, Frauen und Kinder in den Kriegsgebieten, von Verwüstungen, Gräueltaten, Hunger und Seuchen. Sie erinnerte sich an die Gespräche, die sie in Paris mit Alfred Nobel geführt hatte. Als sie nach neun Jahren Leben in der Fremde zu den inzwischen versöhnten Suttners nach Wien zurückkehren konnte, verfolgte sie nur einen einzigen Gedanken: Es ist gut, den erbarmungswürdigen Opfern der Kriege zu helfen – aber es ist besser, alles daranzusetzen, dass Kriege verhindert werden, bevor es zu spät ist. Bertha war eine leidenschaftliche Pazifistin geworden.

Bei ihrem ersten Buch hatte sie noch nicht gewagt, als Verfasserin ihren Namen preiszugeben; ein politisches Buch, von einer Frau geschrieben, hätte damals niemand ernst genommen. Das Buch hieß *Das Maschinenzeitalter*, und auf dem Titelblatt stand nicht: »Von Bertha von Suttner«, sondern, geheimnisvollerweise: »Von Jemand«. Jetzt aber, sechs Jahre danach, verschwieg sie ihren Namen nicht mehr. Ihr neues Buch verbreitete sich schnell, es wurde in mehrere Sprachen übersetzt, war mehrmals ausverkauft und musste immer wieder nachgedruckt werden. Der Titel des Buches lautete: *Die Waffen nieder!*

Erzählt wird von einer Frau, deren Mann Soldat wird und in den Krieg ziehen muss. Überall im Land singt man patriotische Kriegslieder, Fahnen werden geschwenkt, in den Straßen schreit man »Hurra!«, Redner sprechen von Vaterlandsliebe und Feindeshass, man gibt den jungen Burschen, die ins Feld ziehen, das alte Sprichwort mit auf den Weg, dass es »süß und ehrenvoll« sei, für das Vaterland zu sterben, man versichert den Witwen, dass ihre Männer für die Ehre des Reiches, für den Ruhm des Kaisers gefallen sind. »Wäre es nicht besser«, klagt die Frau in Berthas Buch, die voll banger Sehnsucht auf die Heimkehr ihres Mannes wartet, »man schickte die armen Kerle erst gar nicht hin in all den Jammer, statt sie abschlachten zu lassen und sie hinterher Helden zu nennen?«

Bis dahin waren in Schulbüchern und Kriegsromanen Glanz und Glorie siegreicher Feldzüge gepriesen worden. Nun schilderte Bertha von Suttner in ihrem Buch »Die Waffen nieder!« das ganze grausige Elend des Krieges, das man sonst zu verschweigen pflegte. In ungeschminkter, offener, geradezu brutaler Sprache erzählte sie von abgeschossenen Beinen und abgerissenen Armen, von Männern, die mit dem Säbel niedergeschlagen oder mit dem Bajonett durchstochen, von Granaten zerfetzt und von Pferden zertrampelt wurden, die in zerschossenen Häusern verbrannten, die hilflos verbluteten und im Todeskampf nach ihren Müttern, Frauen und Kindern riefen. Die Menschen, die den Roman lasen, waren von der Entsetzlichkeit des Krieges erschüttert; das Buch wurde zur Streitschrift für alle, die sich zusammentun wollten, um für den Frieden und gegen den Krieg einzutreten. Viele bedeutende Männer gratulierten ihr zu ihrem wichtigen, aufrüttelnden Werk. Der russische Dichter Tolstoi sprach die Hoffnung aus, dass ihr Buch zur Abschaffung des Krieges beitrage; Alfred Nobel sicherte ihr »Freundschaft für immer« zu und lobte sie als die tapfere Frau, die es wagte, öffentlich »Krieg gegen den Krieg« zu führen.

Baronin von Suttner war über Nacht bekannt und berühmt geworden. Die Waffen nieder! – zu diesem ihrem Motto hielt sie Vorträge vor einfachen Leuten und hochrangigen Politikern. Die Waffen nieder! – unter diesem Titel erschien bald darauf in Berlin eine Zeitschrift, für die sie jeden Monat einen aufrüttelnden Aufsatz zum Thema Frieden schrieb. In Wien taten sich einflussreiche Männer zusammen und berieten, wie man ihre Friedenspläne in die Tat umsetzen könnte; sie gründeten 1891 die »Österreichische Friedensgesellschaft« und wählten Frau Suttner zu ihrer Präsidentin. Im selben Jahr wurde sie nach Rom zu einem großen Friedenskongress eingeladen; sie hielt, als einzige Frau unter hundert Männern, in italienischer Sprache eine begeisternde Rede. Davon angestoßen, richtete man in Bern ein internationales »Büro der Friedensgesellschaften« ein, in dem die Friedensbemühungen aus verschiedenen Ländern zusammengetragen wurden; Vizepräsidentin des Büros wurde Baronin von Suttner.

Kurz darauf entstand die »Friedensgesellschaft von Ungarn« sowie das »Internationale Friedensinstitut von Monaco«. In Berlin wurde eine »Deutsche Friedensgesellschaft« gegründet, die schon bald 2000 Mitglieder zählte; zwanzig Jahre später waren es an die Zehntausend. Der »Deutsche Kyffhäuserbund«, der Traditionsverein ehemaliger Krieger und deren Sympathisanten, konnte allerdings zur selben Zeit dagegen mit fast 3 Millionen stolzer Mitglieder aufwarten…

Große Hoffnungen setzten die Friedensgesellschaften damals auf die »Erste Haager Friedenskonferenz«, die 1898 in den Niederlanden einberufen wurde. Regierungsvertreter aus 26 Ländern reisten an; ausschließlich Männer. Bertha von Suttner nahm als Journalistin teil. Sie

Baronin von Suttner hielt Vorträge auf vielen bedeutenden Kongressen. Sie war eine beeindruckende Persönlichkeit. »Wenn ein Thronsessel hinter ihr stände«, schrieb ein Chronist, »glaubte man eine Königin vor sich zu haben.«

schrieb Konferenzberichte für zwölf österreichische, deutsche, französische, italienische, russische, englische und amerikanische Zeitungen. Die Konferenz beschloss, in Den Haag ein ständiges »Schiedsgericht« einzurichten, das zwischen streitenden Nationen vermitteln sollte. Der deutsche Kaiser Wilhelm II. hatte einen Botschafter zu der Konferenz entsandt; er hatte dafür zu sorgen, dass das Schiedsgericht nicht zu mächtig wurde und nur über weniger bedeutende Streitfragen zu urteilen hatte. »An dem Nichtgelingen im Haag«, schrieb Baronin Suttner erbittert in ihren Berichten, »ist allein Wilhelm schuld.«

Kaiser Wilhelm wollte ein militärisch starkes Deutschland mit vielen grandiosen Kriegsschiffen, die der als unbesiegbar geltenden englischen Flotte überlegen sein sollten. Amerika und die Großmächte in Europa fühlten sich ermutigt, miteinander um die Wette ihre Heere und Kriegsflotten aufzurüsten. In einer nachfolgenden »Zweiten Haager Friedenskonferenz«, an der sogar 44 Nationen teilnahmen, wurden denn auch unsinnigerweise von vornherein die Fragen des Wettrüstens ganz und gar ausgeklammert. Es war gekommen, wovor Bertha von Suttner dringend gewarnt hatte: Die Konferenzen hatten nicht so sehr darüber verhandelt, wie man mit diplomatischen Mitteln bis zum Letzten versucht, Kriege zu verhindern, sondern fast ausschließlich darüber, wie man – nachdem man bis aufs Unsinnigste gerüstet und Kriege angezettelt hatte – nachträglich den bedauernswerten Opfern der Kriege helfen könnte.

Die Waffen nieder? Die Herrschenden waren weit davon entfernt, ernsthaft den Krieg zu ächten. »Wenn du den Frieden willst, bereite den Krieg vor« – nach dieser alten römischen Weisheit vergrößerten sie ihre Armeen und rüsteten sie mit immer mehr und immer schlagkräftigeren Waffen aus. Bertha von Suttner war enttäuscht, aber nicht entmutigt. Sie reiste mit dem Schiff über den Ozean in die Vereinigten Staaten von Amerika und nahm dort am Friedenskongress von Boston teil, wo ihre Ideen mit großer Begeisterung aufgenommen wurden. Anschließend besuchte sie den damaligen Präsidenten der USA, Theodore Roosevelt, und führte mit ihm im Weißen Haus ein langes, eindringliches Gespräch. Auch Roosevelt war für den Frieden, doch er konnte sich, den Frieden zu sichern, kein anderes Mittel vorstellen, als durch eine hoch gerüstete militärische Streitmacht die Völker abzuschrecken und ihnen dadurch den Mut zum Kriegführen zu nehmen. Wenig später unternahm sie die beschwerliche Schiffsreise nach Amerika ein zweites Mal. Wieder sprach sie in den großen Städten vor voll besetzten Häusern, wieder gewann sie die uneingeschränkte Zustimmung Tausender von ihrer Friedensidee angesteckter Menschen. Doch die Meinung des Präsidenten, den Frieden durch Waffen zu garantieren, hatte sich nicht geändert. Mit zwiespältigen Gefühlen kehrte sie nach Europa zurück. Kaum daheim, machte sie sich wieder auf den Weg, dieses Mal durch Deutschland, und hielt Vorträge in 28 Städten. Doch auch hier wusste sie: Während die einfachen Leute in den Vortragssälen mir Beifall klatschen, sorgen die Regierenden dafür, dass die Produktion in den Rüstungsfabriken auf Hochtouren gebracht wird.

1892 besuchten Bertha und Artur Gundaccar von Suttner ihren alten Freund Alfred Nobel, der sich auf einer Reise in der Schweiz aufhielt. Sie machten eine ausgedehnte Bootsfahrt auf dem Zürichsee. Während der Bootsfahrt erklärte Nobel ihnen, er plane, einen Teil seines beträchtlichen Vermögens Männern und Frauen zukommen zu lassen, die sich um das Wohl der Menschheit verdient gemacht hätten. Er denke dabei, so legte er ihnen dar, an wichtige Forschungsergebnisse in der Medizin, an neue Erkenntnisse auf dem Gebiet der Physik, an hilfreiche Erfindungen und Entdeckungen in der Chemie und an Werke der Literatur aus allen fünf Erdteilen, an Bücher, in denen Menschen auch in ausweglos scheinenden Situationen ihres Lebens Ausrichtung, Mut und Hoffnung gegeben werde. Bertha von Suttner ermunterte ihn, zu diesen vier Bereichen doch noch einen fünften hinzuzufügen: den Bereich der Arbeit für den Frieden. Nobel stimmte zu. In seinem Testament verfügte er, ein Jahr vor seinem Tod, dass der *Friedens-Nobel-Preis* jeweils dem Mann oder der Frau, dem

Verein oder der Institution zuerkannt werden solle, die »im verflossenen Jahr am besten für die Verbrüderung der Völker gewirkt haben, und die am meisten für die Abschaffung oder Verminderung der stehenden Heere sowie für die Bildung von Friedenskongressen« getan haben. Der Erste, der nach Nobels Tod den Friedenspreis erhielt, war Henri Dunant, der Gründer des Roten Kreuzes. Dunant schrieb an Bertha von Suttner: »Dieser Preis, gnädige Frau, ist Ihr Werk! Sie sind es, durch die Herr Nobel in die Friedensbewegung eingeweiht wurde, auf Ihr Zureden hat er sich zu deren Förderer gemacht!«

Im Jahre 1906, vierzehn Jahre nach der denkwürdigen Bootsfahrt auf dem Zürichsee, wurde dann vom norwegischen Auswahlkomitee schließlich an Baronin von Suttner der Friedensnobelpreis verliehen. In ihrem letzten Buch mit dem Titel *Die Barbarisierung der Luft* sagte sie voraus, dass man in Zukunft Kriege nicht mehr nur zu Land und zu Wasser, sondern auch aus der Luft führen werde – eine Voraussage, die sich schon bald in schlimmster Weise erfüllen würde.

Baronin Bertha von Suttner geborene von Kinsky starb, einundsiebzigjährig, an Magenkrebs am 21. Juni 1914 in Wien. Der Arzt, der bei ihrem Tode dabei war, berichtet, ihre letzten Worte seien gewesen: »Die Waffen nieder! Sagt es allen!« Vierzig Tage nach ihrem Tod brach der Erste Weltkrieg aus, der vier Jahre dauerte und 10 Millionen Menschen das Leben kostete.

In Wolfsburg und in Frankfurt am Main, in Rostock und in Wiesbaden gibt es einen Bertha-von-Suttner-Ring; die Städte Gießen, München und Bocholt haben einen Bertha-von-Suttner-Weg; einen Bertha-von-Suttner-Platz findet man in Düsseldorf, in Lübeck, in Bonn. Auch die Städte Potsdam und Saarbrücken, Köln und Magdeburg, Augsburg und Tübingen, Bremen und Dortmund und mehr als 50 andere größere und kleinere Städte und Orte in Deutschland haben eine Straße nach ihr benannt. Keine andere Frau, von der in diesem Buch erzählt wird, ist auf diese Weise öffentlich gewürdigt und berühmt gemacht worden. Seltsam, dass dennoch so wenige Leute in Österreich und in Deutschland auch nur den Namen dieser bedeutenden Persönlichkeit kennen, geschweige, dass sie sich von dem anstecken lassen, was sie für den Frieden getan hat.

Elsa Brändström

Der Engel von Sibirien

Unter dem Ehrentitel »Engel von Sibirien« ist Elsa Brändström in die Geschichte eingegangen. Sie rettete Tausenden von Kriegsgefangenen in der »Hölle von Sibirien« das Leben.

Elsa Brändström, 1888 in der damaligen russischen Hauptstadt St. Petersburg geboren, wuchs als Kind zunächst in Stockholm auf, der Heimatstadt ihrer Familie. Elsa war ein munteres Mädchen und hatte nicht viel Spaß an Schule und Schulaufgaben. Als sie mit sechzehn Jahren von ihren Eltern auf ein Stockholmer Seminar geschickt wurde, um Lehrerin zu werden, stöhnte sie und sagte: »Wozu muss ich so viele Bücher lesen? Jeder lebendige Mensch, dem ich begegne, interessiert mich mehr als ein Roman, in dem die Menschen doch nur erfunden sind. Und überhaupt: Mit Schule und Schulaufgaben machen verschwende ich bloß unnütz meine Zeit und meine Kraft!« Elsa war froh, als sie eines Tages mit ihrer Mutter von Stockholm wieder zurück nach St. Petersburg durfte, wo sie geboren war und wo ihr Vater, ein hoher General, als schwedischer Gesandter Dienst beim Zaren tat (wie man zu dieser Zeit den Kaiser von Russland nannte und der sein Schloss und seinen Regierungssitz in St. Petersburg hatte). Elsa wurde eine vornehme junge Dame: In den Theatern und Opernhäusern der Kaiserstadt ließ sie sich in ihrem teuren Schmuck und ihren schönen Kleidern bewundern, auf Bällen und Empfängen wurde sie von vielen reichen Männern umschwärmt. Da brach im Jahre 1914, als Elsa Brändström 26 Jahre alt war, der Erste Weltkrieg aus, und ihr unbeschwertes Leben hatte von heute auf morgen ein Ende.

Wie in anderen großen Städten, so wurden auch in St. Petersburg sogleich Lazarette eingerichtet, in denen verwundete Soldaten versorgt und geheilt wurden. Damals war es üblich, dass die Damen aus angesehenen Familien eine weiße Schwesterntracht anzogen und in die Lazarette gingen, um Verwundete zu pflegen. Meistens aber hatten sie nach wenigen Wochen genug vom Gestöhn und Gestank der Männer in den primitiven Schlafsälen und gingen wieder in ihr angenehmeres Zuhause zurück. Auch Elsa Brändström meldete sich mit ihrer schwedischen Freundin Ethel von Heidenstam in einem der St. Petersburger Soldatenhospitäler als Helferin an. In dem Lazarett, in dem die beiden Frauen arbeiteten, lagen viele Russen, die in den Kämpfen an der Front verwundet worden waren. Doch gab es auch Säle, in denen verletzte und kranke deutsche Kriegsgefangene untergebracht waren – von Tag zu Tag mehr. Die erschöpften deutschen Soldaten wurden in Eile versorgt und mit Essen aufgepäppelt, bis sie wieder einigermaßen auf ihren Füßen stehen konnten. Dann verlud man sie auf Eisenbahnwaggons, auf deren Türen mit Kreide »Nach Sibirien!« geschrieben stand. Dort angekommen, sollten sie zum Bau von Straßen und Eisenbahnlinien und anderen harten Arbeiten eingesetzt werden.

Sibirien galt als eines der unwirtlichsten Landesteile des russischen Kaiserreichs, vor allem die Gebiete, die im hohen Norden und im äußersten Osten liegen. Dort kann der Winter acht Monate dauern, und an vielen Tagen, mehr aber noch in vielen Nächten, sinkt die Temperatur auf unvorstellbare 50° unter Null. Erschüttert mussten die beiden Frauen zusehen, wie die Gefangenen ohne Winterdecken, nur notdürftig gekleidet, meist ohne Handschuhe und Mützen und mit zerschlissenen Schuhen in ihr Elend, ja nur allzu oft in ihren sicheren Tod geschickt wurden. Elsa Brändström und Ethel von Heidenstam reichten einander die Hand und schworen, diesen Unglücklichen zu helfen und alles Schwere, das ihnen bei diesem gefährlichen Unternehmen bevorstand, freundschaftlich miteinander zu tragen.

Um helfen zu können, braucht man Geld. Die beiden Freundinnen reisten nach Deutschland, wo die Brändström-Familie reiche Bekannte und Verwandte hatte. Als diese von der Not der deutschen Kriegsgefangenen hörten, hoben sie viel Geld von ihren Sparkonten ab und gaben es den beiden Frauen. Auch das Schwedische Rote Kreuz stellte eine sehr große Geldsumme zur Verfügung. So konnten Elsa Brändström und Ethel von Heidenstam 100 000 Decken kaufen, und fast noch einmal genauso viele Rucksäcke, die sie mit einer sogenannten Not-Ausrüstung ausstatteten: mit Hemden und Unterhosen, mit Socken und Wollmützen, mit Nähzeug und »Läusepulver«, mit Seife und Handtüchern. Dann fuhren sie nach St. Petersburg zurück, sammelten auch dort bei den Reichen noch große Mengen von Kleidungsstücken, stellten einen ersten Transportzug zusammen und machten sich mit den Hilfsgütern auf die beschwerliche Reise nach Sibirien.

Obwohl noch kein Jahr seit dem Ausbruch des Krieges vergangen war, kam für viele Gefangene der Hilfstransport schon zu spät: Manche waren verhungert, manche waren erfroren, weil in der Nähe ihres Lagers alles erreichbare Brennholz aufgesammelt und verbraucht worden war; andere waren an Durchfall und tückischen Darmkrankheiten gestorben. Die Überlebenden aber trauten ihren Augen nicht, als sie die beiden mutigen jungen Frauen mit ihrem großen Hilfstransport kommen sahen. Viele weinten vor Freude, einige umarmten Ethel von Heidenstam, andere fielen vor Elsa Brändström auf die Knie, dankten ihr und riefen: »Du bist ein Engel! Du bist der Engel von Sibirien!« Von dem Geld, das die beiden Freundinnen über den Kauf der Hilfsgüter hinaus noch zur Verfügung hatten, ließen sie kaputte Baracken ausbessern, durch deren Ritzen der eisige Wind pfiff, ließen Wasserstellen und Toiletten bauen, ja, sie schafften sogar Pferde und Karren an, mit denen die Männer ausfahren konnten, um in weiter abgelegenen Dörfern Brennholz zu kaufen. So besserten sich allmählich in vielen Lagern die Lebensbedingungen der deutschen Kriegsgefangenen spürbar.

Elsa Brändström und Ethel von Heidenstam begleiteten ihren ersten Transportzug bis zur Endstation, dem Bahnhof der sibirischen Stadt Irkutsk am Baikalsee. Dort bezogen sie eine kleine Wohnung und begaben sich schon bald darauf mit einem Treck von Pferdeschlitten, auf die sie den restlichen Teil der Hilfsgüter, vor allem Decken und Stoffballen, verladen hatten, zu den Lagern in der Ödnis von Sibirien, die bis an die Quellen des Amurflusses reicht. Nach einigen Tagen kamen sie mit ihrem Schlitten in ein besonders unzugängliches Gebiet. In der Ferne sahen sie die Umrisse eines großen Lagers, in dem, wie sie in Irkutsk erfahren hatten, 11 000 Männer gefangen gehalten wurden. Als sie näher kamen, sagte Ethel: »Seltsam! Ich höre keinen Laut, nicht die üblichen Axtschläge der Holzfäller, nicht die Kommandorufe der Aufseher, kein Rasseln von Pferdegeschirr, kein Peitschenknallen!« Am Tor angekommen, sahen sie, was geschehen war: Das Lager war von einer Seuche heimgesucht worden. Tausende waren an Fleck-Typhus erkrankt; mit Beulen und Flecken am ganzen Körper lagen sie mutlos und ohne Hoffnung auf den harten Fußböden der Baracken. Hinter dem Lagerzaun türmten sich die Leichen derer, die vom Typhus hinweggerafft worden waren. Die russischen Wärter hatten sie dort hastig abgelegt, sich davongemacht und Wohnung weit weg hinter einem Wald bezogen, aus Furcht, angesteckt zu werden. Auch der Lagerkommandant war geflohen.

Die beiden Frauen ließen ihren Hilfsgütertreck in sicherem Abstand vom Lager Quartier nehmen, nachdem man die Stoffballen vor dem Lagereingang abgeladen hatte. Elsa Brändström begab sich ins Lager. Sie winkte die verstörten Gefangenen zu sich und setzte sich in ihrer Mitte auf einen niedrigen Hocker. Dann begann sie, aus dem Stoff Strohsäcke zu nähen, damit die Todkranken als erste wichtige Hilfe einigermaßen brauchbare Betten bekämen. Die ausgezehrten Männer fassten Vertrauen und halfen ihr, die Säcke mit Stroh und dürrem Reisig zu füllen. Unterdessen ging ihre Freundin Ethel zu den geflohenen Wachsoldaten und ließ sich von ihnen das Versteck des verängstigten Lagerkommandanten zeigen. Sie holte ihn heraus und sprach: »Im Namen des Schwedischen Roten Kreuzes! Ich befehle Ihnen, sofort in das Lager zu kommen. Los. Marsch, folgen Sie mir!« Der Lagerkommandant war so überrascht, dass er ohne Widerrede der furchtlosen jungen Frau ins Lager folgte. Er hatte bis dahin noch nie eine Baracke betreten, in der Typhuskranke lagen. Als er die Tür öffnete, schlug ihm so viel übler Geruch, so viel Weinen und Wehklagen entgegen, dass er entsetzt die Hände vors Gesicht schlug und ausrief: »Weh mir, das ist die Hölle!« Dann wandte er sich an die beiden Frauen und sagte: »Ihr Frauen, was soll ich tun? Ich bin ratlos!« Am Abend arbeiteten sie gemeinsam einen umfassenden Hilfsplan aus. Sie ließen Baumaterial kommen, eine ausreichend große Isolierbaracke bauen und für die ordnungsgemäße Pflege und Betreuung der Kranken herrichten. Die Männer wurden entlaust und gebadet, neu eingekleidet und mit sauberen Wolldecken versehen. Elsa reiste noch in der ersten Nacht ab, um in anderen, unverseuchten Gefangenenlagern Ärzte und Sanitäter zu suchen und in die Isolierstation zu bringen. Von da an starben nur noch wenige, nach zwei Monaten kehrte in das Lager, das vorher eher wie ein großer Friedhof angemutet hatte, wieder Lebensmut und Hoffnung ein.

Elsa Brändström wollte nicht, dass auch nur ein einziges Gefangenenlager in den weiten verschneiten Steppen Russlands übersehen würde und in Vergessenheit geriet. In die Landkarte von Sibirien, die sie immer bei sich trug, zeichnete sie sorgfältig alle großen und kleinen Lager ein. Nach knapp zwei Jahren, 1916, war die Betreuung der Kriegsgefangenen lückenlos durchorganisiert. Wohin Elsa und Ethel nicht selber kommen konnten, dahin schickten sie freiwillige Helferinnen und Helfer, die inzwischen von Schweden und aus anderen Ländern nach Russland gekommen waren.

Ein Gefangenenlager in der kältesten Zone Russlands. Das Innere einer Baracke, das ein deutscher Kriegsgefangener aus dem Gedächtnis nachgemalt hat, gibt etwas von der Trostlosigkeit der Männer wieder, die auf ihre Rückkehr in die Heimat warteten.

Elsa schärfte ihnen ein: »Was die Gefangenen am meisten brauchen, könnt ihr nicht in Kisten und Kästen und Rucksäcken ins Lager bringen. Am meisten brauchen sie Zuneigung und Liebe. Erfüllt eure Aufgabe nicht wie gut funktionierende Maschinen! Sprecht mit den Männern, fragt sie nach ihren Nöten, teilt ihre Sorgen! Denkt daran: Wenn sie auch zu Zehntausenden zusammengepfercht sind, so ist doch jeder Einzelne von ihnen in seinem Herzen einsam.«

Eines Tages steckte sie sich mit einer schlimmen Krankheit an. Man verpackte sie bis zum Kopf in Decken, schnallte sie auf einem Schlitten fest und gab dem Kutscher Anweisung, so schnell wie möglich zu einem 65 km entfernt gelegenen Kriegsgefangenenlager zu fahren, wo, wie allgemein bekannt war, ein tüchtiger Lagerarzt einem gut ausgestatteten Lazarett vorstand. Ethel fuhr auf einem anderen Schlitten voraus, um möglichst schon vorher den Arzt zu informieren, damit er bei der Ankunft der Kranken alles Notwendige vorbereitet hätte. Als Elsas Schlitten eintraf, war er – leer. Auf dem holperigen Weg hatten sich die Riemen gelöst und die Kranke war vom Schlitten gefallen. Ein heftig fauchender Schneesturm wehte, der Kutscher hatte ihre Hilferufe nicht gehört. Sofort fuhr er zurück, so schnell das Zugpferd konnte, und leuchtete die Strecke mit seiner Laterne ab. Endlich fand er Elsa, die in ihren Decken wie gefesselt im Schnee lag und fast erfroren wäre. Gegen Morgen kam er mit seinem erschöpften Pferd und der noch erschöpfteren Kranken wieder am Lagertor an, wo Ethel sie erwartete.

Ethel eilte zum Lagerkommandanten und rief: »Schnell! Schaffen Sie für Elsa Brändström einen Platz in der Lazarett-Baracke! Sie muss im Bett liegen und rund um die Uhr ärztlich versorgt werden, sonst könnte sie sterben!« Der Kommandant antwortete: »Oh, es ist verboten, dass eine Frau im Männerlazarett liegt! Das kann ich unmöglich zulassen! Wenn mein Vorgesetzter in der Hauptstadt davon erfährt, werde ich bestraft!« Da stieß Ethel den Lagerkommandanten zur Seite und schrie die Wachen an, die vor der Tür der Lazarett-Baracke standen: »Macht sofort Platz, oder ihr werdet etwas erleben, wovon euch Hören und Sehen vergeht!« Die Männer erschraken, wussten nicht, was Ethel meinte (Ethel wusste es selber nicht), und schauten ihren Kommandanten fragend an. Da sprach er: »Sei's also. Vorschrift hin, Vorschrift her, vor diesen Frauen muss man Respekt haben. Richtet eine ordentliche Liegestatt für die Kranke her!« Viele Wochen lang lag Elsa Brändström im Fieber und rang mit dem Tode. Täglich versammelten sich die Gefangenen vor der Tür des Lazaretts und fragten, ob sie noch am Leben wäre. Endlich kam sie durch das Geschick und die Geduld des Arztes zu Kräften und wurde gesund. Sie reiste nach Deutschland – doch nicht um sich auszuruhen, sondern um in vielen großen Städten aufs Neue um Geld zu betteln und Notausrüstungs-Rucksäcke für ihre Gefangenen zusammenzustellen.

Nach einem halben Jahr kehrte sie, mit einem reich gefüllten Transportzug, wieder nach Russland zurück. Als sie kaum in Sibirien angekommen war, erreichte sie die Nachricht, dass der Krieg zu Ende sei. Doch dieses Ende war kein friedliches Ende: Eine Revolution war ausgebrochen und verschiedene russische Parteien gingen fast wie in einem Bürgerkrieg gewaltsam aufeinander los. Elsa Brändström geriet zwischen die Fronten der feindseligen Gruppen und wurde gefangen genommen. Man sperrte sie in eine Zelle. O weh, wenn man die Aufzeichnungen bei ihr finden würde, die sie über die Gefangenenlager gemacht hatte! Man würde die Zeichnungen missdeuten, für geheime Pläne halten und Elsa Brändström zur Spionin erklären!

Auf Spionage aber stand die Todesstrafe. In der Nacht vor ihrem Verhör riss sie alle Papiere in kleine Fetzen und aß sie auf. Am anderen Morgen fand man nichts bei ihr, doch sie mochte sich verteidigen, so geschickt sie konnte: Sie wurde dennoch zumTode verurteilt. Man führte sie zum Richtplatz. Da rief plötzlich einer der Soldaten, die den Befehl hatten, sie zu erschießen: »Haltet ein! Tötet diese Frau nicht! Ich erkenne sie: Es ist Frau Brändström, der Engel von Sibirien! Auch mir hat sie in einem Lager, in dem ich Wache tat und krank wurde, geholfen! Ohne diese gute Frau wäre ich nicht mehr am Leben!« Da ließen sie – in letzter Minute – von ihr ab, lösten ihre Handfesseln und gaben sie frei.

Im Jahre 1921, als mit der umfassenden Hilfe des norwegischen Völkerbund-Kommissars Fridtjof Nansen alle Kriegsgefangenen Russland verlassen hatten, kehrten auch Elsa Brändström und Ethel von Heidenstam heim. Ethel ging nach Schweden, Elsa ließ sich in Dresden nieder, wo sie heiratete und von nun an Frau *Brändström-Ulrich* hieß. Krieg und Bürgerkrieg waren zu Ende, doch ihre Arbeit nicht: Elsa Brändström-Ulrich fuhr nach Amerika und hielt im ganzen Land Vorträge; dabei sammelte sie viel Geld, um neue Pläne verwirklichen zu können. Mit 100 000 Dollar Spendengeld kam sie nach Dresden zurück. Ihre Sorge galt jetzt den Kindern, deren Väter als deutsche Soldaten den Krieg nicht überlebt hatten. Für diese Kinder ließ sie Waisenhäuser und Erholungsheime bauen; dann fuhr sie über Land, suchte selbst die ärmsten, schwächsten und kränklichsten Kinder aus und brachte sie in den Einrichtungen unter, die sie von den amerikanischen Spendengeldern gegründet hatte. Viele Kinder blieben in diesen Einrichtungen, bis sie erwachsen waren und in den Heim-Berufsschulen gelernt hatten, selber Bedürftige zu pflegen und ihnen nach modernen Betreuungs- und Heilmethoden zu helfen.

Dann kam das unselige Jahr 1933, in dem Adolf Hitler in Deutschland die Macht ergriff. Er wollte Deutschland, das den Ersten Weltkrieg verloren hatte, zu einem mächtigen, für alle Nachbarvölker Furcht erweckenden Reich machen. Zielstrebig steuerte er auf einen neuen Krieg zu. Alle, die seiner Politik im Wege waren, wurden gejagt und gefangen, Millionen und Abermillionen wurden umgebracht. In diesem Hitler-Deutschland wollte und konnte Elsa Brändström-Ulrich nicht leben. Sie beschloss, Dresden zu verlassen und aus Deutschland auszuwandern. Als Hitler davon erfuhr, wollte er sie zum Bleiben überreden: Was würde man draußen in der Welt denken, wenn man hörte, in Deutschland könnten aufrechte, friedliebende Menschen nicht leben! Er lud sie ein, zu ihm nach Berlin in die Reichskanzlei zu kommen und ihr Vorhaben noch einmal in Ruhe mit ihm zu besprechen. Sie schickte ihm ein Telegramm, das nur aus einem einzigen Wort bestand: »Nein!« Dann floh sie mit ihrem Mann und ihrem Töchterchen Brita in die USA.

Der von Hitler geplante und vorbereitete Krieg begann 1939; er wurde von Tag zu Tag grausamer und verlustreicher als je ein Krieg zuvor. Nach sechs Jahren waren Deutschland und weite Teile Europas in einen Trümmerhaufen und ein Gräberfeld verwandelt. Da raffte Elsa Brändström sich noch einmal zu einer groß angelegten Hilfsaktion auf, obwohl sie inzwischen von einem schweren Krebsleiden befallen war: Von Amerika aus verschickte sie an die Menschen in Europa, die Hunger hatten und froren, unzählige Pakete mit Kleidung, Lebensmitteln und Medikamenten. Noch bevor die Leute ihr für die großzügige Hilfe danken konnten, starb sie, 60 Jahre alt.

Fridtjof Nansen

Nordpolforscher und Helfer der Kriegsgefangenen

Im Bibliothekszimmer des nahe bei Oslo gelegenen Hofguts Store Fröen, auf dem Fridtjof Nansen im Jahre 1861 geboren wurde und wo er seine Kinderjahre verbrachte, gab es ein altes, vergilbtes Buch, in dem der junge Fridtjof gerne blätterte und las. Das Buch war geschrieben von Hans Nansen, einem berühmten Vorfahren aus der Nansen-Familie; es hieß: »Zusammengefasste Weltbeschreibung«. Hans Nansen erzählte darin, wie er – im Jahre 1614 – mit einer Expedition auf einem Segelschiff von Norwegen aus zum Nordpol aufgebrochen war, jedoch vor der grönländischen Küste im Packeis eingeschlossen wurde, nicht weiter nach Norden vordringen konnte und schließlich enttäuscht umkehren musste. Der junge Fridtjof war von den Berichten seines Vorfahren Hans fasziniert; er wünschte nichts sehnlicher, als später einmal selber nach Grönland und weiter in die Arktis zu fahren, um das Eismeer und womöglich den Nordpol zu erforschen. Nach seiner Schulzeit studierte er Medizin und Zoologie und befasste sich mit dem Leben der Tiere in den nördlichen Regionen der Erde. Als er zwanzig Jahre alt geworden war, bot sich ihm eine unvorhergesehene Gelegenheit, seine Studien durch praktische Erfahrungen und Beobachtungen zu bereichern: Ein Kapitän, der mit der Familie Nansen befreundet war, nahm ihn mit auf sein Schiff, das nach Grönland zum Robbenfang ausfuhr. Fridtjof war überglücklich, nun

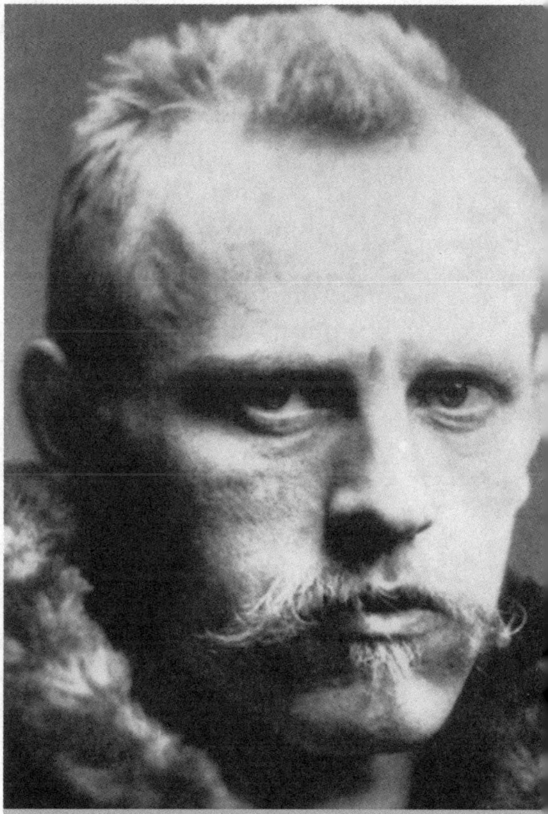

Fridtjof Nansen ist bekannt geworden durch seine Nordmeer-Expeditionen. Nur wenige wissen, dass er nach dem 1. Weltkrieg sieben Millionen Russen vor dem Hungertod bewahrt hat.

selber etwas von dem erleben zu dürfen, was einst Hans Nansen erlebt und beschrieben hatte.

Doch es erging ihm ähnlich wie seinem Urahn: Sie kamen nicht bis zum Polarmeer durch, sondern blieben an der Ostküste von Grönland im Eis stecken. Die Strömung drängte das hilflos dahintreibende Robbenfängerschiff immer weiter nach Süden ab, immer weiter von der Nordpolrichtung weg, und Fridtjofs Traum, die Küste von Grönland zu betreten und dort, wenigstens vorerst und für kurze Zeit, Land und Leute kennen zu lernen, ging nicht in Erfüllung. Nach drei endlosen Wochen untätigen Wartens kamen sie aus dem Packeis frei und sie machten sich fertig zur Weiterfahrt. Doch da die Witterung sich zusehends verschlechterte, entschied der Kapitän, in die sicheren Küstengewässer von Norwegen heimzukehren.

Zurück in Norwegen, nahm Fridtjof Nansen eine Stellung im Forschungslabor des Museums der Stadt Bergen an, wo er Zeit und Ruhe hatte, sich auf sein Doktorexamen vorzubereiten. Er studierte mit großem Eifer, gewöhnlich 12 Stunden am Tag; abends las er mit den Leuten, bei denen er in Bergen zur Miete wohnte, gemeinsam in den Werken der großen Dichter Shakespeare und Goethe, oder aber er zog sich auf sein Zimmer zurück und las still für sich die Dramen des norwegischen Dichters Henrik Ibsen, den er sehr verehrte. Ibsens Bühnenstücke handelten nicht von fernen Ländern und vergangenen Zeiten, nicht von griechischen Helden und römischen Kriegszügen, sondern von einfachen menschlichen Schicksalen hier und jetzt, von der Unterdrückung der Frauen in der Gesellschaft und von ihrem Willen, sich aus dieser Unterdrückung zu befreien. Ibsen, so sagte Nansen später einmal, »hat meine Jugend geprägt und meine Entwicklung bestimmt.« Die Studien im Labor und die Beschäftigung mit der Literatur nahmen den jungen Nansen so sehr gefangen, dass er alles vergaß, was rings um ihn geschah. »Wenn die Welt einstürzte«, notierte er in seinem Tagebuch, »ich würde es nicht merken.« Doch bei aller Eigenbrötelei und Zurückgezogenheit vergaß er nie seinen Traum von Grönland, vom Eismeer und vom Nordpol: In den Winterferien trainierte er, ohne dass sein Chef und seine Kollegen vom Museum zunächst davon wussten, Skilanglauf und Skispringen. Alle waren erstaunt, als er eines Tages Urlaub nahm und, allein mit seinem Hund, auf Skiern die 500 km lange Strecke quer übers Gebirge lief, nach Oslo und wieder zurück. Dort, in Kristiania (wie Oslo damals hieß), nahm er an einem Skispringen teil, wurde unter den vielen internationalen Teilnehmern Neunter und galt von da an als der beste Skiläufer und Skispringer Norwegens.

Nachdem er seine zoologischen und medizinischen Studien abgeschlossen und eine bedeutende Arbeit über das Nervensystem von Pflanzen und Tieren veröffentlicht hatte, erhielt er aus der Hand des Königs eine wertvolle Goldmedaille für seine wissenschaftlichen Leistungen. Nansen verkaufte die Goldmedaille heimlich; mit dem Erlös finanzierte er sich eine Studienreise durch Deutschland und Italien. Endlich kehrte er, 26 Jahre alt, in seine norwegische Heimat zurück und begann mit den Vorbereitungen zu seiner ersten großen Expedition, die der Erforschung von Grönland dienen sollte.

Grönland (von »Grün«-Land) ist die größte Insel der Erde – mehr als 6-mal so groß wie ganz Deutschland. Einige Teile der Insel sind flach und eben, die meisten aber steigen zu Gebirgen an, die höher sind als die Zugspitze und viele andere Gipfel der europäischen Alpen. Das Gebiet der Insel ist zu 85% mit Eis bedeckt. Nur die Ränder sind eisfrei und bewohnt. Fast alle Bewohner (es sind nur etwa 50 000) leben an der Westküste, die einigermaßen gut von Amerika aus zu erreichen ist und daher schon früh entdeckt, erforscht und beschrieben wurde. Weniger bekannt war zu Nansens Zeiten die Ostküste, denn vor der Ostküste lagert, wie eine Festungsmauer, ein Gürtel aus Packeis. Das Packeis hat seinen Namen von den zusammengeschobenen und manchmal haushoch aufgetürmten Blöcken (oder »Packen«) von Eis, die nur schwer zu übersteigen sind. Werden die dicken Eispacken und die flacheren Eisschollen losgerissen, von der Meeresströmung erfasst und von Grönland weg ins offene Meer getrieben, spricht man von Treibeis.

Wenige Jahre vor Nansens Idee, Grönland von der schwer zugänglichen Ostküste her westwärts zu durchqueren, hatten schon zwei Forscher versucht, Grönland zu »erobern«, und zwar mit Hundeschlitten und von der nicht so mühselig zu bewältigenden Westküste aus. Der eine von ihnen, ein Schwede, kam jedoch nur 80 km landeinwärts voran, der andere, ein Amerikaner, 150 km. Fridtjof Nansen wollte nun erstmals versuchen, den ganzen Weg, die ganzen 600 km von der Ostküste zur Westküste der Insel, auf Skiern zurückzulegen.

Zur Durchführung seines Vorhabens brauchte er viel Geld: für Decken und Schlafsäcke, für warme Tierfelle und wasserdichte Zeltbahnen, für Winterkleidung, für einen Transportschlitten und für Zughunde, für Spezialskier und Kletterschuhe, für Landkarten und

Messgeräte, für haltbare Verpflegung und Brennmaterial, für Hacken und Eispickel und für die Entlohnung der Expeditionshelfer. Nansen wandte sich an die norwegische Regierung und bat um finanzielle Unterstützung. Er gab zu bedenken, dass es dem Staate Norwegen in aller Welt zu großer Ehre gereichen würde, wenn nicht Amerikaner oder Schweden, sondern norwegische Forscher als Erste ganz Grönland durchqueren würden. »Die Norweger«, schrieb er, »haben bisher zur Erkundung der Eismeerregion nur wenig beigetragen; nicht eine einzige arktische Expedition ist bis heute von Norwegen veranstaltet worden!« Doch die zuständigen Behörden und die norwegischen Zeitungen nannten sein Vorhaben eine Vergnügungsreise; die geplante Expedition sei »eine Art Sportvorstellung im Skilaufen, mit Ski-Weitsprung auf das grönländische Inland-Eis, alles in allem der reinste Blödsinn. Auf Skiern über das Grönland-Eis?«, fragten sie spöttisch; »Skier taugen zu nichts, als dass man sie kaputtschlägt und als Brennholz verwendet.«

Fridtjof Nansen ließ sich jedoch von seinem Plan nicht abbringen. Schließlich spendete ein reicher Kaufmann, der Nansens Wagemut bewunderte, das Geld für »die große Tour«, wie er die Forschungsreise nannte. Zusammen mit fünf Freunden bestieg Nansen am 2. Mai 1888 in Kristiania ein Postschiff, das sie nach Island brachte; von Island aus ging es dann mit einem Robbenfänger weiter bis nahe an die Grönländische Ostküste. Dort ließen sich die Sechs auf zwei kleinen Booten an der Packeisgrenze aussetzen.

Mitten in einer Eisrinne zerbrach an einem der beiden Boote das Steuerruder. Es geriet zwischen die Blöcke und schlug binnen Sekunden leck. Nansen sprang in die kalten Fluten und konnte sich unter Lebensgefahr gerade noch auf eine vorbeitreibende Eisscholle retten. Mit Mühe erreichte er das andere Boot, das heil geblieben war. Doch nun wiederholte sich, was schon vor 250 Jahren seinem Vorfahren Hans und was vor sechs Jahren ihm selber zugestoßen war: Das Boot wurde mitsamt seiner sechsköpfigen Besatzung von der Meeresströmung in die falsche Richtung gedrängt und vom Treibeis gepackt: Statt nach Norden trieben sie hilflos in weit abgelegene südliche Gewässer. Endlich dann, nach zwölftägiger Irrfahrt, erreichten sie eine Stelle, an der sie an Land gehen konnten. Sie luden, was sie von Norwegen mitgebracht hatten, auf den Transportschlitten, schnallten ihre Skier unter und machten sich auf den langen Marsch durch die Sahara des Nordens, wie man die unendlichen Weiten Grönlands nannte, ihrem Ziel entgegen.

In dem schmalen bewohnten Ostteil der Insel traf Nansen zum ersten Mal auf die Ureinwohner Grönlands, deren Vorfahren einst aus dem Inneren Asiens über Alaska nach Grönland eingewandert waren. Man nennt sie geringschätzig *Eskimos,* zu Deutsch: Leute, die rohes Fleisch essen. In ihrer Sprache nennen sie sich selbst *Inuit,* das heißt: Menschen. »Zwei Männer mit braunen, lachenden Gesichtern, von rabenschwarzem Haar umrahmt, standen mir, mitten im Eis, gegenüber«, schreibt Nansen. »Sie strahlten vor heiterer Zufriedenheit mit sich und aller Welt, und halb gutmütig freundlich, halb verwundert blickten sie uns, die seltsamen Fremdlinge, an.« Die Inuit luden die sechs Weißen ein, mit in ihr großes Wohnzelt zu kommen. Nansen schreibt: »Das Erste, was meine Aufmerksamkeit erregte, war die Unmenge nackter Körper, die ich rings umher im Zelt sitzen, liegen oder stehen sah. Sie trugen alle ihr Hausgewand; dies ist aber so klein, dass ein ungeübtes Auge nicht sonderlich daran hängen bleibt. Es besteht aus einem schmalen Band um die Lenden, das sich besonders bei Frauen auf das Allergeringste beschränkt. Von falscher Scham war hier nicht viel zu entdecken, und dass die Natürlichkeit, mit der man miteinander umging, uns Europäern, die wir an europäische Sitten gewöhnt waren, ein wenig befremdend erschien, kann wohl nicht wundernehmen. Einen eigentümlichen Eindruck machte es, als eine junge Mutter sich ihrer Kleider entledigte und ohne weitere Umstände auf ihr Lager zu ihrem Kinde kroch, das dort ganz nackend lag, um ihm, auf allen Vieren über dem kleinen Wesen gebeugt, die Brust zu geben. Es war etwas so rührend Natürliches, so Mütterlich-Zärtliches in dieser Szene, dass es auf jeden Zuschauer, der nicht von einem verkehrten europäischen Anstandsgefühl befangen war, einen tiefen Eindruck machte.«

Die sechs Forscher hätten sich gerne länger bei den Inuit aufgehalten, die sie schätzten und lieb gewonnen hatten. Doch sie hatten durch die Treibeisfahrt schon viel Zeit verloren, und es galt, den kurzen grönländischen Sommer zu zügigem Weitermarsch zu nutzen. In zähen Tagesetappen drangen sie nach Westen vor. Unterwegs maßen sie die Temperaturen, die oft genug unter minus 30° lagen; systematisch errechneten sie die Höhenunterschiede des Landes und die jeweilige Dicke der Eisschicht unter ihren Füßen; Nansen zeichnete und fotografierte wichtige Einzelheiten der Ost-West-Route, um später alles gewissenhaft in sein zweibändiges Reisebuch *Auf Schneeschuhen durch Grönland* zu übertragen. Im Gegensatz zum Packeisgürtel und zur zerkerbten und zernagten Küste war das von Eis überzogene Binnenland »flach und weiß, wie ein in Schnee verwandeltes Meer. Am Tage«, schreibt Nansen, »sahen wir immer nur Dreierlei in dieser Natur: die Sonne, die Schneeflächen und uns selber. Wir nahmen uns aus wie eine verschwindend kleine schwarze Linie, die durch eine weiße Undeutlichkeit zog, überall derselbe Gesichtskreis, nirgends ein Punkt, auf dem das Auge hätte ruhen können.« Als sie endlich, nach einem aufreibenden Marsch von fünf Monaten, die Westküste erreicht hatten, war der Sommer vorbei: Das letzte Schiff von Grönland nach Norwegen war abgefahren und sie mussten auf einer der Küste vorgelagerten Insel überwintern. Nansen telegrafierte an den Kaufmann, der seine Expedition finanziert hatte: »Jetzt habe ich endlich die große Freude, Ihnen melden zu können, dass Grönland von Osten nach Westen durchquert worden ist!«

Im Westen lernte Nansen die anderen Inuit kennen: Menschen, die von »civilisierten Staaten« unterworfen, kolonisiert und ausgebeutet worden waren. Nansen schrieb: »So traurig das auch ist, gehören die Grönländer einer jener Rassen an, die der Berührung mit der europäischen Civilisation auf die Dauer nicht gewachsen sind und deshalb früher oder später aussterben müssen. Wir Europäer haben nicht die Kraft, dort zu leben; wir leben, wenn wir dort weilen, im Wesentlichen als Schmarotzer auf Kosten dieser Naturmenschen, indem wir uns ihre Arbeitskraft zunutze machen, ohne ihnen dafür eine entsprechende Entschädigung zu bieten.« Ursprünglich hatte es bei den Inuit keine Armen und Reichen, keine Herren und Knechte, nicht einmal so etwas wie Anführer oder Stammeshäuptlinge gegeben. Sie lebten einträchtig zusammen; das Wort »Streit« gab es in ihrer Sprache nicht. Sie sangen gern und tanzten in selbst gemachten prächtig bunten Kleidern zum rhythmischen Klang der Trommel. Im Sommer wohnten sie in großen Zelten – von einem erzählt Nansen ja in seinem Reisebuch –, sie sammelten Beeren und fuhren zum Fischen aus, wobei sie reiche Beute machten, denn in den Küstengewässern tummelten sich über 100 verschiedene Fischarten. Im Winter gingen sie, zu zweit oder dritt, in Fell-Booten, Akjas genannt, über die weiten Schneeflächen auf die Jagd und schossen Rentiere, Füchse, Hasen und Robben. Heimgekehrt, verkrochen sie sich am Abend zu ihren Familien in den Iglu, ein aus Eis- und Schneeblöcken kunstvoll gebautes kleines Rundhaus. Nach und nach aber begannen einige, im Steppengrasland der Küstenstreifen Schafe und Rentiere zu züchten, immer größere Herden, und die Schafwolle und Rentierfelle an Händler zu verkaufen, die aus Dänemark und Norwegen, aus Kanada und den USA an die Küsten kamen. Im 16. Jahrhundert erschienen erstmals Missionare, und mit ihnen Siedler und Kaufleute, die Dörfer und kleine Städte gründeten und sich mit den Eskimos vermischten. Man entdeckte unter der Erde Blei-Erz-Adern und Kohlelager, zur Zeit von Fridtjof Nansen fand man das seltene und wertvolle Kryolith, ein metallhaltiges Gestein, das man bei der Herstellung von Aluminium und Emaille verwendet. Später machte man sich daran, Uran abzubauen und an die Atomindustrie zu verkaufen. Flughäfen und Radarstationen entstanden, militärische Stützpunkte der US-Luftwaffe und Zwischenlandeflughäfen für den zivilen Luftverkehr auf der Transpolar-Route wurden gebaut und sind heute in großer Zahl über die ganze Westküste verstreut. Die Naturmenschen, von denen Nansen schrieb, sind weitgehend zu Geld- und Machtmenschen geworden; man schätzt, dass es in ganz Grönland unter den 50 000 Einwohnern nur noch 2 000 »reine« Inuit gibt. Nansen hat diese bedauerliche Entwicklung schon damals geahnt und vorausgesehen.

Als er endlich von Grönland abfahren konnte und am 30. Mai 1889 im Hafen von Kristiania ankam, wurde der vordem Verspottete wie ein Nationalheld gefeiert und mit Marschmusik, Fahnen und Böllerschüssen begrüßt. Ein Herr aus dem Empfangskomitee trat an Nansen heran und fragte ihn: »Sieht das nicht hübsch aus, diese vielen jubelnden Menschen an der Kaimauer?« Da antwortete ihm ein Lappländer aus Nansens Mannschaft, der im Geiste all das Leid vor sich sah, das die Europäer im Laufe der Jahre den Inuit angetan hatten, verärgert und verächtlich: »Ja, sehr hübsch – wenn da statt Menschen nur lauter gutmütige Rentiere ständen!«

Nansen erhielt von König Oscar II. einen hohen norwegischen Verdienstorden und wurde zum Professor und zum Leiter der Tierkundeabteilung im Museum der Universität von Kristiania ernannt. Er verfasste Zeitschriftenartikel über seine Expedition und schrieb ein in viele Sprachen übersetztes Buch über die Geschichte und das Leben der Einwohner Grönlands, in dem er nicht zuletzt die falsche Einschätzung und die menschenunwürdige Behandlung der Inuit durch die Europäer anprangerte. Er hielt in den Städten seiner norwegischen Heimat, aber auch im Ausland Reden und Referate, aus denen die Zuhörer über die Beschaffenheit des arktischen Grönland und über die Bewohner der größten Insel der Welt vieles lernten, wovon sie bis dahin nichts wussten oder nur unzulänglich und oft genug auch falsch unterrichtet waren. Wenige Monate nach seiner Ankunft in Kristiania heiratete er die weit über die Grenzen Norwegens bekannte Konzertsängerin Eva Sars, im Laufe der folgenden Jahre hatte er mit ihr fünf Kinder. Und ebenfalls noch im Jahr seiner Heimkehr von der Grönlandfahrt gab er seinen ehrgeizigen neuen Plan bekannt: eine Expedition zum Nordpol!

Dieses Mal war die norwegische Regierung begeistert und tat alles, um die Vorbereitungen der waghalsigen Unternehmung zu fördern und mit Geld zu unterstützen. Das bis dahin größte und zuverlässigste Eismeerschiff, die »Fram«, wurde gebaut, und am 24. Januar 1893 legte Nansen mit einer neuen Expeditionsmannschaft zur Reise an den Nordpol ab.

Nansen machte mit seinem Forschungsschiff »Fram« ein waghalsiges Experiment: Er ließ das Schiff im Packeis festfrieren und mit der natürlichen Meeresströmung langsam nach Norden driften, ohne dass er es hätte lenken können.

Er wählte eine seltsame Route: An der nördlichen Küste des russischen Sibirien entlang steuerte er die Fram; dann ließ er das Schiff absichtlich im Nordmeer-Eis festfrieren und, im Eis eingepackt, mit der Meeresströmung nordwärts forttreiben. Nach zwei Jahren gezielter Fahrt und klug ausgerechneter »Drift« erreichte er das eis- und schneebedeckte Polargebiet. Dort setzte er, zusammen mit seinem Freund Hjalmar Johansen, mit Akjas und Schlitten und 28 Zughunden seine Forschungsreise fort. Die Erde hat, vom Äquator an gemessen, 90 Breitengrade bis zum Nordpol; bis an den 86. Breitengrad drangen Nansen und Johansen vor. Weiter kamen sie nicht. Sie hatten nach und nach schon fast alle Schlittenhunde schlachten und die Schlitten selber ziehen oder sogar tragen müssen, zuletzt ernährten sie sich vom Blut der beiden noch verbliebenen Hunde.

Zu Tode erschöpft kehrten sie um – zwar nicht am Nordpol, doch an der nördlichsten Stelle der Erde, die je ein Mensch betreten hatte. Erst 13 Jahre später gelang es nacheinander zwei Forschern, Cook und

Peary, noch weiter vorzudringen und schließlich am Nordpol die amerikanische Fahne zu hissen.

Fridtjof Nansen unternahm danach noch mehrere große Forschungsreisen: in die norwegischen Fjorde, nach Island, auf die Azoren, zu den Shetland-Inseln, zur Inselgruppe Spitzbergen, die zwischen Norwegen und Grönland liegt, und schließlich, über Land, quer durch Sibirien; er diskutierte mit dem deutschen Luftschiffpionier Dr. Hugo Eckener, ob und wie man den von ihm erfundenen und konstruierten »Zeppelin« für die Erforschung der Arktis nutzen könnte. Zwischendurch ging er auch immer wieder auf Vortragsreisen, allein viermal in die USA, sowie durch Kanada und durch Deutschland. Damals waren die Staaten Schweden und Norwegen noch miteinander verbunden; auch Dänemark spielte bei der Besetzung der Königsthrone eine Rolle. Nansen machte sich in norwegischen und ausländischen Zeitungen stark für die Unabhängigkeit und Selbstständigkeit Norwegens, sprach auf politischen Veranstaltungen, führte Verhandlungen und Gespräche in Kopenhagen, St. Petersburg, Berlin und London und ruhte nicht eher, bis Norwegen im Jahre 1905 ein eigener, unabhängiger Staat wurde. Fridtjof Nansen wurde der erste norwegische Gesandte in Großbritannien. In den wenigen Monaten, in denen er zwischen all seinen vielen Aktivitäten zu Hause war, saß er am Schreibtisch und verfasste wissenschaftliche Arbeiten: über die Entwicklung von Walen, Delfinen und anderen Meeressäugetieren, über die Meereskunde des Nordpolbeckens, über Ursachen und Einflüsse von Meeresströmungen auf den Fischfang, über die Klimaschwankungen im Nordatlantikgebiet, ja, er gab sogar eine kleine 60-seitige Schrift über die Beschaffenheit von Skiern und die Technik des Skilaufens heraus.

Inzwischen hatte in Europa der Erste Weltkrieg gewütet und war nach den sinnlosen Feindseligkeiten unter den Völkern unter schweren Verlusten im Jahre 1918 zu Ende gegangen. Und eben dieses Jahr 1918 sollte für den 57-jährigen Fridtjof Nansen eine entscheidende Wende bringen, einen entscheidenden Neuanfang. Durch seine wissenschaftlichen Arbeiten war er zu großen Ehren gekommen, mit seinen Expeditionen hatte er seinem Vaterland in der ganzen Welt Ruhm verschafft. Nun spürte er, dass Ruhm und Ehre nicht alles war, um derentwillen es sich zu leben und sich anzustrengen lohnt. »Mir ist«, schrieb er zu Weihnachten an seine Frau, »als liefe ich herum und würde auf etwas wirklich Großes warten, für das ich alle meine Kräfte brauche.« Und in der Tat: Das neue Jahr 1919 wurde der Beginn eines neuen Lebensabschnitts, der Beginn seiner zehn letzten Jahre, in denen er alle seine Kräfte für eine ganz andere, für eine »wirklich große« Sache einsetzte: für den Dienst an den vom Krieg heimgesuchten und geschundenen Menschen.

Woodrow Wilson, der damalige Präsident der USA, hatte kurz nach Kriegsende einen Vorschlag gemacht, wie man in Zukunft möglicherweise drohende Weltkriege verhindern könnte. Anstatt mit Waffen aufeinander loszugehen, so sagte Wilson, sollten sich die Regierungsvertreter aller Staaten an einen Tisch setzen und sachlich und friedlich miteinander reden und verhandeln. Er rief die Nationen auf, sich zu einem »Völker-Bund« zusammenzuschließen. Fürs Erste waren 32 Staaten bereit, Wilsons Aufruf zu folgen. Am 15. November 1920 trat der Völkerbund (den man in etwa mit der heutigen UNO, mit den Vereinten Nationen, vergleichen könnte) zu seiner ersten Vollversammlung in Genf zusammen. Als Delegierten entsandte der Staat Norwegen: Fridtjof Nansen.

Der Völkerbund betraute Nansen sogleich mit einer schwierigen Aufgabe: mit der Rückführung von Kriegsgefangenen in ihre Heimatländer. Obwohl der Krieg schon länger als ein Jahr beendet war, befanden sich noch Hunderttausende von Soldaten in russischen Gefangenenlagern und warteten auf ihre Freilassung. Durch die Berichte von Elsa Brändström war bekannt geworden, dass allein in den Lagern, die sie im Auftrag des Schwedischen Roten Kreuzes besucht und in denen sie die Namen und Herkunftsländer der Gefangenen ermittelt und in Listen zusammengefasst hatte, bereits mindestens 50 000 Männer verhungert und erfroren, an Seuchen oder an den Folgen von schweren Zwangsarbeiten gestorben waren. Von vielen Gefangenen aber, die nicht in Lagern wohnten, wusste man nicht, wo sie sich in den unendlichen Weiten Russlands aufhielten und ob sie überhaupt noch lebten; sie galten als »vermisst«.

Fridtjof Nansen durchforschte mit einer Gruppe von unermüdlichen Mitarbeitern in der Zentrale des Internationalen Komitees vom Roten Kreuz, die sich nahe beim Sitz des Völkerbunds in Genf befand, tage- und nächtelang Dokumente der Staaten, die am Weltkrieg beteiligt gewesen waren. Aus den Listen und Karteien, die in Genf lagerten, nicht zuletzt aber aus den sorgfältigen und umfangreichen Aufzeichnungen der Elsa Brändström, konnte er nach und nach die Aufenthaltsorte der meisten Kriegsgefangenen herausfinden. Manche Gefangene befanden sich fernab von Straßen und Eisenbahnlinien, manche Lager musste man im östlichsten asiatischen Sibirien suchen,

3 000 und 4 000 km weit von den europäischen Ländern entfernt; an eine schnelle Heimführung der Männer war nicht zu denken. Zunächst war nur eines wichtig: die Gefangenen mit Lebensmitteln und Medikamenten, mit warmer Kleidung und mit Schuhen, mit Handwerkszeug und mit Heizmaterial zu versorgen.

Nansen fuhr nach Berlin und gründete dort die »Nansen-Hilfe«, eine Organisation, die sich um die Versorgungstransporte mit Hilfsgütern nach Russland kümmerte. Dann reiste er durch viele Länder Europas und hielt Vorträge über das Elend der Gefangenen: »Das Leben von Unzähligen ist in eurer Hand!«, rief er den Zuhörern in den Versammlungen zu. »Sie können nur noch gerettet werden, wenn ihr sofort und großherzig helft!« Er schrieb an die Regierungen, an Parteien und Vereine: »Helft! Sammelt! Spendet! Vergesst, ob ihr im Krieg auf Freundes- oder Feindesseite gestanden habt!« Achtzehn Monate lang war er unterwegs, ein Hilfswerk folgte dem anderen; er berief Konferenzen ein und leitete Sammelaktionen; er unternahm zahllose Reisen von einer Versorgungsstelle zur anderen, von einem Verteilungsdepot zum nächsten. Nur selten gönnte er sich eine Atempause, um für ein paar Tage bei seiner Familie in Norwegen zu sein. Endlich war alles so weit gediehen, dass er seinen eigentlichen Auftrag, die Heimführung der Gefangenen, durchführen konnte. Drei Jahre, länger als je eine seiner Nordmeer-Expeditionen gedauert hatte, nahm ihn die aufreibende Arbeit in Anspruch. Als der Völkerbund die Repatriierung im Jahre 1922 endlich für beendet erklärte, hatte Fridtjof Nansen eine halbe Million Kriegsgefangene, die aus 26 verschiedenen Nationen stammten, in ihre Länder heimgeholt und ihren in banger Ungewissheit wartenden Familien zurückgegeben.

Unterdessen war in Russland eine blutige Revolution ausgebrochen. Bürgerkrieg erschütterte das Land: Anhänger des Zaren von Russland kämpften gegen Anhänger der Revolutionsführer, die die Herrschaft des Volkes ausgerufen hatten.

Der Zar wurde ermordet, unzählige Menschen wurden in den Kämpfen getötet oder aus ihren Dörfern vertrieben und flohen hilflos und ziellos durch das Land. Kurz darauf entbrannte zudem ein unseliger Religionskrieg zwischen Christen und Muslimen, zwischen Armeniern und Türken. Der Völkerbund bemühte sich, wo die Bürgerkriege und Religionskämpfe tobten, um Waffenstillstand und Frieden, um die Lösung des Flüchtlingsproblems – vergeblich: Die vom Krieg geschwächten Nachbarstaaten konnten und wollten die

Mehr als 500 000 Kriegsgefangene führte Fridtjof Nansen aus den russischen Gefangenenlagern zu ihren wartenden Familien zurück. Die ersten, die den Transport in die Heimat antreten konnten, waren die Schwerverwundeten.

Flüchtlinge und Vertriebenen nicht aufnehmen.

Wieder wandte man sich an Fridtjof Nansen um Rat und Hilfe. Nansen wurde vom Völkerbund zum »Hochkommissar für die Flüchtlingshilfe« ernannt und mit den notwendigen Vollmachten ausgestattet. Unverzüglich machte er sich an seine neue Arbeit. An den Grenzen zu Russland und den anderen Unruhegebieten richtete er Auffanglager ein, in denen die Flüchtlinge zunächst unterkommen konnten und von wo aus er sie auf die verschiedenen europäischen Staaten verteilen wollte. Um ihnen von dort aus die Weiterreise zu ermöglichen und zu erleichtern, ging er, zum großen Erstaunen der Politiker, naiv und unbürokratisch vor: Er ließ Pässe drucken und an die Flüchtlinge ausgeben, in der vagen Hoffnung, dass die Gemeinden und Städte, in denen ein Flüchtling den Nansen-Pass vorwies, diesen Pass als gültiges Dokument anerkennen und dem Inhaber des Passes Aufnahme und Unterstützung gewähren würden. Was er selber kaum für möglich gehalten hatte, geschah: Insgesamt zweiundfünfzig Staaten in Europa und über Europa hinaus erkannten den Nansen-Pass an und nahmen, von Nansen organisiert und gerecht verteilt, die Heimatlosen bei sich auf!

Als der Strom der Flüchtlinge über die russische Grenze drang und die letzten Transportwagen mit den befreiten Gefangenen noch unterwegs in die Heimat rollten, wartete auf Fridtjof Nansen die dritte, vielleicht die größte Herausforderung nach dem Kriege. In Russland war vor einiger Zeit eine Hungersnot ausgebrochen, die schwerste, an die sich je ein Mensch erinnern konnte. Im Krieg waren viele Bauernhöfe verfallen, Tausende von Bauern wurden in den Kämpfen getötet oder so schwer verwundet, dass sie nicht mehr arbeiten konnten, viele Äcker blieben unbestellt, Verkehrs- und Versorgungswege waren zerstört, und als zu all dem im dritten Jahr eine völlig regenlose Dürrezeit folgte, ging auch noch das wenige Getreide, das man ausgesät hatte, zu Grunde, noch bevor es zu reifen begann.

Das Rote Kreuz in Genf plante eine groß angelegte Hunger-Hilfe für Russland – und bat Fridtjof Nansen, die Leitung der Hungerhilfe zu übernehmen. Nansen sagte zu. Um keine kostbare Zeit verstreichen zu lassen, machte er sich sofort auf den Weg nach Russland und informierte sich an Ort und Stelle über das Ausmaß der Katastrophe. Gleich am Tag nach seiner Ankunft schickte er ein Telegramm in die Schweiz: »Was uns über die russische Hungersnot berichtet wurde, ist in Wirklichkeit viel schlimmer, als man sich vorstellen kann. Der Anblick der Kinder, die nur noch Haut und Knochen sind und kaum noch auf ihren dünnen Beinchen stehen können, ist nicht zu beschreiben.« Er fuhr in die am ärgsten heimgesuchten Hungergebiete an der Wolga und im Kaukasus und machte Fotos und Dias von der Not der Menschen. Mit den Bildern reiste er durch Europa und Amerika und hielt aufrüttelnde Vorträge; er sprach im Rundfunk und verfasste dokumentarische Artikel für Zeitungen und Zeitschriften; er gab, zusammen mit den Dichtern Maxim Gorkij und Gerhart Hauptmann, mit dem Maler Masareel und mit Käthe Kollwitz eine Broschüre mit Bildern heraus. Auf einem Foto in dieser Broschüre war zu sehen, wie verzweifelte Menschen auf dem Friedhof Gräber öffneten, um die halb verwesten Leichen zu essen. Die Hilfsbereitschaft in der ganzen Welt war groß, viel Geld kam zusammen, sodass Nansen Überseeschiffe chartern konnte, die Getreide aus Kanada herüberbrachten, und Güterzüge und Lkw-Konvois, die Hilfsgüter in die Zentren der Katastrophengebiete transportierten. Nach und nach wurde er Herr über die Hungersnot und ihre Folgen: Schon bald gab die russische Regierung bekannt, dass das Schlimmste überstanden sei. Fridtjof Nansen hatte mit seiner weltweiten Hilfsaktion unter Aufbietung aller seiner Kräfte sieben Millionen Menschen vor dem sicheren Hungertod gerettet.

Einen Monat nach seinem 61. Geburtstag erhielt Fridtjof Nansen den Friedensnobelpreis. Im Hinblick auf das, was Nansen für den Frieden und das Wohlergehen vieler Menschen getan hatte, erwarteten die eingeladenen Gäste ein fröhliches Fest mit Essen und Trinken und optimistischen Lobreden; man erwartete in Nansens Dankansprache, er werde von einer strahlenden Zukunft für die Welt, von einer »Morgenröte der Menschheit« reden. Nansen enttäuschte die Festversammlung. »Der Glaube an die Morgenröte der Menschheit ist erloschen«, rief er aus. »Machtgier und Kriegslüsternheit sind in blinder Wut über die Welt gezogen. Keiner will das Wehgeschrei hören, das noch immer um uns herum lärmt. Die Seele der Welt ist sterbenskrank geworden. Der Mut und der Wille zum Leben sind gebrochen, es gibt keine Ideale mehr. Wir sind nicht auf dem Weg nach vorn zu mehr Menschlichkeit, sondern auf dem Marsch zurück in die Barbarei.«

Kaum jemand stimmte damals Nansens Worten zu. Doch zehn Jahre später wusste jeder, wie Recht er mit seiner prophetischen Rede gehabt hatte: Die Kampftruppen von Adolf Hitler marschierten in ihren braunen Uniformen durch München, und nicht lange danach machten die grauen Kolonnen seiner Wehrmacht wahr, was Nansen – rückblickend auf den Ersten Weltkrieg, vorausblickend in die Zukunft – sagte: »Wie Berserker rasen sie über die Erde und verwüsten sie, sie zerstampfen die goldene Ernte unter ihren Stiefeln ...«

Fridtjof Nansen starb am 13. Mai 1930. Auf dem Grabstein im Garten seines Hauses steht nicht etwa so Rühmliches wie »Erforscher der Arktis« oder etwas so Feierliches wie »Held der Nächstenliebe«. Kein Spruch, kein Datum. Nichts als: Fridtjof Nansen.

Marie Curie

Zweifache Nobelpreisträgerin an der Schwelle des Atomzeitalters

Maria Sklodowska (Marie Curie) musste nach Paris auswandern, weil in Polen Frauen nicht studieren durften. Später, als Wissenschaftlerin, erhielt sie zweimal den Nobelpreis.

Auf den Wegweisern am Eingang des Krankenhauses kann man lesen: »Zur inneren Abteilung«, »Zur chirurgischen Abteilung«, »Zur Kinderstation«, und man kann sich bei allen Schildern leicht vorstellen, was in diesen Stationen und Abteilungen behandelt und geheilt wird. Doch wenn es da heißt: »Zur radiologischen Abteilung«, stutzt man. Was wird in einer radiologischen Abteilung gemacht? Vor hundert Jahren hätte man diese Frage nicht zu stellen brauchen, denn das Radium, von dem die radiologische Abteilung ihren Namen hat, war erst vor kurzem entdeckt und für die Verwendung in der Medizin noch gar nicht nutzbar gemacht worden. Die Entdeckung des Radiums aber war etwas so Bedeutsames, dass man heute sagt: Mit der Entdeckung des Radiums hat ein neuer Abschnitt in der Menschheitsgeschichte begonnen: das Radiumzeitalter, oder wie man heute sagt: das Atomzeitalter. Die herausragende wissenschaftliche Persönlichkeit, der für diese bahnbrechende Entdeckung und für vieles, was damit zusammenhängt, zweimal hintereinander der Nobelpreis verliehen wurde, war eine Frau: Marie Curie.

Marie Curie wurde – als Maria Salome Sklodowska – am 7. November 1867 in der polnischen Hauptstadt Warschau (die damals unter russischer Herrschaft war) geboren. Nach ihrer Schulzeit hätte sie gern zu studieren angefangen, denn sie war ein neugieriges und intelligentes

Mädchen. Doch das ging aus zwei Gründen nicht: Erstens hätte ihr Vater (die Mutter und zwei ihrer Geschwister waren gestorben, als Maria zehn Jahre alt war) ein Universitätsstudium nicht bezahlen können; zweitens aber, und das kann man sich heute kaum noch vorstellen, durften damals in Polen und auch in Deutschland nur Männer an Universitäten studieren, Frauen nicht.

So arbeitete denn Maria zunächst sechs Jahre als Kindermädchen; dann hatte sie gerade genug Geld gespart, um nach Paris zu gehen und dort an der berühmten Sorbonne-Universität mit dem Studium zu beginnen: In Frankreich waren nämlich längst auch Frauen zum Studium zugelassen. Sie verstand anfangs nur wenig Französisch und es fiel ihr schwer, den wissenschaftlichen Vorlesungen zu folgen. Doch zum Glück schrieben zwei französische Freundinnen das Wichtigste aus den Vorträgen der Professoren für sie mit und liehen ihr die Notizen aus, sodass Maria das, was sie nicht verstanden hatte, in der Nacht nachlesen konnte. Marias Ersparnisse waren karg und das Leben in der großen Stadt Paris war teuer. Sie musste sich unter großen Entbehrungen durchhungern und durchfrieren. Nur selten gönnte sie sich ein warmes Mittagessen, meistens aß sie nur Brot. Manchmal schleppte sie einen Eimer Kohlen sechs Treppen hoch, um den kleinen Ofen in ihrer Dachkammer zu heizen.

Aber sie schaffte es. In zwei Jahren hatte sie das Physik-Studium mit einem Diplom abgeschlossen – als Beste von allen Männern und Frauen, die mit ihr studiert hatten! Und in nur einem einzigen weiteren Jahr erwarb sie, dieses Mal als Zweitbeste, auch noch das Abschlussdiplom in Mathematik. Eine Frau, die sich im Studium nicht für Blumen und Vögel, nicht für Gedichte und Musik interessierte, sondern für die komplizierten »Männerwissenschaften« Physik und Mathematik: Darüber schüttelten viele den Kopf. Manche Studentinnen an der Universität waren neidisch auf das Mädchen aus Polen; sie hassten sie und zeigten unverhohlen ihre Eifersucht, weil Maria bei den Professoren in hohem Ansehen stand. Häufiger aber wurde sie bewundert, auch von Männern, obwohl sie bei allen Prüfungen besser abschnitt als ihre männlichen Mitstudenten. Zu ihren Bewunderern gehörte auch ein 34-jähriger Wissenschaftler mit Namen Pierre Curie. Er arbeitete gelegentlich mit Maria zusammen, sodass sie sich nicht nur gegenseitig beruflich schätzen lernten, sondern auch menschlich näher kamen. Als sie entdeckten, dass sie einander liebten, heirateten sie. Durch ihre Ehe wurde Maria französische Staatsbürgerin und hieß von da an Marie Curie.

In jenen Tagen hatte in Deutschland ein Forscher eine bedeutende Erfindung gemacht. Mit Hilfe komplizierter Apparate war es ihm gelungen, Strahlen zu erzeugen, die erstmals nicht – wie gewöhnliche Lichtstrahlen – an einer Mauer oder einer Wand endeten, sondern die in der Lage waren, durch Mauern und Wände und andere Hindernisse hindurchzudringen und sichtbar zu machen, was sich hinter den Hindernissen befand. Mit diesen Strahlen konnte man in den menschlichen Körper hineinschauen und zum Beispiel sehr genau sehen, an welcher Stelle ein Knochen gebrochen war oder ob sich in den Nieren ein Stein befand. Der Forscher hieß Wilhelm Conrad Röntgen; die Strahlen, die er mit seinen Geräten erzeugte, nannte man zunächst X-Strahlen und später Röntgen-Strahlen. Auch ein anderer Forscher, der Franzose Henri Becquerel, war dem Geheimnis von Strahlen und Strahlungen auf der Spur; er wollte jedoch nicht Strahlen mit Apparaten künstlich herstellen, sondern wollte herausfinden, ob es nicht irgendetwas auf der Welt gebe, das aus sich und von selber Strahlen erzeugte: ein Stein vielleicht, ein Metall oder eine Verbindung mehrerer verschiedener Metalle? Becquerel wählte für seine Forschungsarbeiten eine solche Verbindung aus. Die Verbindung trug den etwas merkwürdigen Namen Pechblende. In Hunderten von Versuchen entdeckte er in der Pechblende tatsächlich etwas, das »strahlte«: Es war ein Metall mit Namen Uran. Genaueres aber konnte er trotz großer Mühe und großem Fleiß nicht entdecken und so blieben seine Forschungen vorerst unvollendet liegen.

Madame Curie beschloss, zusammen mit ihrem Mann den Ideen von Röntgen und Becquerel nachzugehen. Sie nannte ihr Forschungsgebiet *Die Radioaktivität.* Der Wortteil Radio kommt von dem lateinischen Wort radius, zu Deutsch: der Strahl. Aktivität bedeutet Wirkung, Wirksamkeit. Sich wissenschaftlich mit der Radioaktivität befassen heißt also: Strahlen und ihre Wirkungen erforschen. Was Henri Becquerel nicht gelungen war, gelang Marie Curie. Mit Hilfe eines Messverfahrens, das ihr Mann Pierre entwickelt hatte, wies sie nach, dass das in der Pechblende befindliche Uran tatsächlich strahlte. Was Becquerel eigentlich nur geahnt hatte, bestätigte sie durch exakte Messungen. Sie schrieb in langen Tabellen auf, wie stark die Radioaktivität des Urans in der Pechblende war. Dabei stellte sie fest: Die Strahlungen des Urans sind nur sehr schwach. In der Pechblende musste sich also noch etwas anderes befinden, das erheblich stärker radioaktiv war als das Uran. Aber was war dieses Etwas? Dieses allerletzte Rätsel musste noch gelöst werden. Trotzdem waren allein ihre Messungen, vor allem aber die Folgerung, die sie daraus zog, so neuartig und für alles Künftige so wegweisend, dass Marie Curie – zusammen mit ihrem Mann und Henri Becquerel – im Jahre 1903 den Nobelpreis für Physik erhielt.

Mit diesem Foto und dem Schriftzug »2 gr Radium« versuchte man seinerzeit zu demonstrieren, dass Radium zwar nicht zu greifen war, aber existierte, weil es »aus sich« strahle.

Marie Curie besaß in ihrem Labor in Paris 100 Gramm Pechblende, man könnte sagen: einen Teelöffel voll, mehr nicht. Doch in dem Wenigen fand sie das Etwas, das sie suchte: das unentdeckte, neue Metall. Sie nannte es *Radium,* Strahlmetall. Was sie fand, war zunächst nur eine Spur vom Radium, sie konnte das Radium selbst weder sehen noch wiegen, sondern nur an der Stärke der Strahlung nachweisen, dass es wirklich vorhanden war.

Madame Curie hatte erfahren, dass in einem Bergwerk in St. Joachimsthal im Erzgebirge Pechblende als überflüssiger Dreck in einen vorbeifließenden Bach geschüttet wurde. Sie veranlasste die französische Regierung, an die österreichische Regierung – zu deren Gebiet damals St. Joachimsthal gehörte – zu schreiben und anzufragen, ob man nicht für die Forschungsarbeiten des Ehepaars Curie etwas von dieser Pechblende nach Paris schicken könnte. Schon bald kamen zwei ganze Eisenbahnwaggons voll Pechblende als Geschenk des St. Joachimsthaler Bergwerks in Paris an. Kaum, dass sie Zeit hatte, sich geziemend zu bedanken, machte Marie Curie sich an die Arbeit. Was sie seit langem in ihrem Kopf theoretisch ergrübelt hatte, wollte sie nun mit ihren Händen praktisch erarbeiten: Aus den riesigen Massen von Pechblende wollte sie Radium gewinnen.

Sie ließ die Pechblende aus den Waggons in große Fässer, Kübel, Bottiche, Wannen und Eimer umfüllen, die sie im Hof hatte aufstellen lassen. Mit einem Eisenstab, der länger war als sie selbst, rührte die

Forscherin eigenhändig die dickflüssige Masse um. Sie siebte und stampfte und presste und filterte; sie erhitzte die Pechblende und ließ sie abkühlen, sonderte Abfall von Brauchbarem ab und beobachtete in den gläsernen Apparaten ihres Labors unermüdlich und penibel, wie sich die bearbeitete Pechblende verhielt. Von dem Geld, das sie bei der Verleihung des Nobelpreises erhalten hatten, konnten die Curies ihr Labor vergrößern und modernisieren und später einen Helfer einstellen, der Madame Curie bei der gröbsten und schwersten Arbeit unterstützte. Neun volle Jahre arbeitete sie mit dem »Dreck«, den sie aus St. Joachimsthal geschenkt bekommen hatte.

Zwischendurch schrieb sie, sozusagen mit der linken Hand, ihre Doktorarbeit – und: In den neun Jahren brachte sie drei Kinder zur Welt, von denen eins kurz nach der zu frühen Geburt starb. Und noch ein zweites Mal innerhalb dieser neun Jahre klopfte der Tod im Hause Curie an: Ihr Mann wurde beim Überqueren der Straße von einem zweispännigen Pferdewagen überrollt und war auf der Stelle tot. Trotz all diesem Schweren, das über Marie Curie hereingebrochen war, setzte sie ihre Arbeit zäh und verbissen fort. Endlich war es geschafft: Sie konnte das Ergebnis ihrer langjährigen Arbeit vorlegen. Aus 6 Tonnen brauchbarer Pechblende hatte sie 22 Milligramm Radium – eigentlich: Radiumchlorid – gewonnen. Ein fünfzigstel Gramm! Nun konnte sie erstmals das Radium sehen und wiegen.

Dies geschah in den ersten Jahren des 20. Jahrhunderts. Madame Marie Curie wurde damals die berühmteste Frau der Welt. In London wurde sie von der Königlichen Wissenschaftlichen Gesellschaft mit der Goldmedaille ausgezeichnet. In Paris wurde sie – als erste Frau in Europa – zur Professorin an der Sorbonne ernannt, an derselben Universität, an der sie vor 15 Jahren mit ihren mangelhaften Französischkenntnissen als Studentin angefangen hatte. Die größte Universität der Schweiz bot ihr eine Professorinnenstelle mit einem unvorstellbar hohen Gehalt an – sie lehnte ab und blieb in Paris. In Genf wurde sie Mitglied der Internationalen Gesellschaft, die sich für die Zusammenarbeit aller Wissenschaftler der Welt einsetzte, als einzige Frau unter zehn Männern. Mehrmals wurde sie zu wissenschaftlichen Vorträgen in die USA eingeladen, ferner nach Österreich, nach Spanien, nach Brasilien und nach England. In Schweden verlieh man ihr zum zweiten Mal den Nobelpreis, diesmal für ihre Forschungen in der Chemie. Auf einer ihrer Reisen in die USA – Marie Curies Gesundheit war zu dieser Zeit schon so sehr angegriffen, dass sie sich bei Vorträgen und

In der fast ausschließlich von Männern beherrschten Welt der Naturwissenschaften nahm Marie Curie eine Ausnahmestellung ein. Auf dem ersten Solvay-Kongress in Brüssel arbeitete sie u.a. auch mit Albert Einstein (2. v. re. stehend) zusammen.

Empfängen manchmal von einer ihrer erwachsenen Töchter vertreten lassen musste – wurde sie von US-Präsident Harding ins Weiße Haus eingeladen. Er hielt eine große Überraschung für sie bereit. In ehrfürchtiger Achtung vor ihrer Arbeit überreichte er Marie Curie als Geschenk der amerikanischen Nation ein Gramm Radium, das nach der von ihr entwickelten Methode in einer chemischen Fabrik in Amerika hergestellt worden war.

Marie Curie war sehr gerührt, denn das eine Gramm Radium war unvorstellbar wertvoll: Hätten 100 Männer ein ganzes Jahr gearbeitet und man hätte dann ihren gesamten Arbeitslohn zusammengelegt, so wäre das immer noch nicht genug Geld gewesen, um das eine Gramm kaufen zu können! Sie bereicherte sich nicht persönlich an diesem kostbaren Geschenk, sondern stiftete das Radium für ihr Labor in Paris, um ihre Forschungen fortsetzen zu können. Später, bei einem weiteren Besuch in den USA, erhielt sie noch ein zweites Gramm Radium; sie verschenkte es an ein Forschungsinstitut in ihrer Heimatstadt Warschau, das man ihr zu Ehren »Maria-Sklodowska-Curie-Institut« genannt hatte.

Marie Curie hatte sich immer nur um die wissenschaftliche Seite ihrer Arbeit gekümmert. Ob das Radium zu irgendetwas nütze war, darüber machte sie sich keine Gedanken. Da kamen eines Tages ein paar clevere französische Mediziner zu ihr und baten sie, ihnen doch leihweise etwas von ihrem gewonnenen Radium zur Verfügung zu stellen; sie wollten herauszufinden versuchen, ob Radiumstrahlen sich auf die Gesundheit des Menschen auf gute oder böse Weise auswirkten. Marie Curie stimmte zu und die Mediziner kamen zu einem überraschenden Ergebnis: Mit den Strahlen des Radiums, so stellten sie fest, konnte man menschliche Körperzellen, die von Krebs befallen waren, abtöten und unschädlich machen! In einigen Krankenhäusern begann man daraufhin, radiologische Abteilungen einzurichten und behutsam mit Radium an Krebskranken zu arbeiten. Der Erfolg war groß; die neue Heilmethode erhielt den Namen Curie-Therapie. Was Marie Curie noch in jahrelanger Arbeit unter Einsatz all ihrer Kräfte erarbeitet hatte, wurde alsbald in großen chemischen Industriebetrieben mühelos, schnell und gefahrlos produziert. Das Radium und die Curie-Therapie traten ihren Siegeszug über die ganze Erde an. Marie Curie war allerdings nicht geschäftstüchtig genug, sich ihre Entdeckung als ihr geistiges Eigentum rechtlich schützen und patentieren zu lassen: Bereitwillig gab sie ihr Wissen an andere weiter und die anderen machten aus ihrem Wissen das große Geld …

Aus zwei Eisenbahnwaggons »Pechblende« gewann Marie Curie in neun Jahre währender schwerer körperlicher Arbeit 22 Milligramm Radium für ihr Forschungsgebiet, die Radioaktivität.

Die Mediziner fanden aber auch noch etwas heraus, nämlich, dass die Behandlung mit Radium nicht ungefährlich war. Schon früher, bei ihren ersten Arbeiten zur Gewinnung von Radium, hatten Pierre und Marie Curie und auch Henri Becquerel festgestellt, dass die radioaktiven Strahlen ihrer Gesundheit schadeten, wenn sie sich nicht sorgsam genug bei ihrer Arbeit schützten. Ihre Freunde warnten sie: »Seht ihr denn nicht, wie erschöpft und abgearbeitet ihr ausseht? Kümmert es dich denn nicht«, sagten sie zu Marie, »dass du von Tag zu Tag magerer wirst? Wer dich von früher her kannte, kennt dich kaum wieder: Sieben Kilo hast du bereits abgenommen!« Sie achtete nicht auf die Warnungen der Freunde, selbst als ihr Mann mehrere Male vor Muskelschmerzen tagelang nicht gehen konnte und im Bett liegen musste. Auch dann noch, als der Arzt in ihrer Lunge die ersten Anzeichen von Tuberkulose entdeckte, machte sie weiter und lehnte es ab, für vier Wochen in ein Sanatorium zu gehen, wie es der Arzt verordnet hatte. Ihre Leiden nahmen zu: Ein unerträgliches Ohrensausen machte sie fast verrückt, fast taub; ein Augenleiden stellte sich ein und verschlimmerte sich so sehr, dass sie nur mit einer vielfach vergrößernden Lupe lesen konnte. Die Wirkungen des Radiums begannen ihr Knochenmark zu zersetzen, ihr Blut vergiftete sich und erneuerte sich nicht mehr, wie es bei gesunden Menschen der Fall ist. Statt sich aber bei der Arbeit in Acht zu nehmen und zurückzuhalten, spielte sie alle Anzeichen von Schädigung herunter.

Die Ärzte indessen, die mit dem Radium umgingen, nahmen die Gefahren ernster, die von der Radiumstrahlung ausgingen. Oft, leider nur allzu oft, mussten sie entsetzt feststellen, dass die Strahlen nicht nur die Zellen zerstörten, die vom Krebs befallen waren, sondern auch über den Rand der erkrankten Stelle hinausgingen und den in der Nähe liegenden gesunden Zellen Schaden zufügten. Noch heute, da doch die Wissenschaft weit fortgeschritten ist, kann es passieren, dass ein krebskranker Mensch durch radioaktive Strahlen lebensgefährlich geschädigt wird, ja sogar ums Leben kommt, wenn die Strahlentherapie nicht aufs Sorgfältigste durchgeführt wird. Kein Wunder, dass sich manche Leute vor der radioaktiven Strahlenbehandlung fürchten.

Die Sorbonne-Universität ließ für Marie Curie in Paris ein Radium-Institut errichten, in dem sie, statt in ihrem immer noch zu kleinen Laboratorium zu arbeiten, großzügig sollte forschen können. Doch nur knapp einen Monat, nachdem das Institut fertig wurde und Marie Curie gerade mit ihren Geräten und Apparaten, mit den Pechblende-Proben und dem fertigen Radium einziehen wollte, befahl der deutsche Kaiser Wilhelm seinen Armeen zu den Waffen zu greifen und gegen die Nachbarvölker zu Felde zu ziehen: Der Erste Weltkrieg begann. Die deutschen Soldaten standen schon bald vor Paris. Madame Curie fürchtete, dass ihr gefährliches Radium in die Hände der Eroberer fallen könnte. Eilends zerkleinerte sie das Gramm Radium, das sie besaß, und packte jedes kleinste Teilchen in eine dicke Hülle aus Blei, damit die Radiumstrahlen nicht nach außen dringen und Schaden anrichten könnten. Dann verstaute sie die Bleipackungen in einen unauffälligen Koffer und schaffte das Radium fort, in eine weiter südlich gelegene Stadt, die vor dem Kriegsgeschehen sicher war. Das Radium-Institut in Paris wurde geschlossen. Es konnte erst wieder eröffnet werden, als der Weltkrieg beendet und die Armeen des deutschen Kaisers geschlagen waren.

In den vier Jahren von 1914 bis 1918, in denen der Krieg wütete und sie ihr Institut nicht betreten konnte, hätte Madame Curie gut daran getan, in die Schweiz zu gehen und in einem in guter Bergluft gelegenen Sanatorium endlich etwas für ihre vernachlässigte Gesundheit zu tun. Sie tat genau das Gegenteil: Statt sich zu schonen, ging sie mit ihrer ältesten Tochter an die Front, wo die französischen und deutschen Soldaten in einem brutalen und sinnlosen Krieg gegeneinander kämpften. Die beiden Frauen, *Mutter Marie und Tochter Irène,* sahen mit Besorgnis und Erschütterung, wie stümperhaft Frontärzte und Sanitäter mancherorts mit den verwundeten Männern umgingen: Hier stocherte man mit einer langen Nadel, einer sogenannten Sonde, im Leib eines Soldaten herum, um die Gewehrkugel zu finden, die irgendwo im Eingeweide des Verletzten steckte (und wenn man sie endlich fand, war es nicht selten für jede Hilfe zu spät); dort schiente man zertrümmerte Arm- und Beinknochen zusammen, indem man durch Abtasten, Drücken und Hin- und Herschieben die Bruchstelle gefunden zu haben glaubte, und manchmal wuchsen dann die Knochenteile falsch aneinander und mussten gewaltsam noch einmal neu gebrochen werden.

Marie Curie wandte sich unverzüglich an die französische Regierung und sorgte dafür, dass fahrbare Röntgenstationen in die Kriegsgebiete geschafft wurden. Mit den Röntgenapparaten war es möglich, im Körper eines Verwundeten die genaue Stelle auszumachen, an der die Gewehrgeschosse oder Granatsplitter saßen oder an der Rippen, Schädelknochen oder Arme und Beine gebrochen waren. Die beiden Frauen hielten Kurse ab und zeigten den Ärzten, wie sie zielsicher mit den Röntgenapparaten umzugehen hätten; in komplizierten Fällen röntgten sie selbst. Durch den rechtzeitigen Einsatz der fahrbaren Röntgenstationen wurden den Verwundeten viele Schmerzen erspart;

Hunderten von Soldaten retteten Marie und Irène Curie das Leben. Als der Krieg zu Ende war, ehrte man Madame Curie, indem man sie – als erste Frau in Frankreich – als Mitglied in die berühmte Pariser Medizinische Akademie aufnahm.

Vierzehn Jahre arbeitete Marie Curie nach dem Krieg wieder in ihrem Institut in Paris. In ihrem unstillbaren Forschungsdrang enträtselte sie immer neue Geheimnisse der Radioaktivität: Sie lehrte an der Universität Studentinnen und Studenten; sie schrieb Bücher und viel beachtete Aufsätze in medizinischen Fachzeitschriften. Insgesamt wurden in ihrem Institut in dieser kurzen Zeit 483 wissenschaftliche Arbeiten verfasst, davon allein 31 von ihr selbst. Gerade diese Veröffentlichungen ihres Instituts trugen dazu bei, dass in den radiologischen Abteilungen der Kliniken und Krankenhäuser die Wirkungen der Strahlentherapie ständig verbessert und so die Leiden unzähliger Menschen gemildert wurden. Im Jahre 1932 gab Madame Curie die Leitung des Instituts an ihre Tochter ab; Irène Curie war inzwischen eine erfolgreiche Forscherin geworden und auch sie wurde später – genau wie ihre berühmten Eltern – mit dem Nobelpreis ausgezeichnet.

Jetzt erst begab sich Marie Curie in die Schweiz, aber ihr Aufenthalt im Sanatorium zu Sancellemoz kam zu spät und half nicht mehr. Ihr jahrelanger argloser Umgang mit dem gefährlichen Radium hatte die Abwehrkräfte ihres Körpers so sehr geschwächt, dass sie sich eines Tages mit einem ganz gewöhnlichen, harmlosen Husten ins Bett legen musste und, 67-jährig, innerhalb weniger Stunden starb.

Maria Montessori

Die Methode zur Selbsterziehung des Kindes

Maria Montessori hat durch ihre theoretischen und praktischen Forschungen dazu beigetragen, dass heute in Kindergärten und Schulen die Kinder sich ihren Anlagen gemäß entwickeln können.

An der holländischen Atlantikküste liegt das Städtchen Noordwijk aan Zee. Das Jahr über geht dort alles seinen gewohnten ruhigen Gang, doch im Sommer kommen viele Menschen, vor allem Familien mit Kindern nach Noordwijk, um dort in den Dünen zu wandern, an den flachen, ungefährlichen Stränden im Meer zu baden und im Sand in der Sonne zu liegen. Wer an einem trüben oder verregneten Tag vom Strand in die Stadt geht und den Friedhof besucht, trifft auf ein Grab, auf dessen Denkmalstein unter dem Kreuzzeichen und den Christusbuchstaben A und O (= Jesus Christus ist der Anfang und das Ende) nicht ein Spruch in holländischer, sondern seltsamerweise in italienischer Sprache eingemeißelt ist. Übersetzt lautet der Spruch: »Ich bitte die lieben Kinder, die alles können, mit mir zusammen für den Aufbau des Friedens unter den Menschen und in der Welt zu arbeiten.« Es ist das Grab der Italienerin Maria Montessori, die in Noordwijk gestorben ist und kurz vor ihrem Tod diesen ihren Herzenswunsch allen Kindern in der weiten Welt mit auf den Weg gegeben hat.

Maria Montessori wurde im Jahre 1870 in Chiaravalle in Italien geboren; über ihre Kindheit weiß man nicht viel. Man sagt, dass sie schon früh von ihrer Mutter angeleitet wurde, sich um Menschen zu kümmern, denen es nicht so gut ging wie ihr selbst: Sie musste als kleines

Mädchen für Arme nähen und stricken und mit einem gehbehinderten Nachbarskind jeden Tag einen Spaziergang machen. Als sie fünf Jahre alt war, zog Maria mit ihren Eltern – sie hatte keine Geschwister – aus dem unbedeutenden Provinzstädtchen nach Rom, in die Hauptstadt von Italien. In Rom ging Maria zur Schule. Ihr Lieblingsfach war Mathematik. Später erzählte sie einmal, sie habe, so oft sie mit ihren Eltern ins Theater ging, ihr Mathematikbuch mitgenommen und, wenn ihr das Theaterstück langweilig wurde, darin gelesen und Rechenaufgaben gelöst. Mathematik blieb lange ihr Wahlfach: Nach der Volksschule ging sie auf ein technisches Realgymnasium und wollte Ingenieurin werden – für ein Mädchen in der damaligen Zeit ein ausgefallener Berufswunsch, über den alle ihre Bekannten den Kopf schüttelten. Doch mit 20 änderte sie von heute auf morgen ihren Plan: Sie meldete sich an der Universität von Rom an und begann, Medizin zu studieren.

Wieder rieten ihr alle ab, denn es war geradezu unvorstellbar, dass eine Frau sich unter den Medizinern würde behaupten können. Die meisten Vorlesungen wurden in der Tat nur vor männlichen Studenten gehalten. Zum Glück fand Maria jedoch einen Professor, der sie abends, wenn die Männer fort waren, allein in dem großen, leeren Hörsaal unterrichtete. Das Studium fiel ihr nicht leicht. Wenn sie, was zu ihrer Ausbildung gehörte, Leichen aufschneiden musste, um die inneren Organe des Menschen kennen zu lernen, nahm sie einen Mann mit in den Seziersaal, den sie dafür bezahlte, dass er sich neben sie stellte und eine Zigarre rauchte; nur in dem starken Qualm der Zigarre ertrug sie den schrecklichen Gestank, der aus den Eingeweiden der Toten kam. Ihr Fleiß und ihre Ausdauer wurden belohnt: Mit 26 Jahren legte sie ihre Prüfung ab und wurde die erste Ärztin in der Geschichte Italiens.

In ihren frühen Jahren als Ärztin hatte Maria Montessori längere Zeit in einer psychiatrischen Klinik gearbeitet, einer Krankenhaus-Abteilung, in der geistig behinderte und seelisch geschädigte Kinder untergebracht waren und behandelt wurden. Die Kinder wurden von den Leuten draußen als nicht normal bezeichnet und – geringschätzig – Idioten genannt. Beim Umgang mit ihnen war ihr aufgegangen, dass viele Kinder schon bei ihrer Geburt organische Schäden mitbringen, Kinder, denen man dann später helfen, die man aber nicht heilen kann. Daneben aber, so erkannte sie, gibt es viele Kinder, die nur deswegen in ihrer Entwicklung zurückbleiben, weil sie in ihren ersten

Lebensjahren vernachlässigt und nicht gefördert werden und deshalb nicht zu »normalen Menschen« heranwachsen können. Besonders in den Armenvierteln und in den Arbeitervorstädten von Rom gab es viele solcher Kinder; sie lebten in unvorstellbar erbärmlichen Wohnverhältnissen, oft liefen sie den ganzen Tag auf der Straße herum und ihre Eltern kümmerten sich nicht um sie. Wenn sie heranwuchsen, wurden viele von ihnen in die damals so genannten Hilfsschulen abgeschoben, wo sie nur wenig lernten; manche kamen, als Jugendliche, in Erziehungsanstalten, andere wurden kriminell, stahlen Waren in Kaufhäusern oder raubten auf der Straße Leute aus und endeten im Gefängnis.

Frau Dr. Montessori kam zu dem Schluss, dass man die schlimme Lage dieser Kinder und Jugendlichen nicht änderte, indem man sie beschimpfte, verurteilte und bestrafte, sondern wohl nur dadurch, dass man ihre Lebensumstände verbesserte, unter denen sie von klein an aufwuchsen. Immer wieder bat und mahnte sie die römischen Politiker, die Lebensbedingungen der Arbeiterinnen und Arbeiter, vor allem aber der Arbeitslosen und Armen zu verändern, damit die Erwachsenen mehr Möglichkeiten hätten, sich um die Erziehung ihrer Kinder zu kümmern. Sie machte sich energisch daran, zu erklären und zu zeigen, mit welchen Mitteln und durch welche Methoden kleine Kinder am sinnvollsten zu erziehen und zu bilden seien. Das tat sie nicht mit großen Reden, sondern zu allererst durch vorbildliches, praktisches Arbeiten mit Kindern.

Was Frau Dr. Montessori aus ihrer Arbeit mit geistig behinderten Kindern gelernt hatte, trug sie später auf Tagungen und Kongressen in Italien und im Ausland vor; ihre pädagogischen Ideen und Forderungen veröffentlichte sie in umfangreichen Büchern und kleineren Schriften. Sie war zu der Erkenntnis gekommen, dass man nicht nur geistig behinderten und zurückgebliebenen Kindern »zu ihrem wahren Wesen verhelfen« müsse, wie sie es ausdrückte, sondern jedem Kind – sei es behindert oder nicht. Es sei wichtig, so lautete ihre Theorie, die Kräfte, die in jedem Kind schlummerten, aufzuspüren, freizusetzen und Schritt für Schritt zur Entfaltung kommen zu lassen, vor allem in den drei ersten Lebensjahren, aber auch später, in der Schule. Was man derzeit in den Schulen mit Kindern mache, sei falsch und für die geistige Entwicklung des Kindes schädlich. Dort sitzen, so beschrieb sie den Alltag in den italienischen Schulen, die Kinder hintereinander und schauen einander in den Nacken statt in die Augen; vorn steht der Lehrer, meist mit dem Prügelstock, und trägt den dreißig, vierzig, fünfzig Kindern etwas vor, das sie im Chor nachsprechen und, verstanden oder nicht, in ihr Heft zu schreiben haben. Alle Kinder müssen zu jeder Stunde und Minute zugleich dasselbe tun: lesen, schreiben, rechnen, singen, malen; sie werden gezwungen, in ständiger Angst vor Schlägen und Strafarbeiten die Lebensläufe von Königen und Feldherren aufzusagen und die Namen von Städten, Bergen und Flüssen auswendig zu lernen. Kinder, die so unterrichtet werden, stellte sie fest, kennen nur Zwang und Unterdrückung; von Freude oder gar von Lust am Lernen kann in den Schulen keine Rede sein.

Weil Maria Montessori jedoch in die Arbeitsweise der öffentlichen Schulen nicht eingreifen konnte, wagte sie ein interessantes Experiment, das zunächst kaum Beachtung fand, aber nach und nach zu einer begeisterten Bewegung führte, die unter dem Namen Montessori-Methode bekannt wurde und weltweit zu wichtigen Neuerungen und segensreichen Veränderungen in der Erziehung und Bildung von Kindern geführt hat: Sie gründete am 6. Januar 1907 in Rom im Arbeiterviertel San Lorenzo eine »Casa dei Bambini«, ein Kinderhaus, in dem verwahrloste Kinder zum ersten Mal in ihrem Leben ernst genommen und nicht als lästiges Hindernis in der Welt der Erwachsenen betrachtet und behandelt wurden.

Nicht nur in Italien, sondern fast überall in der sogenannten zivilisierten Welt sagte man damals: »Kinder *sind* eigentlich noch keine richtigen Menschen, sie sollen eines Tages richtige Menschen *werden.*« Hundertmal mussten sich die Kinder den Spruch anhören: »Lass das! Das kannst du doch nicht! Dazu bist du noch zu klein!« Wenn Kinder etwas wollten, sagte man: »Kinderwille steht hinter der Tür!«. Wenn sie etwas fragten, kritisierten, anregten, vorschlugen, lachte man sie aus, überhörte, was sie sagten, und befand: »Kinder sind dumm, Kinder sind Narren.« Ständig erfuhren sie, dass sie nichts oder nur wenig wert waren.

Maria Montessori ließ das Kinderhaus von San Lorenzo so einrichten und ausstatten, dass die Kinder sich darin als Kinder akzeptiert fühlten. In ihrem Kinderhaus sollten sie nicht auf Schritt und Tritt mit der Nase darauf gestoßen werden, dass sie für alles noch zu klein wären: Sie ließ die Treppenstufen und Geländer so anlegen, dass die Kinder nicht unbeholfen krabbeln mussten, sondern ganz normal hinauf- und hinabsteigen konnten; die Haken an der Garderobe wurden so angebracht, dass alle ihre Mäntel selber aufhängen konnten und nicht jedesmal beim Kommen und Gehen eine erwachsene Helferin oder einen erwachsenen Helfer rufen mussten. Die Möbel waren leicht: Jedes Kind konnte seinen Stuhl allein tragen, je zwei konnten ihren Tisch dorthin bringen, wo sie ihn brauchten. Schon durch diese wenigen scheinbaren Kleinigkeiten bekamen die Kinder jeden Tag aufs Neue das Gefühl: Das hier – das ist unser Haus! Was heute weitgehend selbstverständlich ist, in der Schule, im Kindergarten oder wo sonst Kinder zusammenkommen, war damals eine große Neuigkeit: Gardinen und Vorhänge an den Fenstern, Bilder an den Wänden, auf den Tischen kleine Blumensträuße aus dem Garten, Topfpflanzen auf den Fensterbänken. Die Kinder fühlten sich wohl und lernten ganz von selbst, das Haus und die Sachen im Haus pfleglich zu behandeln, ohne dass ein Erwachsener befehlen und kontrollieren musste.

Nirgends sah man, wie man es fast überall sonst in den Schulen fand, Bänke, die zerkratzt, oder Pulte, in deren Oberfläche Namen eingeschnitzt waren. Die Möbel wurden nicht mit Gepolter hin und her geschoben, sondern leise fortbewegt; statt die Türen zuzuschlagen, schloss jedes Kind sie so sorgsam hinter sich zu, dass kein Geräusch entstand. Vor dem Heimgehen fegten die Kinder, so gut sie konnten, den Raum aus, stellten die Stühle an Ort und Stelle, wischten mit einem feuchten Lappen ihre Tische ab und räumten die Sachen, mit denen sie gespielt oder gearbeitet hatten, ordentlich in die vorgesehenen Schrankfächer – anstatt den ganzen Dreck und die ganze Unordnung gedankenlos den Putzfrauen zu hinterlassen. Maria Montessori erreichte, dass sie im täglichen Umgang Verantwortung übernahmen: für ihren eigenen kleinen Besitz, für das, was anderen Kindern gehörte, und für das »öffentliche Eigentum«.

Grundschullehrer und Erzieherinnen und viele junge Leute, die Pädagogik studierten, kamen nach San Lorenzo, um sich die Casa dei Bambini anzuschauen und mehr über die *Montessori-Methode* zu erfahren. Maria Montessori erklärte ihnen sachkundig und geduldig, dass schon der Raum, in dem die Kinder lernen sollten, ein erster wichtiger Bestandteil ihrer Methode sei: Eine kindgerechte Umgebung und eine helle, freundliche Atmosphäre seien Voraussetzung für jegliche Freude am Lernen. Die Freude am Lernen aber werde den Kindern täglich und gründlich verdorben, wenn sich der Erwachsene vorne hinstelle und als Besserwisser und Alleskönner auf die Kinder einrede. Anders im Kinderhaus: Mit Erstaunen sahen die Besucherinnen und Besucher, wie sich die Kinder – mal scheinbar zufällig, mal

Mit geeignetem Spiel- und Arbeitsmaterial üben sich die Kinder durch die Montessorimethode in freies Lernen ein.

nach längerem Abschätzen und Überlegen – selbstständig ihr »Lernmaterial« holten, das in den offenen Schränken für sie bereit lag. Hier setzten sich zwei Kinder zusammen, die mit Plättchen und Perlen zählen und zusammenzählen lernten; am Tisch nebenan goss ein Mädchen aus einem Krug Wasser in mehrere Gläser, um zu erfahren, wie oft sich eine größere Wassermenge in kleinere Wassermengen aufteilen ließ; dort legte ein Kind quadratische Bildplättchen aus, dem ein anderes Kind das entsprechende gedruckte Wort – Pferd, Turm, Schiff, Mond – zuordnen musste; an einem Tischchen saß ein Junge, der für sich allein Buchstaben aus rauhem Sandpapier mit dem Finger nachfuhr, um sie danach mit dem Bleistift aufzuschreiben. Jüngere vergnügten sich damit, verschieden geformte Holzklötzchen richtig in entsprechend geformte Löcher zu stecken, Ältere setzten sich auf den Fußboden und legten aus Sperrholz ausgesägte »Erdteile« an die richtigen Stellen auf einer ausgebreiteten Landkarte. Maria, ihre Lehrerin, ging ruhig und freundlich zu diesem und jenem Kind, zu dieser und jener Gruppe, belehrte aber nirgends ungefragt und von oben herab, sondern half immer nur dann, wenn Kinder nicht selber weiterwussten. »Meine Aufgabe besteht darin«, erklärte sie den Besuchern, »die Kinder genau zu beobachten und ihnen jeweils das Material bereitzustellen, mit dem sie selber weiterlernen können. Eigentlich können Kinder alles« – wie man ja dann auch heute noch auf ihrem Grabstein zu Noordwijk lesen kann –, »man muss ihnen nur zur rechten Zeit mit dem passenden Material behutsam helfen, den jeweils nächsten, aufbauenden Schritt zu tun.« Eines ihrer späteren zahlreichen Bücher trug den Titel *Mein Handbuch. Grundsätze und Anwendung meiner neuen Methode der Selbsterziehung der Kinder.* In diesem langen Buchtitel steht genau das, um was es bei der Montessori-Methode geht: die Selbst-Erziehung der Kinder. »Eine geeignete Umgebung«, so fasst Frau Montessori in ihrem Buch, rückblickend auf die Anfänge in San Lorenzo, die Idee ihrer Methode noch einmal zusammen, »eine demütige Lehrperson und wissenschaftliches Material – das waren die drei wichtigsten äußeren Gegebenheiten.«

Durch ihr Handbuch, das sowohl streng wissenschaftlich als auch anschaulich-praktische Kapitel enthielt, wurde sie bekannt und berühmt, nicht mehr nur als die sensationelle erste Ärztin Italiens, sondern von nun an als die »Erfinderin einer ganz neuen Erziehungsmethode«. Das Handbuch wurde in zwanzig Sprachen übersetzt; Maria Montessori wurde zu Vorträgen in fast alle Großstädte Italiens eingeladen, bald darauf nach Frankreich und in die Schweiz, nach England und Schottland, dreimal in die USA, nach Ghana und nach Spanien, nach Deutschland und nach Dänemark, nach Indien und nach Pakistan, nach Argentinien und in die Niederlande. Weltweit wurden Montessori-Gesellschaften gegründet, in vielen Städten in Europa, Amerika und Asien baute man Kinderhäuser nach dem Muster von San Lorenzo oder wandelte veraltete Kindergärten und Schulen in moderne Montessori-Kindergärten und Montessori-Schulen um. Wenn man Kinder nach ihrer Methode unterrichten wollte, musste man zusätzlich zum allgemeinen Pädagogikstudium an einem halbjährigen Kursus teilnehmen und nachweisen, dass man mindestens 50 Stunden Frau Dr. Montessori beim Unterrichten zugeschaut hatte. In ihren Kursen bildete sie persönlich bis kurz vor ihrem Tod mehr als 5 000 Männer und Frauen aus.

Maria Montessori war eine fromme katholische Christin. Sie ging jeden Sonntag zur Messe, las viel im Neuen Testament und ließ sich in ihrer erzieherischen Arbeit vom Evangelium leiten. »Eines Tages«, so liest man in ihren Aufzeichnungen, »legte ich tief bewegt die Hand auf mein Herz, um meinen Glauben zu stärken.« Dann, so erzählt sie weiter, habe sie intensiv und ehrfürchtig an ihre Kinder von San Lorenzo zurückgedacht und sich gefragt: »Galt von den Kindern in San Lorenzo – und gilt von den Kindern überall in der Welt – nicht immer noch das, was Jesus einst in Galiläa gesagt hat: Wer eines von diesen Kindern aufnimmt in meinem Namen, der nimmt mich auf? Gilt nicht heute wie damals sein Wort: Wenn ihr nicht werdet wie die Kleinen, werdet ihr nicht in das Himmelreich kommen?« Kein Wunder, dass sie in ihrem methodischen Handbuch ein eigenes Kapitel über die religiöse Erziehung der Kinder schrieb. Später machte sie aus dem kurzen Kapitel ein ganzes Buch: *Das Kind in der Kirche.* Danach verfasste sie mehrere ähnliche Bücher und Schriften, in denen sie ihre Theorien und ihre praktischen Anleitungen für die religiöse

Erziehung weiterentwickelte, vor allem in den beiden Büchern *Das Leben in Christus* und *Die Messe, Kindern erklärt.*

In der Kirche ging es damals nicht viel anders zu als in der Schule und nicht besser als im alltäglichen Leben: Kinder galten nichts, alles war auf Erwachsene abgestellt. Die Kleinen mussten in der Kirche auf Erwachsenenbänken knien – und das war, wenn die Messe eine Stunde dauerte, eine arge Quälerei. Der Altar stand ganz vorn, weit weg, die Kinder sahen nicht, was der Priester tat und was sich auf dem Altar befand: nicht das Brot und den Wein, nicht den Kelch und nicht das schöne große Buch mit den heiligen Texten. Dazu kam, dass der Priester beim Gottesdienst dem Volk den Rücken zukehrte und dass er alle Lesungen und Gebete lateinisch sprach, sodass niemand verstand, was er sagte. Die Kinder hatten am Gottesdienst keinen Anteil; sie saßen, knieten und standen nur ihre Zeit ab. Kinder aber, so glaubte Maria Montessori fest, »haben ein großes Verlangen, zu Gott hin zu streben. Also müssen wir alles nur Mögliche tun, um Bedingungen zu schaffen, welche geeignet sind, um dieses Verlangen der Kinder auf angemessene Weise zu befriedigen.« Ähnlich wie für die Schule, so forderte sie auch für die Kirche: »Man muss eine kindgerechte Umgebung schaffen!« Das versuchte sie zum ersten Mal in Barcelona, wo sie seit 1916 wohnte und ein Kinderhaus aufbaute, zu dem auch eine Chiesa dei Bambini, eine Kinderkapelle, gehörte.

Die Kapelle war, anders als die Kirchen in der Stadt, klein und überschaubar. Die Kinder saßen auf ihren niedrigen Stühlchen, sie sahen, was der Priester am Altar tat. In der Kapelle ging alles ohne störenden Lärm zu, in Stille und ehrfürchtigem Schweigen, ganz so, wie sie es vom Zusammenleben im Kinderhaus gewohnt waren. »Viele Handlungen«, notierte Frau Montessori, »waren tatsächlich Wiederholungen von dem, was das Kind schon im Kinderhaus gelernt hatte: ruhig gehen mit Vermeidung von Lärm; Stühle leise hinstellen; aufstehen und sich setzen, ohne gegen etwas zu stoßen; Gegenstände, auch zerbrechliche, mit Sorgfalt tragen, sodass ihnen nichts geschieht; angezündete Kerzen tragen, ohne Hände und Tücher mit Wachs zu beflecken; Körbe mit Blumen tragen, und Vasen voll Wasser, die man mit Blumen füllen und dann an den Fuß des Altars stellen will.«

Maria Montessori begnügte sich aber nicht damit, im Raum der Kapelle eine kindgerechte Umgebung zu schaffen und die Kinder in ein gesittetes Verhalten einzuüben, wie es der Würde des Gottesdienstes entsprach; den Größeren versuchte sie mit einfachen Mitteln den Aufbau und Ablauf der Messe zu erklären. Sie zeigte ihnen, dass die Messe aus vielen einzelnen größeren und kleineren, bedeutsameren und weniger bedeutsamen Teilen und Schritten besteht. Zu jedem Teil ließ sie die Kinder im Unterricht auf ein Blatt malen, was sie in der Kapelle am Altar gesehen hatten: wie der Priester mal mit ausgebreiteten Armen und erhobenen Händen, mal tief verneigt da steht und betet; wie er das gesegnete Brot und den Kelch mit dem gewandelten Wein emporhebt und den Leuten zeigt; wie die Ministranten kommen und Kännchen mit Wein und mit Wasser bringen; wie die Gläubigen die Kommunion empfangen und am Schluss der Messe mit dem Kreuzzeichen gesegnet werden, und was sie sonst noch gesehen hatten. Sie nannte den Kindern die Namen der Mess-Teile und die Kinder schrieben sie auf Pappkärtchen: Epistel und Evangelium, Predigt und Glaubensbekenntnis, Gabenbereitung (oder »Opferung«, wie man damals sagte), Wandlung, Vaterunser, Kommunion und so fort. Dann stellte sie ihnen die Aufgabe, die Wortkärtchen den entsprechenden Bildern, die sie gemalt hatten, zuzuordnen und schließlich das Ganze in die richtige Reihenfolge zu bringen. Wenn die Kinder den äußeren Hergang der Messe durchschauen und im Kopf haben, so dachte Maria Montessori, werden sie nach und nach auch den Inhalt und das Wesen, den Wert und die Bedeutung der Messe in ihr Herz aufnehmen, nämlich: dass die Messe sowohl eine Feier zur Ehre Gottes ist, als auch ein Zeichen für die liebevolle, friedliche Verbundenheit der Menschen untereinander.

Manches von Maria Montessoris Mess-Erklärungen ist heute überholt, nicht zuletzt, weil durch die Weltoffenheit von Papst Johannes XXIII. die innere Ordnung der Kirchenräume und, vor allem, die Sprache der Messtexte menschenfreundlicher geworden sind. Das grundsätzlich Neue aber, das Montessori erdacht, gelehrt und mit ihren Kindern praktiziert hat, ist bis heute von Bedeutung geblieben: dass die Messe nicht eine Veranstaltung allein des Priesters ist, bei der die Leute mehr oder weniger teilnahmslos zuschauen, sondern eine Feier, an der alle gleichermaßen teilnehmen: der Priester und die Gemeinde, die Großen und die Kleinen, die Alten und die Jungen, die Gesunden und die Kranken. Früher sagte man: »Der Priester *liest* die Messe, die Gläubigen müssen mit Andacht *zuhören«;* dass man heute sagen kann: »Priester und Volk *feiern gemeinsam* die Messe« – dazu hat Maria Montessori mit ihren Kindern in Barcelona erste zaghafte, aber wegweisende Schritte getan.

1936 stand in Spanien ein General auf, Franco mit Namen, der das Land mit einem grausamen Bürgerkrieg überzog, um die Regierung des Königs zu stürzen. Maria Montessori floh von Barcelona nach Holland und ließ sich in Amsterdam nieder. Kurz darauf kam in Deutschland ein anderer Faschist an die Macht: Adolf Hitler. Er zerschlug sogleich die Montessori-Bewegung und ließ alle schon fast zehn Jahre existierenden Montessori-Kindergärten und Montessori-Schulen schließen. Dass Kinder zu selbstständigem Denken und Handeln, zu Freiheitsliebe und zum Frieden erzogen wurden, war ihm zuwider; Maria Montessori, die sich auf zahllosen internationalen Kongressen für den Frieden in der Welt eingesetzt hatte, war ihm ein Dorn im Auge. Auch aus Amsterdam musste sie fliehen, nirgends mehr in Europa war sie vor dem Vormarsch der deutschen Armeen sicher. Sie entkam nach Indien und warb auch dort mit großem Erfolg für ihre Methode der Entfaltung der inneren Kräfte des Kindes. Erst nach dem Ende des Zweiten Weltkriegs konnte sie nach Europa zurückkehren. In Amsterdam wurde sie mit großen Ehren aufgenommen und gefeiert. Mit 81 Jahren hielt sie ihren letzten Ausbildungskurs ab; 1952 starb sie in Noordwijk aan Zee.

Grabstein der Maria Montessori: »Ich bitte die lieben Kinder, die alles können, mit mir zusammen für den Aufbau des Friedens unter den Menschen und in der Welt zu arbeiten.«

Albert Einstein
Ein Genie zwischen Krieg und Frieden

In letzter Minute konnte Albert Einstein mit seiner Frau Elsa den Judenverfolgungen in Deutschland entkommen. Auf seine Ergreifung waren 50 000 Reichsmark Belohnung ausgesetzt.

Als Dr. Einstein sich an der Universität Bern bewarb, um dort Professor für Physik zu werden, musste er, wie es üblich war, mit einer schriftlichen Arbeit sein wissenschaftliches Können nachweisen. Er reichte seine Arbeit ein, doch was er geschrieben hatte, war neuartig und nur schwer zu verstehen. Mehrere Gelehrte, die über seine Bewerbung zu entscheiden hatten, lasen seine Ausführungen mit Kopfschütteln. Schließlich gab der Vorsitzende der Zulassungskommission ihm die Arbeit zurück und sagte: »Was Sie da geschrieben haben, verehrter Herr Einstein, verstehe ich beim besten Willen nicht. Ihre Bewerbung ist abgelehnt.« Er versuchte es später mit einem anderen Thema ein zweites Mal; diesmal wurde er angenommen und zum Professor ernannt. Gewissenhaft bereitete er sich auf seine erste Vorlesung vor, doch als er mit großen Erwartungen am Morgen die Universität Bern betrat, saßen in dem gähnend leeren großen Hörsaal – drei Studenten. Die anderen, die hätten kommen sollen, fühlten sich durch das komplizierte Thema, unter dem der neue Professor seine Vorlesung angekündigt hatte, abgeschreckt und blieben zu Hause. Einstein schluckte seine Enttäuschung herunter und hielt seine Vorlesungen, jede Woche, einen Monat lang. Schließlich blieb von den drei Studenten nur noch einer übrig, und Einstein musste mit Lehren aufhören.

Damals, in Bern, ahnte noch niemand, dass man Albert Einstein einmal als den größten Wissenschaftler des 20. Jahrhunderts feiern und dass ihm im Laufe seines Lebens von 25 Universitäten in der ganzen Welt die Ehrendoktorwürde und – im Jahre 1921 – der Nobelpreis für Physik verliehen würde, für Forschungsergebnisse übrigens, die aus einer Zeit stammten, als Einstein gerade mal 25 Jahre alt war …

Albert Einstein wurde am 19. März 1879 als Sohn jüdischer Eltern in Ulm geboren. Sein Vater hatte einen kleinen Elektroladen, doch das Geld, das hereinkam, reichte nicht zum Leben. Er versuchte es in München, er versuchte es in Italien: Nirgends gelang es ihm, für seine Familie das aufzubauen, was man »eine gesicherte bürgerliche Existenz« nennt. Albert ging nicht mit nach Italien, sondern blieb in München zurück, wo gute Leute ihm ermöglichten, ein Gymnasium zu besuchen. Der junge Einstein aber hasste die Schule, wie er alles hasste, was mit Drill und Zwang zusammenhing. Mit 15 Jahren ging er, von heute auf morgen, vom Gymnasium ab, trat aus der jüdischen Glaubensgemeinschaft aus, gab die deutsche Staatsbürgerschaft auf, fuhr für ein Jahr zu seinen Eltern nach Italien und ging schließlich in die Schweiz. Dort gelang es ihm, trotz seiner abgebrochenen Schulausbildung, als Student an der Technischen Hochschule in Zürich aufgenommen zu werden.

Ähnlich wie zuvor auf dem Gymnasium, so war ihm auch an der Zürcher Hochschule der ganze Lehr- und Lernbetrieb zuwider. Wenn ihm eine schwierige mathematische oder physikalische Aufgabe gestellt wurde, ging er in sein Zimmer und löste die Aufgabe zur Verblüffung seiner Lehrer schneller und zuverlässiger als die anderen Studenten, und zwar nicht nach den üblichen Schulmethoden und auf herkömmlichen Wegen, sondern ganz und gar eigenwillig, durch selbstständiges Denken. Die Vorträge der Professoren an der Hochschule langweilten ihn, stets studierte und lernte er lieber allein zu Hause: »Wie es meinem intellektuellen Magen und meinem Interesse entsprach«, wie er später einmal sagte. Weil er die Pflichtvorlesungen häufiger versäumte als besuchte, nannten ihn seine Professoren »einen zwar sehr gescheiten Jungen«, der sich aber »nichts sagen ließ und ein richtiger Faulpelz« sei. Einer der Lehrer war über den faulen und frechen Studenten so sehr verärgert, dass er ihm seine schriftliche Examensarbeit zurückgab, weil er angeblich zum Schreiben nicht das vom Prüfungsamt zugelassene Papier verwendet habe. In Wirklichkeit beneidete er Einstein um seine hohe Intelligenz und fühlte sich gekränkt, dass Einstein jedes Mal, wenn er ihn auf der Treppe der

Universität traf, einfach »Guten Tag, Herr Weber!« zu ihm sagte, statt »Guten Tag, Herr Professor!« Einstein musste die Arbeit binnen drei Tagen auf vorschriftsmäßigem Papier neu schreiben. Trotz allem erhielt er im Diplomzeugnis die Note »Gut«.

Doch das Zeugnis mit der guten Note half ihm nicht viel weiter, weil er »bei keinem einzigen seiner Lehrer«, wie er später erfahren hatte, »gut angeschrieben war« und alle überall gegen ihn sprachen. Er musste zuerst eine unbedeutende Stelle als Aushilfslehrer annehmen, bis er schließlich als Beamter beim Zürcher Patentamt angestellt wurde. Dort hatte er allerdings reichlich Zeit, teils privat und für sich allein, teils nebenher an der Universität, weiter zu studieren. Zum Abschluss seiner Studien erwarb er den Doktortitel. Nach dem gescheiterten Versuch in Bern (von dem schon eingangs erzählt wurde) gelang es ihm endlich im Jahre 1909, diesmal an der Universität Zürich, »außerordentlicher Professor« zu werden. Eine mit entscheidende Rolle bei seiner Berufung spielte die angesehene zweifache Nobelpreisträgerin Marie Curie, die in Paris die frühen Forschungsarbeiten des Albert Einstein mit großem Respekt gelesen hatte; sie schrieb einen Brief an die Zürcher Professoren, in dem sie ihnen dringend riet, den hoch begabten Einstein an ihre Universität zu holen.

Einstein war zu dieser Zeit 33 Jahre alt. Nicht nur Madame Curie und nicht nur der bekannte deutsche Naturwissenschaftler Max Planck bewunderten ihn: In der ganzen Welt waren inzwischen zahlreiche Gelehrte auf ihn aufmerksam geworden. In seiner Zürcher Zeit als Hilfslehrer und in Bern als Bediensteter im Patentamt, sowie in den wenigen Monaten, da er zwischenzeitlich auch eine Zeit lang an der Universität zu Prag lehrte, hatte er in wissenschaftlichen Zeitschriften bereits 50 Arbeiten veröffentlicht, in denen er der erstaunten Fachwelt die Ergebnisse seiner Forschungen auf dem Gebiet der Physik vorstellte; die Zahl seiner Veröffentlichungen stieg dann später, bis zum Ende seines Lebens, auf insgesamt 463 an.

In diesen Arbeiten ging es unter anderem um Beobachtungen in der so genannten Wärmelehre, es ging um das weite Feld der Elektrizität, um die Entstehung und die Wirkung des Lichts und die Bedeutung der Lichtgeschwindigkeit, es ging um Strahlen und Strahlungen, um Magnetismus, um Erdanziehung – und auch immer schon um erste Aussagen zur Relativitätstheorie, durch die Albert Einstein später so berühmt wurde, dass viele ihn noch heute mit Kopernikus und Galilei vergleichen, mit Forschern, die vierhundert Jahre vor ihm lebten und herausgefunden hatten, dass die Erde nicht der beherrschende Mittelpunkt des Weltalls ist, wie man bis dahin fast überall gelernt hatte.

Das Wort »Forscher« ist aus dem ursprünglicheren Wort »Frager« entstanden. So gesehen, ist Albert Einstein von Kind an ein Forscher, nämlich ein unermüdlicher und manchmal lästiger Frager gewesen. Als er einmal mit seinem Vater im Zug fuhr und er am Fenster die Häuser, Telegrafenmasten und Bäume an sich vorüberziehen sah, fiel ihm die Geschichte von einem Knaben ein, die man ihm früher einmal erzählt hatte: Ein Knabe sei eines Tages im Sommer einmal viele Stunden lang auf einem schmalen Kanal dahingefahren, so lautet die Geschichte, habe rücklings auf dem Boden des Boots gelegen und verträumt zu den Pappelbäumen aufgeschaut, die ununterbrochen über ihn dahin- und an ihm vorbeizogen. Schließlich sei er davon überzeugt gewesen, nicht das Boot, in dem er lag, bewege sich, sondern die Landschaft, die er durchfuhr. »Es kommt offenbar auf den Standort an, zu dem ich die Dinge zueinander in Beziehung setze«, sagte Albert – wenn auch wohl mit einfacheren Worten – zu seinem Vater. »Jetzt sitze ich im Zugabteil und schaue aus dem Fenster, und ich bin mir ganz sicher, dass sich die Masten und Bäume, die Häuser und Kirchtürme, die an mir vorbeifliegen, bewegen – und nicht der Zug. Stände ich aber draußen, am Bahndamm, wäre es umgekehrt: Ich sähe die Landschaft stille stehn und den Zug sich an mir vorbeibewegen.« Auf Grund dieser einfachen Erkenntnis fiel es ihm leicht, zu verstehen, was einst Kopernikus entdeckt hatte: Man meint, die Erde stehe still und die Sonne ziehe den Tag über von Osten nach Westen an ihr vorbei; in Wirklichkeit jedoch steht die Sonne still und wir Menschen »fahren« auf der sich drehenden Erde an ihr vorüber.

Wenn aber die Erde sich ständig (und dazu noch mit unvorstellbar großer Geschwindigkeit) um sich selbst dreht, wie kommt es dann, dass die Menschen und die Pferde, die Sandhaufen und die Äpfel im Korb nicht von der Erde herunterfallen? Wenn Albert als Kind den Erwachsenen solche Fragen stellte, bekam er gewöhnlich zur Antwort: Das liegt an der Erdanziehung, das ist ein »Naturgesetz«. Wenn er einen Kompass hin- und herbewegte und er sah, dass die Kompassnadel die Hin-und-her-Bewegung nicht mitmachte, sondern beharrlich in ein und dieselbe Richtung wies, nämlich nach Norden, sagte man ebenfalls: Das ist nun mal so. Das liegt am Magnetismus. Das verstehst du noch nicht. Doch die immer gleiche Antwort »Das-ist-nun-mal-so« verdross ihn. Sein ganzes Leben lang gab er sich nicht damit zufrieden, dass man etwas als unerklärlich hinnehmen müsse.

Seine Neugierde trieb ihn unentwegt dazu, hinter den Naturgesetzen nach Gründen und Zusammenhängen zu suchen. Nichts von dem, was die Erwachsenen einfachhin ein Naturgesetz nannten, nahm er in alltäglicher Gewohnheit als selbstverständlich hin, sondern bestaunte es immer wieder neu als ein Wunder, das auch dann ein Wunder blieb, ja oft erst recht ein Wunder wurde, wenn man es erforschte und erklären konnte.

»Wer sich nicht mehr wundern, wer nicht mehr staunen kann«, sagte Albert Einstein später einmal, als er längst ein berühmter Mann geworden war, »der ist sozusagen tot, sein Auge ist erloschen.«

Einstein beschäftigte sich mit immer gezielteren und spezielleren Fragen und Problemen, die einem Außenstehenden oft unbedeutend, wenn nicht gelegentlich gar als ein wenig verrückt erscheinen mussten. Als er ungefähr 16 Jahre alt war, hatte er zum Beispiel im Physikunterricht bei einem Experiment gesehen, dass in einem glockenförmigen Glasbehälter, aus dem man die Luft herausgepumpt hatte, alle Gegenstände, ob eine Gänseflaumfeder oder ein Geldstück – so verschieden ihr Gewicht auch sei – mit der gleichen »Fallgeschwindigkeit« von oben nach unten sinken. Während die anderen Schüler noch erstaunt dem Experiment zuschauten und der Lehrer sein »Das-ist-nun-mal-so« dazugab, stellte Einstein die seltsame Frage: Wenn sich die Gegenstände nun nicht in der kleinen luftleeren Glasglocke befänden, die da vor uns ruhig auf dem Tisch steht, sondern in einem, sagen wir, luftleeren Aufzug, der selber mit derselben Fallgeschwindigkeit wie die Feder und das Geldstück viele Stockwerke tief heruntersauste – wäre dann die Fallgeschwindigkeit der Gegenstände gegen die Fallgeschwindigkeit des Aufzugs aufgehoben, anders gefragt: fielen sie gar nicht, da ja schon der Aufzug »fällt«? Die Mitschüler lachten über die scheinbar dumme Frage, der Lehrer war verlegen und wusste keine Antwort.

Einstein gab sich, wie früher schon immer, nicht zufrieden. In den folgenden Jahren forschte er weiter, nicht nur über die Fallgeschwindigkeit, sondern auch über die Lichtgeschwindigkeit; über den Einfluss von Wärme und Kälte auf physikalische Vorgänge; über Strahlen und Strahlungen, mit denen sich vor ihm schon Conrad Röntgen und Marie Curie befasst hatten; schließlich über die »Rolle der Atomenergie in der modernen Physik«. Durch Denken und Rechnen fand er heraus, dass die Schwerkraft (sagen wir vereinfacht: die Anziehungskraft der Erde und auch anderer Gestirne im Weltraum) die Ausbreitung des Lichtes beeinflusst, dass die Schwerkraft das

Licht sozusagen »biegt«. Zuerst wollte ihm das niemand glauben; als aber im Jahre 1909 eine totale Sonnenfinsternis stattfand und zwei voneinander unabhängige Forschungsexpeditionen an verschiedenen Orten der Erde exakte, durch Fotos belegte Messungen am Sonnenlicht durchführten, stellte sich heraus, dass er Recht hatte: Bis auf fünf Hundertstel Sekunden genau hatte er theoretisch vorausberechnet, was sich praktisch ereignen würde und was sich dann auch tatsächlich als richtig erwies. Von da an verbreitete sich Einsteins Ruhm unaufhaltsam in der ganzen wissenschaftlichen Welt.

Höhepunkt und Krönung all seines Denkens und Forschens war die Theorie, die unter dem Begriff *Relativitätstheorie* in die Geschichte der Naturwissenschaft eingegangen ist; Einstein hat diese in Ansätzen bereits bestehende Theorie aufgegriffen und entscheidend fortgeführt, andere Forscher haben auf ihr aufgebaut und sie zu immer tieferen Erkenntnissen weiterentwickelt. Nur wenige können alles bis ins Letzte verstehen, was genau die Relativitätstheorie besagt, kaum jemand kann sie mit einfachen Worten wiedergeben und erklären. Sie gehört aber zu den tiefgreifendsten Erkenntnissen, die jemals in der Physik gewonnen und formuliert worden sind.

War man nicht gewohnt zu sagen: Alles auf der Welt ist eindeutig messbar, alles ist an jedem Ort, zu jeder Zeit, bei Wärme und Kälte, in Ruhe und Bewegung dem Gewicht nach unverändert gleich? Einstein widersprach. Er machte darauf aufmerksam, dass alle wahrnehmbaren Dinge und Vorgänge nicht je für sich allein und unabhängig voneinander existierten, sondern dass sie miteinander zu tun haben, dass sie nicht »absolut«, sondern »relativ« sind. Er konnte das an einem altbekannten Beispiel erklären, das jedem sogleich einleuchtet: Legt man jemandem langsam und vorsichtig einen Ziegelstein auf den Kopf, der 1 kg schwer ist, so kann er das ohne Schwierigkeiten ertragen. Lässt man ihm aber denselben Stein aus 1 m Höhe auf den Kopf fallen, so wird er das wohl kaum aushalten, geschweige, wenn man ihn aus 10 m Höhe fallen ließe. Das Gewicht des immer gleichen Steins wird umso größer, je größer die Fallhöhe und, damit zusammenhängend, die Fallgeschwindigkeit ist. An diesem simplen Beispiel konnte jeder verstehen, dass »Gewicht« nicht absolut ist, sondern irgendwie mit anderen Einflüssen zusammenhängt. Einstein begnügte sich aber nicht damit zu sagen, alles habe »irgendwie« miteinander zu tun, sondern er errechnete das »Irgendwie« aufs Genaueste und legte es in mathematischen Formeln fest. Mit Einsteins Formeln arbeiten die Naturwissenschaftler noch heute: Die Weltraumfahrt und die Mondlandung und all das, was mit der Schwerelosigkeit zusammenhängt, wären zum Beispiel ohne die Einsteinschen Formeln nicht vorausberechenbar und also nicht praktisch durchführbar gewesen. Überhaupt gibt es wohl kaum ein Gebiet in der modernen Physik, für das die Relativitätstheorie und die mannigfachen anderen Theorien und Entdeckungen Albert Einsteins nicht von grundlegender – man sagt oft: von kopernikanischer – Bedeutung sind.

Albert Einstein wurde in viele Länder der Welt und in viele Großstädte Europas zu Vorträgen und Vorlesungen, zu Tagungen und Kongressen eingeladen, um seine Theorien bekannt zu machen. Er reiste nach Japan und nach England, nach Österreich und Spanien, in die USA und nach Jerusalem; er sprach in Wien und Berlin, in Hamburg und in Salzburg, in Prag las er einmal vor 3 000 Zuhörern; er hielt Vorlesungen an der berühmten Universität von Leiden in Belgien. Er bewarb sich nach Berlin, dem damaligen Mittelpunkt allen naturwissenschaftlichen Lebens in Europa. Nur den herausragendsten Professoren gelang es, in Berlin einen »Lehrstuhl« zu bekommen; unter ihnen war Einstein. »Seine Majestät, der Kaiser und König«, teilte man ihm 1913 mit, »haben durch Allerhöchsten Erlass die Wahl des ordentlichen Professors Dr. Albert Einstein zum ordentlichen Mitglied der mathematisch-physikalischen Classe (der Königlich Preußischen Akademie der Wissenschaften) zu bestätigen geruht.« In Berlin, wo Einstein mit vielen bekannten Gelehrten zusammenarbeiten konnte und wo er und Max Planck Freunde wurden, lebte er von 1913 bis 1933.

In diesen Jahren, in der Zeit, als Deutschland den Ersten Weltkrieg verloren hatte, suchten Politiker und Parteienführer nach einem Grund für die schmähliche Niederlage. Und wie so oft in der Geschichte, so waren auch jetzt die Schuldigen schnell gefunden: die Juden. Obwohl zahllose deutsche Juden als Offiziere und einfache Soldaten in den Armeen des Kaisers gekämpft und 120 000 von ihnen gefallen, andere mit Orden und Tapferkeitsauszeichnungen belohnt worden waren, begann man überall in Deutschland, Juden zu beschimpfen, mit Hass zu überschütten und öffentlich zu diskriminieren. Zunächst durften sie noch einigermaßen unbehelligt ihren Berufen als Rechtsanwälte, Ärzte, Richter und Professoren nachgehen. Manche waren noch eine Zeit lang hohe Staatsbeamte, ja, es gab anfangs sogar noch zwei jüdische Minister in der Regierung; einer von ihnen war der Reichsaußenminister Walther Rathenau. Doch die

Juden auf dem Weg in die Emigration. Sie mussten, um von weitem erkannt zu werden, einen gelben Stern mit dem Wort »Jude« auf der Kleidung tragen.

»Antisemiten«, die Judenfeinde, wurden immer stärker. Nicht einmal vier Jahre nach Kriegsende durfte der nationalsozialistische Parteiführer Hitler in München eine Rede halten, in der er die Massen aufstachelte, nicht zuzulassen, dass Deutschland ein »Judenstaat« würde. Eines Morgens konnte man in Berlin auf den Häusermauern mit weißer Farbe geschrieben sehen: »Knallt ab den Walther Rathenau, die gottverfluchte Judensau!« Und wirklich: Eine Woche später war er tot, »abgeknallt« von judenfeindlichen Deutschen.

Einstein, der in seinen jungen Jahren nicht mehr viel auf seine jüdische Herkunft gegeben hatte, stellte sich jetzt öffentlich und couragiert auf die Seite seiner jüdischen Glaubensbrüder. Es gab schon seit vielen Jahren unter den Juden den Wunsch, im alten Land der Stammväter Abraham, Isaak und Jakob einen Staat zu schaffen, in den die über die ganze Erde verstreuten Juden heimkehren und, zu einer einzigen großen Nation zusammengeschlossen, leben sollten. Die Juden, die diesen Wunsch vertraten und verfochten, nannten ihre Idee die *Zionistische Bewegung,* nach dem biblischen Berg Zion, auf dem die alte Davidsstadt Jerusalem liegt. Besonders in Zeiten der Verfolgung schlossen sich viele Juden, vor allem in Russland, und in den Jahren des Nationalsozialismus auch in Deutschland, der Heimkehrerbewegung an und wanderten aus. Auch Albert Einstein engagierte sich für die Zionistische Bewegung und besuchte mehrere Male Palästina, um sich an Ort und Stelle über die Möglichkeiten zu informieren, wie sich die Idee von einem Judenstaat verwirklichen ließe.

Als später, im Jahre 1948, der Judenstaat Israel gegründet und die Stadt Tel Aviv zur Hauptstadt gemacht worden war, reisten jüdische Abgeordnete zum inzwischen siebzigjährigen und an einer Leberkrankheit leidenden Einstein und baten ihn, Staatspräsident von Israel zu werden. Einstein lehnte ab. Seine Fähigkeiten lägen auf dem Gebiet der Wissenschaft, sagte er, nicht auf dem der großen Politik.

1933 hatten die Deutschen Adolf Hitler zum »Führer und Reichskanzler« gemacht. Von da an eskalierte die Judenverdammung zur offenen Judenverfolgung. Rasch hatten die Nationalsozialisten auch Einstein in die Enge getrieben: In Ulm, wo eine Straße nach Albert Einstein, dem berühmtesten Sohn der Donaustadt, benannt worden war, riss man das Straßenschild ab, auf dem sein Name stand; sein Haus und sein Besitz wurden beschlagnahmt; Fanatiker suchten nach ihm und planten einen Anschlag auf sein Leben. Die Regierung hatte auf seinen Kopf, wie auf die Ergreifung eines Schwerverbrechers, die ungeheuer hohe Belohnung von 50 000 Reichsmark ausgesetzt. Gerade noch rechtzeitig gelang es ihm, mit seiner Frau Elsa und seinen beiden Kindern über den Ozean zu entkommen. In den USA nahm er die amerikanische Staatsbürgerschaft an und ließ sich in der Stadt Princeton im Staate New Jersey nieder, wo er an der Universität noch 23 Jahre forschen und lehren konnte.

Unter den fast 200 Aufsätzen, Botschaften, Redetexten und Abhandlungen, die Einstein in seiner Zeit in den USA veröffentlichte, kamen neben den wissenschaftlichen nun auch mehr und mehr gesellschaftliche und politische Themen zum Zuge. Er schrieb über Menschenrechte, über das Leben und Werk Gandhis, er verfasste einen Beitrag für eine Festschrift zu Ehren Albert Schweitzers, er machte schriftliche Vorschläge zum Zusammenleben von Juden und Arabern in Palästina, er schrieb einen offenen Brief an die Generalversammlung der Vereinten Nationen, in dem er einen Weg aufzeigte, den »Teufelskreis des Bösen zu durchbrechen«. Ein Briefwechsel zwischen ihm und dem berühmten Psychoanalytiker Sigmund Freud war mit der Frage *Warum Krieg?* überschrieben; *Mein Glaubensbekenntnis als Jude* und *Warum werden die Juden gehaßt?* hießen zwei seiner wichtigsten Aufsätze. *Der Kampf gegen den Krieg* lautete die Überschrift zu einem Zeitschriftenartikel von 1933, als Einstein schon absah, wohin Hitler mit seiner Politik steuerte. »Lasst uns den Frieden retten!«, hieß ein Aufruf, und ein anderer: »Frieden, nicht Krieg muss geführt werden!«

Am 1. September 1939 gab Hitler den Befehl zum Angriff auf Polen, der Zweite Weltkrieg begann. Binnen kurzem unterwarfen die deutschen Armeen fast ganz Europa und Teile Nordafrikas. Japan, mit Deutschland verbündet, vernichtete in einem Überraschungsüberfall einen großen Teil der amerikanischen Kriegsflotte im Pazifik und griff das asiatische Festland an. Einstein fürchtete, nun würden deutsche

Wissenschaftler eine Atombombe bauen, mit der der unberechenbare Tyrann Hitler sein Vernichtungswerk über Europa hinaus auch auf Amerika, ja auf die ganze freie Welt ausdehnen könnte. Da tat er etwas, was uns heute im Rückblick als unverzeihlich erscheint: Er schrieb in seiner Verzweiflung einen Brief an den Präsidenten der USA, in dem er ihm dringend riet, in Amerika unverzüglich Atombomben bauen zu lassen, um in letzter Minute die Deutschen von einem atomaren Angriff abzuhalten. Welche Rolle Einsteins Brief gespielt hat, weiß man nicht; die Bomben jedenfalls wurden gebaut. Die Atomphysiker, die sie entwickelt hatten und die verheerende Wirkung kannten, schrieben ebenfalls einen Brief an den Präsidenten: Er solle die Bomben auf keinen Fall über bewohntem Gebiet, sondern irgendwo auf freiem Feld abwerfen lassen, dies genüge, um die Japaner zu warnen und abzuschrecken. Doch obwohl Deutschland inzwischen besiegt worden war, ordnete der Präsident noch den Abwurf auf die Großstädte Hiroshima und Nagasaki an. Die Japaner waren entsetzt und kapitulierten, der Zweite Weltkrieg war beendet – freilich um den Preis von 400 000 toten und verwundeten Menschen.

Um den Krieg zu beenden, den Hitler entfesselt hatte, warfen die Amerikaner im August 1945 zwei Atombomben über Japan ab. 400 000 Menschen wurden getötet oder schwer verwundet.

Albert Einstein hatte in seinem Brief an den US-Präsidenten zwar nur geraten, in Experimenten zügig untersuchen zu lassen, ob und wie eine Atombombe möglicherweise »herzustellen« sei, jedoch nicht von einem tatsächlichen kriegerischen Einsatz der Bombe gesprochen. Dennoch belasteten ihn die Schrecken der Katastrophe von Hiroshima und Nagasaki, an denen er sich indirekt mitschuldig fühlen musste, sehr. Er wusste: Von jetzt an würde es möglich sein, Kriege nicht mehr nur, was schon schlimm genug ist, mit den herkömmlichen Waffen zu führen, sondern mit Atombomben ganze Völker auszurotten und ganze Landstriche durch die frei werdenden Uranstrahlen für lange Zeit, wenn nicht für immer, unbewohnbar zu machen. In einer dringlichen Botschaft an den »Weltkongress der Intellektuellen« und in einer Mahnschrift über Atomkrieg oder Frieden beschwor er die Verantwortlichen, es sich zur »feierlichsten und vornehmsten Pflicht« zu machen, nach besten Kräften zu verhindern, dass »diese Waffen zu den brutalen Zwecken gebraucht werden, für die man sie erfand«. Er übernahm das Amt des Präsidenten des »Energiekomitees der Atomwissenschaftler«, das sich für die Verhinderung möglicher Atomkriege einsetzte; er trat bei der UNO für die Schaffung einer Weltregierung ein, die nach seiner Vorstellung so stark sein müsse, dass sie nicht nur Atomkriegen, sondern überhaupt jeglichem Krieg zwischen verfeindeten Völkern schlichtend zuvorkommen könnte.

Die Anstrengungen Albert Einsteins und aller friedliebenden Männer und Frauen, die in der ganzen Welt zu Hunderttausenden gegen den Bau und die Stationierung von Raketen mit »Atomsprengköpfen« protestierten, wurden von den Politikern ignoriert. Bis heute halten sie zwar alle Jahre am 6. August Trauerreden und Gedenkminuten für die Opfer des ersten Atombombenabwurfs – doch sie können sich nicht einigen, den Bau der mörderischen Bombe weltweit zu verbieten und die Atombombentests unter der Erde und unter den Wassern der Weltmeere zu stoppen.

Albert Einstein wurde 76 Jahre alt. Am 18. April 1955 starb er in Princeton. Wie er verfügt hatte, wurde sein Leichnam verbrannt und seine Asche in alle vier Winde verstreut.

Albert Schweitzer

»Ehrfurcht vor dem Leben«

Für Albert Schweitzer war die Ehrfurcht vor dem Leben oberstes Gebot: ob es um eine Maus ging, die in eine Grube gefallen war, oder um Millionen von Menschen, die im Krieg ermordet wurden.

»Einen tiefen Eindruck machte mir ein Erlebnis aus meinem siebenten oder achten Jahre. Heinrich Bräsch und ich hatten uns Schleudern aus Gummischnüren gemacht, mit denen man kleine Steine schleuderte. Es war im Frühjahr, in der Passionszeit. An einem Sonntagmorgen sagte er zu mir: ›Komm, jetzt gehen wir an den Rehberg und schießen Vögel.‹ Dieser Vorschlag war mir schrecklich, aber ich wagte nicht zu widersprechen, aus Angst, er könnte mich auslachen. So kamen wir in die Nähe eines kahlen Baumes, auf dem die Vögel, ohne sich vor uns zu fürchten, lieblich in den Morgen hinaussangen. Sich wie ein jagender Indianer duckend, legte mein Begleiter einen Kiesel in das Leder seiner Schleuder und spannte dieselbe. Seinem gebieterischen Blick gehorchend, tat ich unter furchtbaren Gewissensbissen dasselbe, mir fest gelobend, danebenzuschießen. In demselben Augenblick fingen die Kirchenglocken an, in den Sonnenschein und in den Gesang der Vögel hineinzuläuten. Es war das ›Zeichen-Läuten‹, das dem Hauptläuten eine halbe Stunde voranging. Für mich war es eine Stimme aus dem Himmel. Ich tat die Schleuder weg, scheuchte die Vögel auf, dass sie wegflogen und vor der Schleuder meines Begleiters sicher waren, und floh nach Hause. Und immer wieder, wenn die Glocken der Passionszeit in Sonnenschein und kahle Bäume hinausklingen, denke ich ergriffen und dankbar daran, wie sie mir damals das Gebot ›Du sollst nicht töten‹ ins Herz geläutet haben.« – Diese Geschichte erzählt Albert Schweitzer, der in aller Welt bekannte und verehrte Urwald-Doktor, aus seiner Kinderzeit, und er fährt fort: »Von jenem Tage an habe ich gewagt, mich von der Menschenfurcht zu befreien. Wo meine innerste Überzeugung mit im Spiele war, gab ich jetzt auf die Meinung anderer weniger Acht als vorher… Die Art, wie das Gebot, dass wir nicht töten und quälen sollen, an mir arbeitete, ist das große Erlebnis meiner Kindheit und Jugend. Neben ihm verblassen alle anderen.« Beides hat Albert Schweitzer durchgehalten, bis er mit 90 Jahren starb: den Mut, nicht nach der unbedachten Meinung der Mehrheit, sondern nach seinem Gewissen zu handeln, und: die Ehrfurcht vor dem Leben der Menschen und Tiere.

Albert Schweitzer wurde 1875 als Sohn eines evangelischen Pfarrers in Kayserberg geboren; auch seine Mutter stammte aus einer Pastorenfamilie. Sein Geburtsort lag im Elsass, einer Provinz am Oberrhein, die zu Frankreich gehört hatte und gerade erst vor vier Jahren nach einem Krieg an Deutschland abgetreten werden musste. Von Kind an sprach Albert Deutsch und Französisch, beide Sprachen und beide Länder hat er geliebt; er verstand sich als Franzose mit deutscher Staatsbürgerschaft.

Albert wuchs in Günsbach auf, einem Dorf nicht weit von seinem Geburtsort entfernt. Unter den fünf Schweitzer-Kindern war er das schwächste. »Ich war ein mageres Kindchen«, schreibt er später, »anfällig und kränklich.« Eines Morgens fand man den Kleinen in seiner Wiege mit einem so »gelben Gesichtchen«, dass seine Eltern ihn für tot hielten. »Aber die Milch der Kuh des Nachbarn Leopold«, erzählt er in seinen Kindheitserinnerungen, »und die gute Luft von Günsbach taten Wunder an mir.« Noch bevor er in die Dorfschule ging und lesen und schreiben konnte, lernte er bei seinem Vater Klavier spielen. Schon als Kind durfte er in der Kirche von Günsbach die Orgel spielen; mit sechzehn Jahren begleitete er, zum Staunen aller Zuhörer, an der Orgel einen großen Chor bei einem Konzert. Nach seiner Schulzeit siedelte er nach Straßburg über, um dort an der Universität sein Studium zu beginnen. Aus dem einstmals schwächlichen Knaben war ein gesunder, willensstarker junger Mann geworden, der oft ganze Nächte lang studierte, um zu erreichen, was er sich vorgenommen hatte. Zielstrebig ging er zum Weiterstudium nach Paris und nach Berlin; er wurde Doktor der Philosophie und Professor der Theologie.

Im Jahre 1900 – kurz vor seinem 25. Geburtstag – stand er als Vikar vor den frommen evangelischen Gläubigen der St.-Nicolai-Kirche zu Straßburg, feierte mit ihnen Gottesdienst, las aus der Bibel vor und predigte ihnen das Wort Gottes.

Während seiner Studienzeit in Paris hatte Albert Schweitzer einen Mann kennen gelernt, mit dem er bis zu dessen Tod, vierzig Jahre lang, eng befreundet blieb. Der Mann hieß *Charles Marie Widor.* Er war Organist an der berühmten Kirche St. Sulpice, hatte Opern und Konzertmusik geschrieben und Orgelstücke komponiert, die in vielen Kathedralen Europas noch heute gespielt werden, und galt als einer der besten Kenner der Musik des großen Leipziger Komponisten Johann Sebastian Bach. Bei seinem Antrittsbesuch bat Albert Schweitzer ihn, etwas von Bach auf der Orgel vorspielen zu dürfen. Widor war einverstanden und Schweitzer spielte so vorzüglich, dass der Meister begeistert war und den jungen Mann aus Günsbach als seinen Schüler annahm. Schweitzer lernte viel von Widor, doch es zeigte sich bald, dass auch Widor manches von seinem Schüler lernen konnte. Der Franzose Widor konnte kein Deutsch; Schweitzer übersetzte ihm die deutschen Text der Lieder und Kantaten, der Passionen und Choräle, zu denen Bach die Musik geschrieben hatte, ins Französische. Widor begann zu spüren, dass Johann Sebastian Bach nicht bloß ein unübertroffener exzellenter Komponist, sondern ein tief gläubiger Mann gewesen war, der mit seiner Musik aus ganzer Seele heraus Antwort auf das Wort Gottes gab. Der Lehrer Widor schrieb über seinen Schüler Schweitzer in sein Tagebuch: »Indem Schweitzer mir die Choräle einen nach dem anderen erklärte, lernte ich einen Bach kennen, von dessen Vorhandensein ich vorher nur eine dunkle Ahnung gehabt hatte.« Widor bat ihn eine kurze Abhandlung über Bach zu schreiben, für französische Organisten, die, wie er, das Wesen des großen Komponisten Bach so noch nicht kannten. Schweitzer machte sich an die Arbeit, und was eine kurze Abhandlung werden sollte, wurde ein Buch von 500 Seiten, das er später zu einem mehrbändigen Werk, nun auch in deutscher Sprache, erweiterte. Was Schweitzer hier und in weiteren Veröffentlichungen über die Musik des Johann Sebastian Bach geschrieben hat, gilt noch heute in der Musikgeschichte als unübertroffen. Schweitzer wollte, dass man die schwierige Musik Bachs nicht nur mit gekonnter Orgeltechnik spiele, sondern sozusagen mit dem Herzen: »Nur wer mit Bach lebt und denkt, wer mit ihm schlicht und bescheiden wird«, schrieb er, »kann ihn so spielen, dass die friedvolle Glückseligkeit, die lebhafte Freude und der heftige Schmerz« aus seiner Musik herauszuhören sind. Albert Schweitzer hat später, bis zu seinem achtzigsten Lebensjahr, unzählige Konzerte mit Bachwerken gespielt: in Schweden und in der Schweiz, in Frankreich und in der damaligen Tschechoslowakei, in Spanien und in Deutschland, in Holland, Dänemark und England.

Wenn in jenen Jahren irgendwo eine neue Orgel gebaut oder eine alte restauriert werden sollte, wandte man sich oft an Albert Schweitzer. Man legte dem erfahrenen Meister die Baupläne vor und holte seinen Rat ein. Viel zu schnell war man damals bei der Hand, die alten, von kunstfertigen Handwerksmeistern erbauten Orgeln abzureißen und durch moderne, in Orgelfabriken hergestellte zu ersetzen. »Gar manche Nächte verbrachte ich«, schreibt Schweitzer in seinen Erinnerungen, »über Orgelplänen, die ich zu begutachten oder zu überarbeiten hatte. Gar manche Fahrten unternahm ich, um die Frage zu restaurierender oder neu zu erbauender Orgeln an Ort und Stelle zu studieren. In die Hunderte gehen die Briefe, die ich an Bischöfe, Dompröpste, Konsistorialpräsidenten, Bürgermeister, Pfarrer, Kirchenvorstände, Kirchenälteste, Orgelbauer und Organisten schrieb, sei es, um sie zu überzeugen, dass sie ihre schöne alte Orgel restaurieren sollten, statt sie durch eine neue zu ersetzen, sei es, um sie anzuflehen, nicht auf die Zahl (der Orgelpfeifen), sondern auf die Qualität der Stimmen zu sehen.«

Wie schon über Johann Sebastian Bach, den Meister der Orgelspielkunst, so schrieb Albert Schweitzer auch über die Orgel, die »Königin der Instrumente«, mehrere richtungweisende Bücher. Auf dem Kongress der Internationalen Musikgesellschaft, der 1909 in Wien stattfand, gab er zusammen mit anderen Orgelfachleuten eine Liste mit Richtlinien heraus, die für den Orgelbau in der ganzen Welt maßgeblich wurden.

Eines Tages fiel Albert Schweitzer zufällig ein Heft der »Pariser Missionsgesellschaft« in die Hände, in dem über die Arbeit von Missionaren in Gabun berichtet wurde. Gabun war eine Provinz im Norden der französischen Kongo-Kolonie, in den tropischen Regionen des Äquators gelegen. Der Bericht endete mit den Sätzen: »Wir brauchen dringend Helfer! Wir brauchen Menschen, die auf den Ruf Jesu hören und die einfach antworten: Herr, ich mache mich auf den Weg. Ich komme.« Der Theologe, Philosoph und geniale Musiker fühlte sich im Innersten getroffen. Er schrieb an die Missionsgesellschaft und bot sich an, seine erfolgreichen Tätigkeiten in Europa aufzugeben und als Missionar nach Afrika zu gehen. Seine Aufgabe in Afrika stellte er sich ungefähr so vor: Ich predige und taufe in den Urwalddörfern am Kongofluss – und nebenher kümmere ich mich auch noch um die Versorgung der Kranken. Für die afrikanischen Verhältnisse genügen sicher ein paar grundlegende medizinische Kenntnisse, und die wichtigsten praktischen Handgriffe für die alltägliche Krankenpflege kann ich mir vor meiner Abreise noch rasch in einem Kursus erwerben.

Die Antwort aus Paris war ernüchternd. »Nicht ein Prediger, sondern ein Arzt«, schrieb die Missionsgesellschaft, »ein Arzt: Das ist das Notwendigste vom Notwendigen!« Schweitzer musste sich entscheiden. Sollte er bleiben und weiter als Philosoph und Theologe lehren und wirken? Sollte er bleiben und weiter seinen Beruf als Pfarrer und Prediger ausüben? Sollte er bleiben und als Musikwissenschaftler und gefragter Orgelbaufachmann in Europa arbeiten? Oder sollte Professor Schweitzer sich tatsächlich neben die jungen Studentinnen und Studenten setzen und mit dreißig Jahren das langwierige Medizinstudium auf sich nehmen, um Arzt zu werden und in den »Schwarzen Erdteil« zu gehen?

Fast alle seine Freunde, auch Charles Marie Widor, rieten ihm ab, die meisten erklärten ihn für verrückt. Doch Albert Schweitzer ließ sich von seinem Vorhaben nicht abbringen. Er war überzeugt, dass er in Afrika gebraucht wurde, und zwar als ordentlich ausgebildeter Arzt, und dass dafür der Weg über ein reguläres Medizinstudium unerlässlich war. »Ich habe erkannt«, notierte er damals, »dass die einzige Wahrheit und das einzige Glück darin besteht, unserem Herrn Jesus Christus dort zu dienen, wo er uns braucht. Dass ich nach Afrika gehe, ist mein Gehorsam gegen Jesus. Ich habe mich bis in die tiefsten Tiefen meines Herzens geprüft. Mein Entschluss ist gefasst, nichts kann ihn mehr ändern.« Nach fünf Jahren schloss er sein Studium mit der Note »Sehr gut« und mit dem Erwerb des Titels »Doktor der Medizin« ab. Er heiratete die Sozialpädagogin Helene Breßlau, die sich ihm zuliebe zusätzlich als Krankenschwester ausbilden ließ. Am 21. März 1913 reisten sie gemeinsam nach Afrika ab und nahmen bei den Missionaren von Lambarene, einem Dorf an einem Nebenfluss des Kongo, ihre Arbeit auf.

Die Missionare von Lambarene konnten ihnen nichts Besseres als einen Hühnerstall zur Verfügung stellen, ohne fließendes Wasser, ohne elektrisches Licht. Mutig machten sich Albert und Helene

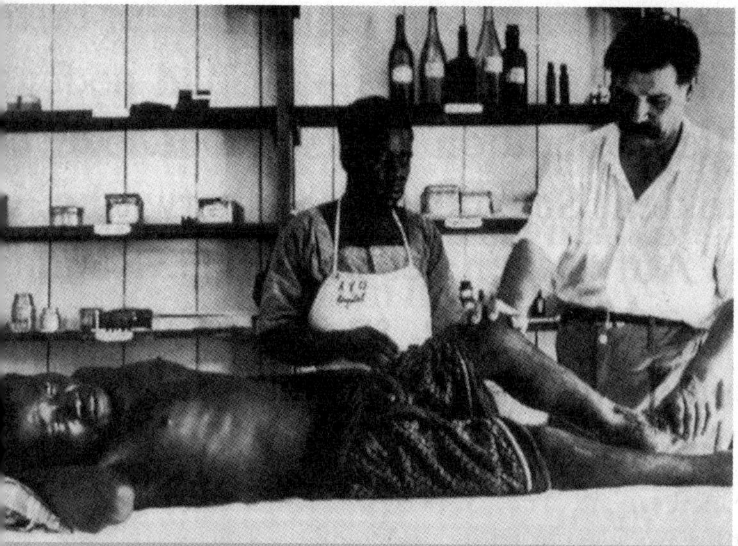

Die Kranken, die von ihren Angehörigen oft mehr als 150 km weit im Boot über die Nebenflüsse des Kongo nach Lambarene gebracht wurden, wurden aufs Sorgfältigste untersucht und im Urwaldspital behandelt.

Schweitzer daran, den Stall sauber zu machen und so herzurichten, dass Dr. Schweitzer, so gut es ging, mit seiner ärztlichen Tätigkeit beginnen konnte. Ein schwarzer Kongolese, Joseph mit Namen, half ihnen vom ersten Tage an; bis zu seinem Tode blieb er Schweitzers getreuer Freund. Mit ihm und einer Handvoll anderer Schwarzer baute er den Stall nach und nach zuerst zu einer größeren Hütte und dann zu einer geräumigen Krankenbaracke aus, die von einem Generator mit Strom und von einer Pumpstation mit sauberem Wasser versorgt wurde. Joseph riet ihm, rund um das Spital weitere Hütten zu bauen. »Die Angehörigen der Kranken«, so sagte er, »wollen nicht viele Tage lang mit ihren Booten die weite und beschwerliche Reise hierher machen, den kranken Mann, die kranke Frau, das kranke Kind bei dir abliefern und dann wieder heimfahren. Sie wollen so lange in der Nähe ihrer Kranken bleiben, bis du sie wieder gesund gemacht hast. Wenn die Verwandten in der Nähe sind, werden die Kranken gesund; wenn sie sie aber wegfahren sehen, werden sie traurig und sterben.« Dr. Schweitzer sah ein, dass Joseph Recht hatte. Unter vielen Mühen und in ständiger Geldnot baute er mit seinen Helfern Lambarene zu einem Dorf aus, in dem alle zusammenleben und in dem die Gesunden unter Anleitung von Schwester Helene, Schweitzers Frau, helfen konnten, ihre kranken Angehörigen zu pflegen.

Die Idee, nicht nur ein Urwaldspital zu bauen und auszustatten, verschlang mehr Geld, als er im Voraus hatte ausrechnen können. Die Kranken und deren Angehörige brachten zwar ein paar Lebensmittel und etwas Bargeld mit nach Lambarene, doch die meisten waren arm, und was sie beisteuern konnten, war immer nur ein Tropfen auf den heißen Stein. Doch Schweitzer resignierte nicht. Wenn er sich abends todmüde von der Arbeit in seine Wohnhütte zurückgezogen hatte, schrieb er, Nacht für Nacht, Bittbriefe nach Europa, in denen er schilderte, unter welch großen Schwierigkeiten er im Spital und im Dorf als Arzt praktizieren musste. Viele alte Freunde in Frankreich und in der Schweiz, in Deutschland und in seiner elsässischen Heimat schickten ihm Geld; auch die Herren von der Pariser Missionsgesellschaft liehen ihm mehrere tausend Franken, die er später auf den Pfennig genau zurückzahlen musste. Oft genug schien die Lage schier aussichtslos; einmal, um Mitternacht, sagte er seufzend zu seinem Freund Joseph: »Was bin ich doch für ein Dummkopf, dass ich der ›Doktor der Wilden‹ geworden bin!« Joseph blickte ihn mit seinen großen Augen an. »Ja«, sagte er, »auf Erden bist du ein großer Dummkopf. Aber nicht im Himmel.«

Mitten in den Anfängen seiner Arbeit brach der Erste Weltkrieg aus. Albert Schweitzer und seine Frau Helene, beide deutsche Staatsbürger in einer französischen Kolonie, durften nicht in Afrika bleiben; sie wurden nach Frankreich transportiert und in Internierungslagern festgehalten. Als dann 1918 der Krieg endete, durften sie nach Günsbach zurückkehren und Albert Schweitzer nahm seine frühere Stellung als Vikar und als Arzt im Bürgerhospital zu Straßburg wieder auf. Dann reiste er durch viele Städte in Europa: In Barcelona gab er sein erstes ausländisches Orgelkonzert, dem zahllose weitere folgten; an der Universität von Uppsala und in mehreren anderen schwedischen Städten hielt er theologische Vorträge, in Prag lehrte er als Philosophieprofessor. Zwischendurch bildete er sich in Kursen für seinen Arztberuf weiter: In Straßburg und Hamburg studierte er Geburtshilfe, Tropenmedizin und Zahnheilkunde. Nach siebenjähriger Abwesenheit kehrte er nach Lambarene zurück.

Ein ganzes Jahr verging mit dem Bau eines neuen, großen Spitals; auch ein Wohnhaus musste errichtet werden, für die Ärzte und Schwestern, die inzwischen aus dem Elsass nachgekommen waren. Weitere Baracken für die Kranken und deren Angehörige kamen hinzu. Der Andrang war kaum noch zu bewältigen: Nicht selten ruderten ganze Familien mehr als 150 Kilometer weit über die Nebenflüsse des Kongo, um ihre Kranken in ihren kleinen Flussbooten durch den Urwald nach Lambarene zu bringen. Dr. Schweitzer stattete das neue Spital aufs Beste aus: Ein Labor wurde eingerichtet, ein Operationssaal und eine Röntgenabteilung entstanden, Klimaanlagen sorgten für Frischluft, in einem Kühlhaus wurden die empfindlichen Medikamente und Impfstoffe vor dem Verderben bewahrt. Doch bei allen diesen modernen Hilfsmitteln hielt der Urwalddoktor daran fest, dass menschliche Nähe und Zuwendung besser als jede Medizin seien: Weiterhin durften die Kranken mit ihren Verwandten im Dorf zusammen wohnen, jeden Sonntag hielt er mit allen Gottesdienst und legte ihnen die Heilige Schrift aus, jeden Abend ging er von Baracke zu Baracke und sagte jedem seiner Patienten persönlich gute Nacht. Manchmal hörten die Kranken ihn noch, während sie friedlich einschliefen, auf dem alten Klavier der Missionsstation eine Fuge von Johann Sebastian Bach spielen …

Eines Tages kam ein Anruf: Dr. Schweitzer möchte dringend zu einer Missionarin kommen, die plötzlich schwer erkrankt war und der niemand helfen konnte. Die Missionsstation der Kranken lag fünf Tagesreisen entfernt an einem Nebenfluss des Kongo. Schweitzer eilte sofort zur Anlegestelle und hatte Glück, dass gerade ein kleines Flussdampfschiff vorbeikam. Er winkte und bat, mitfahren zu dürfen. Das Schiffchen war zwar schon voll besetzt mit Schwarzen, doch als der Kapitän hörte, dass es um ein Menschenleben ging, nahm er Schweitzer an Bord. Der kleine Dampfer schleppte an einem Seil einen schweren Frachtkahn hinter sich her, sodass die Fahrt nur quälend langsam voranging. In der Aufregung hatte der Doktor zwar seine Arzttasche ergriffen, hatte aber vergessen, Verpflegung mitzunehmen. Doch die schwarzen Kongolesen ließen ihn, als ob dies selbstverständlich wäre, aus ihren Kochtöpfen mit essen. Am dritten Tag ging die Fahrt besonders langsam vonstatten: Sie mussten bei sehr niedrigem Wasser durch gefährliche Sandbänke manövrieren, und noch waren sie nicht durch die Untiefen hindurch, da querte eine riesige Herde Flusspferde ihren Fahrweg, sodass sie stundenlang festlagen und nicht von der Stelle kamen. Albert Schweitzer war nervös und ungehalten und schimpfte wütend vor sich hin.

Dann kam der Abend. Der Dampfmotor tuckerte leise, das Schiffchen trieb im Leerlauf, die Männer auf dem Deck sangen ein endloses, eintöniges Lied. Längsseits tauchten drei mit Buschwerk und hohen Palmen bestandene Inseln auf, von der untergehenden Sonne in goldenes Licht getaucht. Dr. Schweitzer setzte sich auf die Bugplanken und wurde endlich ruhiger. Sinnend schaute er über das Wasser des breiten Flusses zu den Inseln hinüber. »Angesichts der drei Inseln vor dem Dorf Igendja, achtzig Kilometer stromab von Lambarene«, schrieb er später, »ging mir der Begriff *Ehrfurcht vor dem Leben* auf.« Nie hatte er den Sonntag auf dem Rehberg vergessen, wo er als kleiner Junge die Vögel aufgescheucht hatte, statt mit der Schleuder auf sie zu schießen. Jedes Mal war er, wenn er irgendwo sah, dass Menschen Tieren Leid antun wollten, mutig dazwischengetreten und hatte sie gehindert oder zur Rede gestellt; von Anfang an hatte er im Urwalddorf darauf geachtet, dass man Tiere, die in eine Baugrube gefallen waren, vorsichtig heraushob, anstatt sie, wie es üblich war, einfach mit Erde zuzuschütten; groß war sein Zorn, wenn er in der Zeitung las, wie in den sogenannten zivilisierten Ländern Kühe unter Hunger und Durst und vielen Schlägen tagelang in Viehwaggons zum Schlachthof transportiert wurden. Wie damals in Günsbach beim Abendläuten, so war ihm auch jetzt, unter den singenden Schwarzen auf dem Schiff, beim Anblick der gewaltigen Tierherde im Fluss, der untergehenden Sonne und der friedvollen Inseln im Strom zu Mute, als gebe Gott ihm wiederum ein Zeichen, allem Lebendigen, den Menschen, Tieren und Pflanzen, nicht unachtsam und gefühllos, sondern mit Ehrfurcht gegenüberzutreten. Wenn ich auch nicht weiß, sagte er sich, warum die tausend Flusspferde im Wasser und wozu die Bäume und Sträucher dort auf den Inseln überhaupt existieren, so weiß ich doch, dass sie ein Recht auf ihr Leben haben – genau wie ich.

Das Thema Ehrfurcht vor dem Leben ließ ihn nicht mehr los. Noch auf dem Schiff machte er sich, so gut es ging, Notizen; in der Station, wo er einige Tage blieb und der erkrankten Missionarin wieder auf die Beine half, schrieb er weiter; auf der langen Rückfahrt nach Lambarene hatte er einen 50-seitigen Entwurf fertig, den er in den folgenden Monaten und Jahren zu einem mehrbändigen, grundlegenden philosophischen Werk ausarbeitete. Seltsam: Wenn man heute, nachdem er tot ist, fragt: »Was fällt Ihnen ein, wenn Sie den Namen Albert Schweitzer hören?«, nennt jeder sogleich sein Wirken als Urwalddoktor; einige weisen auch auf seine Orgelkonzerte hin, die sie von Platten und CDs her kennen. Nur wenige aber wissen, dass der Begriff »Ehrfurcht vor dem Leben«, der sich wie eine selbstverständliche anonyme Formel anhört, von ihm geprägt worden ist. Ehrfurcht vor dem Leben – das ist zum Leitwort derer geworden, die sich für Menschenrechte einsetzen und sich für den Schutz der Umwelt engagieren, die sich für den Frieden stark machen und in Hilfsorganisationen für Kriegsgefangene, Verwundete und Flüchtlinge arbeiten.

Ehrfurcht vor dem Leben? Kaum war der schreckliche Erste Weltkrieg zu Ende, begann man schon, die Friedensverträge in Frage zu stellen und für einen neuen Krieg zu rüsten. Die Malerin Käthe

Kollwitz warnte mit ihrem Plakat »Nie wieder Krieg!« vor einem Zweiten Weltkrieg – vergebens, wie schon eine andere Frau, Bertha von Suttner, mit ihrem Buch »Die Waffen nieder!« vergebens vor dem Ersten gewarnt hatte. In den USA war eine Vernichtungswaffe entwickelt worden, die alles bisher Erdachte und Konstruierte an mörderischer Wirkung übertraf: die Atombombe. Am 6. August 1945 wurde die erste Atombombe über Japan abgeworfen, auf die Stadt Hiroshima. Allein diese eine einzige Bombe richtete eine so unvorstellbar große Zerstörung an, dass man die Toten und Verletzten und die nicht wieder zu erkennenden, unter dem Schutt der Gebäude liegenden Vermissten nicht mehr sicher zählen konnte. Es waren mehr als 400 000. Vier Fünftel der Häuser von Hiroshima waren zertrümmert, kein Hund und kein Hahn blieben am Leben, noch Jahre später wuchs, wo früher Parks und Grünanlagen waren, kein Grashalm. Die Großmächte USA, England, China, Frankreich und die Staatengemeinschaft der damaligen Sowjetunion erschraken nicht etwa über diese Ungeheuerlichkeit, sondern begannen sogleich ein Wettrüsten und entwickelten immer noch gefährlichere Bomben: Im Laufe von zehn Jahren hatte man bereits eine Bombe gebaut, deren Vernichtungskraft 500-mal stärker war als die der Atombombe von Hiroshima!

Albert Schweitzer, 82 Jahre alt, mischte sich in die inzwischen weltweite öffentliche Diskussion um die »Kernwaffen« ein. Um nichts Oberflächliches und Halbrichtiges zu sagen, studierte er mit großem Ernst die schwierigen Fragen der Atomphysik. Es gibt eine Liste, in der mehr als 60 Bücher- und Aufsatztitel verzeichnet sind, die Schweitzer zu diesem Thema gelesen hat. »Es kostet mich«, so steht in seinen Aufzeichnungen zu lesen, »täglich zwei bis drei Stunden Arbeit, um in der Friedensfrage und der Atomsache auf dem Laufenden zu bleiben.« Er korrespondierte mit mehreren Friedensnobelpreisträgern, mit dem damaligen UNO-Generalsekretär Dag Hammarskjöld und mit Albert Einstein, er schrieb an den amerikanischen Präsidenten Eisenhower, er traf sich mit den Atomphysikern Otto Hahn und Werner Heisenberg. Bei seinen Aufenthalten in Schweden sprach er viermal in Rundfunksendungen von Radio Oslo zu aller Welt über die Gefahren eines künftigen Atomkriegs, sprach gegen die Atombombentests, welche die Großmächte unter der Erde und im Ozean durchführten, nannte die Gefahren beim Namen, die durch beschädigte Atomkraftwerke entstehen und die von radioaktiv verstrahltem Atommüll ausgehen könnten. Er schrieb zwei Bücher über die Risiken der Kernenergie: *Das Problem des Friedens in der heutigen Welt*, und: *Friede oder Atomkrieg?*

Inzwischen waren Ärzte und Schwestern aus Europa nach Lambarene gekommen, sodass Albert Schweitzer nicht mehr alle Arbeit allein machen musste und immer wieder, mal für einige Monate, mal für mehrere Jahre, zurück nach Europa reisen konnte. In Europa schrieb er Bücher zu Ende, die er in Afrika begonnen hatte; er hielt Reden und Vorträge, veranstaltete Orgelkonzerte und gab Vorlesungen an den renommierten Universitäten von Oxford und Edinburgh. Die Einnahmen aus diesen aufreibenden, ruhelosen Tätigkeiten verwendete er fast ausschließlich für seine Arbeit in Lambarene. Er erhielt hohe internationale Auszeichnungen und Ehrungen; als ihm 1952 der Friedensnobelpreis verliehen wurde, baute er von dem Preisgeld – in zwei Jahre dauernder Arbeit – neben seinem Spital ein Dorf für Leprakranke. In diesem Lepradorf wurden viele Menschen geheilt, deren Heilung jeder für unmöglich gehalten hätte; unheilbar Kranke wurden betreut und mit Medikamenten versorgt, sodass sie ohne Schmerzen weiterleben und in Frieden sterben konnten.

Mit 84 Jahren fuhr er, nachdem seine Frau Helene in Zürich gestorben war, zum dreizehnten und letzten Mal nach Afrika. Unverdrossen arbeitete er im Spital und in der Leprastation, leitete die ständigen, nicht enden wollenden Bauarbeiten und gab noch als fast Neunzigjähriger ein Buch mit Orgelwerken von Bach heraus. Wenige Tage, nachdem er an einen Freund in Deutschland geschrieben hatte: »Gesundheitlich geht es mir gut«, starb er, ermattet, am 4. September 1965.

Marie Juchacz

Ein Netz der Nächstenliebe: die Arbeiterwohlfahrt

Wer durch Kaiserslautern geht, durch Augsburg oder Moers, wer sich in Mönchengladbach umschaut, in Düren, in Essen, in Mainz, in Düsseldorf und in Offenburg, trifft dort – wie noch in 20 weiteren Städten Deutschlands – auf das schwer zu buchstabierende Straßenschild Marie-Juchacz-Straße. Nur wenige Leute wissen mit dem Namen Marie Juchacz etwas anzufangen, nur wenige wissen, wer Marie Juchacz war. In den Buchhandlungen gibt es kaum ein Buch, das etwas über diese deutsche Frau mit dem polnisch klingenden Namen erzählt. Dabei hat Marie Juchacz in Deutschland ein großartiges Netz von sozialen Einrichtungen geschaffen, in denen noch heute für Hunderttausende Männer, Frauen und Kinder gesorgt wird, die Hilfe brauchen. Das große soziale Netz der Nächstenliebe, das sie gegründet hat und das nun schon seit über achtzig Jahren besteht, heißt *Arbeiterwohlfahrt*, von den Leuten kurz: »die AWO« genannt.

Marie Juchacz hat sich leidenschaftlich für soziale Gerechtigkeit eingesetzt, für die Gleichstellung von Mann und Frau und für die Rechte der schutzbedürftigen Kinder.

Marie Juchacz kam unter ihrem Geburtsnamen Maria Gohlke am 15. März 1879 in Landsberg an der Warthe zur Welt, im östlichen Teil des früheren Deutschland. Landsberg liegt heute in Polen und heißt Gorzòw. Damals gab es in Deutschland ein Gesetz, das die Kinderarbeit regelte: »Kinder unter 12 Jahren dürfen nicht in Kohlebergwerken, Eisenhüttenbetrieben und anderen Fabriken arbeiten.« Dieses Gesetz war für das ausgehende neunzehnte Jahrhundert eine Neuerung, denn bis dahin war es erlaubt gewesen, sechsjährige Kinder zur Arbeit zu schicken, und zwar – für zehn Stunden am Tag! Wir können das heute nicht mehr begreifen. Es wäre so, als wenn bei uns die Kinder, die gerade mal mit Mühe ihren Schulranzen auf dem Rücken tragen können, aus dem Kindergarten nicht in die Grundschule, sondern direkt in eine Fabrik geschickt würden, wo sie mit Eisen und Stahl hantieren müssten. Nur langsam und widerwillig setzte der Staat die tägliche Arbeitszeit für Kinder herab und auch das Mindestalter wurde nur zögernd auf zehn Jahre festgesetzt. Nicht weniger schlimm erging es den Frauen: Viele mussten, meist stehend, bis zu 16 Stunden am Tag arbeiten, und erst mit den Gesetzen, die 1891 erlassen wurden, wurde die Arbeitszeit für Frauen neu geregelt, doch es waren immerhin noch elf Stunden pro Tag, fast 60 die Woche.

Die Frauen konnten sich gegen diese unmenschliche Behandlung nicht zur Wehr setzen, sie durften sich nicht zusammentun, um sich für ihre eigenen Rechte und die Rechte ihrer Kinder stark zu machen. Denn fast überall in Deutschland galt: »Vereine, welche bezwecken, politische Gegenstände in ihren Versammlungen zu erörtern, dürfen keine Frauenspersonen als Mitglieder aufnehmen.« Wenn Frauen an Versammlungen teilnehmen wollten, in denen es zum Beispiel um eine humanere Regelung der Arbeitszeit ging, mussten sie in einer Ecke des Saales sitzen, wo sie deutlich sichtbar durch ein Seil von den Männern abgetrennt waren. Sie durften nicht sprechen, nicht Beifall klatschen, wenn ihnen die Reden der Männer gefielen, und nicht »Buh!« rufen, wenn sie ihren Unmut äußern wollten, geschweige denn, dass eine hätte aufstehen und sagen dürfen: »Männer, jetzt lasst mich mal reden, hört einmal für einen Augenblick mir zu!« Erst viel später, zu der Zeit, als Marie Juchacz 30 Jahre alt war, durfte sie zum ersten Mal ungehindert an einer parteipolitischen Versammlung teilnehmen, und als sie 40 war, also im 20. Jahrhundert, wurde in Deutschland den Frauen endlich erlaubt, mit gleichem Stimmrecht wie die Männer an den Landtags- und Reichstagswahlen teilzunehmen.

Doch bis dahin hatte Maria Gohlke eine harte Kinder- und Jugendzeit durchzustehen. Sie besuchte die Volksschule, wo sie in den beiden ersten Jahren Rechnen, Schreiben und Lesen lernte. Dann folgten vier Jahre Oberstufe, in denen nichts Neues dazukam, in denen vielmehr »alles die ödeste Wiederholung« war, wie sie später erzählte. Sie wäre gern in die sogenannte Bürgerschule gegangen, in der sie bei etwas längerer Schulzeit mehr hätte lernen können; doch die Eltern waren arm und sahen darauf, dass ihr Kind möglichst rasch von der Schule loskäme, um eine Arbeit anzunehmen und Geld zu verdienen. Später konnte Maria es aber doch mit den anderen Mädchen aufnehmen, denn sie hatte – meistens in der Nacht bei Kerzenschein – heimlich viele Bücher gelesen, die sie sich bei Bekannten auslieh.

Aus der Volksschule entlassen, bewarb sich Maria Gohlke auf verschiedene Stellen; am liebsten wäre sie Verkäuferin geworden. Doch sie wurde überall abgewiesen, weil sie nur die Volksschule und nicht die Bürgerschule besucht hatte. Schließlich kam sie in einer Webfabrik unter, in der Gardinen und Fischernetze hergestellt wurden. Eines Tages ging plötzlich der Webstuhl, an dem sie arbeitete, kaputt und konnte nicht mehr repariert werden: Man setzte Maria noch am selben Tag ohne Lohn auf die Straße. Danach arbeitete sie drei Jahre lang als Wärterin in einem Irrenhaus in Landsberg; schließlich schaffte sie es, Schneiderin zu werden und, zusammen mit ihrem Mann Bernhard Juchacz, eine eigene Werkstatt aufzumachen. Sie brachte zwei Kinder zur Welt, doch dann ging ihre Ehe auseinander und Marie lebte von da an mit ihrer Schwester Elisabeth zusammen, die ebenfalls verheiratet gewesen war und die drei Kinder hatte.

Viele Stunden verbrachten die beiden Schwestern täglich damit, die Landsberger Zeitung *Volksstimme* zu lesen. Damals gab es keine Pressefreiheit; die Zeitung hieß zwar Volksstimme, aber nicht das Volk kam zu Wort, sondern nur das durfte geschrieben werden, was der Regierung gefiel. Nicht selten landeten Journalisten, die ein kritisches Wort riskierten, im Gefängnis. Nach und nach lernte Marie Juchacz, sozusagen zwischen den Zeilen zu lesen: Sie merkte genau, was an den Zeitungsberichten glaubwürdig und was gefälscht und beschönigt worden war. Doch sie las nicht nur still vor sich hin: Sie übte sich im Sprechen und Formulieren, indem sie sich zu den Zeitungsartikeln kleine Kommentare, Ergänzungen und Gegenreden ausdachte, in ein Heft schrieb und ihrer Schwester vorlas. So wurde das Interesse der beiden an der Politik immer lebhafter. Als ihnen klar geworden war, dass sie in der engen Welt von Landsberg nichts würden bewegen können und dass sich die beklagenswerte Lage der Arbeiter, der Frauen und der Kinder in absehbarer Zeit nicht bessern würde, siedelten sie nach Berlin über. Dort verdienten sie sich zunächst einen kärglichen Lohn mit Heimarbeit, gerade so viel, dass sie mit ihren fünf Kindern leben konnten.

In Berlin traten beide in die SPD ein, weil sie glaubten, in dieser

Partei noch am ehesten etwas zur Verbesserung der Situation der Arbeiterinnen und Arbeiter beitragen zu können. Kurz darauf zogen sie nach Köln; dort erhielt Marie Juchacz eine Stelle als Parteisekretärin. Eines Tages wurde sie vom Vorsitzenden der SPD, Friedrich Ebert, der später der erste deutsche Reichspräsident wurde, in den Parteivorstand nach Berlin berufen. Dies geschah im Jahre 1917, mitten im Ersten Weltkrieg, als sie nicht einmal 40 Jahre alt war. Aus dem kleinen unscheinbaren Volksschulmädchen von Landsberg war eine Berufspolitikerin geworden.

Im November 1918 machten Soldaten, die das Töten und Zerstören, die den Hunger und all das andere Elend des Krieges leid waren, dem Ersten Weltkrieg ein Ende. Sie gingen in Berlin und in München und in vielen anderen Städten auf die Straße und riefen: »Wir wollen die Monarchie, die Herrschaft des Kaisers, abschaffen! Wir wollen eine Republik, wir wollen eine Regierung, in der gewählte Vertreterinnen und Vertreter des Volkes über Recht und Gesetz entscheiden sollen!« Sie stellten sich ein Deutschland vor, in dem alle Menschen frei und gleichberechtigt wie Brüder und Schwestern unter menschenwürdigen Bedingungen zusammenleben könnten. Die große Umwälzung, in der aus der bisherigen Monarchie eine Republik werden sollte, nannten sie Revolution. In der thüringischen Stadt Weimar wurde eine Nationalversammlung zusammengerufen und eine demokratische Verfassung (eine Art Grundgesetz) entworfen. Der erste deutsche Staat, der auf den Krieg folgte, trug daher den Namen *Weimarer Republik*. Ohne einen Kaiser und dessen Mitarbeiter sorgte von nun an der Deutsche Reichstag, in dem das Volk durch mehrere politische Parteien vertreten war, dafür, dass das Land gerecht regiert wurde. Marie Juchacz wurde als Abgeordnete der SPD zunächst in die Weimarer Nationalversammlung entsandt und dann in den Deutschen Reichstag zu Berlin gewählt.

Als sie in der Sitzung vom 19. Februar 1919 aufstand und zum Rednerpult schritt, hielten die Männer im Reichstag den Atem an. Zum ersten Mal in der deutschen Geschichte sprach eine Frau vor einer politischen Versammlung, ja vor der höchsten und wichtigsten politischen Versammlung der Nation! Marie Juchacz begann dann auch ihre Rede mit den Worten: »Es ist das erste Mal, dass in Deutschland eine Frau als Freie und Gleiche im Parlament zum Volk sprechen darf. Ich möchte hier feststellen, dass es die Revolution gewesen ist, die in Deutschland die Vorurteile gegen die Frauen überwunden hat.

Ich betrachte es als eine Selbstverständlichkeit, dass in der neuen Verfassung, die zu schaffen wir helfen werden, die Frau als gleichberechtigte und freie Staatsbürgerin neben dem Mann stehen wird.« Von da an setzte sich Marie Juchacz im Reichstag unermüdlich und oft genug gegen die immer noch argwöhnischen Männer für die Gleichberechtigung der Frauen ein. Bei allen Gesetzesentwürfen zu sozialen Fragen, zu Arbeitsrecht und Jugendschutz wirkte sie entscheidend mit, bis 1933 Hitler an die Macht kam und der Weimarer Republik ein Ende machte, die SPD und alle anderen demokratischen Parteien verbot, den Reichstag auflöste und das »Tausendjährige Reich« der nationalsozialistischen Gewaltherrschaft ausrief.

Auch die Arbeiterwohlfahrt, die Marie Juchacz im Jahre 1919 – dem Jahr ihrer ersten Rede im Parlament – gegründet hatte, wurde verboten und aufgelöst. Fast 140 000 Frauen und Männer taten damals als freiwillige Helferinnen und Helfer in der AWO Dienst; sie wurden von Hitler in eine Parteiorganisation eingegliedert, die sich »Deutsche Arbeitsfront« nannte. Der Name Arbeiterwohlfahrt wurde verboten. Die Kinder, Jugendlichen und Erwachsenen, um die sich die AWO liebevoll und sachkundig gekümmert hatte, wurden von da an von der NSV, der Nationalsozialistischen Volkswohlfahrt, betreut. Unter Betreuen verstanden die damaligen Herrscher wohl auch Helfen; vor allem aber hieß Betreuen: Vollstopfen mit nationalsozialistischen Ideen und diszipliniertes, gehorsames Einordnen in den faschistischen Staat, der nun nicht mehr von demokratischen Parteien getragen, sondern vom Diktator Hitler und seinen Parteigenossen mit grausamer Willkür regiert wurde. Marie Juchacz wurde gesucht und verfolgt wie eine Verbrecherin und musste fliehen. Sie ging ins Saarland, das anfangs noch nicht zum Deutschen Reich gehörte, und von dort nach Frankreich. Als die deutschen Truppen im Zweiten Weltkrieg dann auch Frankreich eroberten, floh sie nach Amerika.

Wenn man zurückschaut und die Geschichte der AWO seit ihrer Entstehung erzählen will, muss man sich noch einmal an den Beginn des 20. Jahrhunderts versetzen. Damals, als »Frauenspersonen« sich noch nicht in der Öffentlichkeit politisch betätigen durften, gab es kleine Gruppen, die sich abends in Kneipen trafen, um zu beraten, wie man Arbeiterkindern helfen könnte. Die Frauen in diesen kleinen Beratungsgruppen stellten Tassen vor sich hin, mitten auf den Tisch eine große Kaffeekanne und eine Vase mit Blumen, und wenn dann die Polizei hereinkam, um sie bei verbotenen politischen Gesprächen zu überraschen, taten sie ganz harmlos, klatschten und tratschten und lachten über Witze, die sie gar nicht erzählt hatten, und alles sah aus wie ein Kaffeekränzchen von Müßiggängerinnen, die mit ihrer Freizeit nichts Vernünftiges anzufangen wussten. Sobald die Polizei wieder abgezogen war, setzten sie ihre wichtige, ernsthafte Arbeit fort. Sie erörterten Berichte, in denen die Not der Kinder beschrieben war; sie arbeiteten Pläne aus, wie man dieser Not am besten begegnen könnte. In einem dieser Berichte, von Marie Juchacz verfasst, hieß es: »Wenn man die Umwelt der Kinder anschaut, stößt man auf Ursachen, die zum Teil in der wirtschaftlichen Lage der Eltern begründet sind. Man entdeckt viel Unverstand und mangelnde Einsicht. Man stößt auf Familien, in denen Trunksucht und schlechte sittliche Verhältnisse vorhanden sind. Oft sind die Kinder Misshandlungen durch die Eltern ausgesetzt. Man lernt den Straßenhandel und das Straßenbetteln der Kinder kennen und sieht, wie die Kinder dadurch immer mehr verwahrlosen.«

Nach dem Ersten Weltkrieg und der Revolution wurde alles noch schlimmer. Die Nahrungsmittel wurden knapp, das wenige, das es gab, war für die meisten Leute unerschwinglich teuer; viele waren obdachlos und mussten nicht nur hungern, sondern auch bitterlich frieren. Längst litten nicht nur Kinder, sondern auch Erwachsene unter der Not, die der Krieg über die Menschen gebracht hatte. Manche sahen über die Not der Armen hinweg und sagten: »Wer Not leidet, ist selber schuld. Überdies: Reiche und Arme hat es immer gegeben, seit Anbeginn der Welt, da kann man nichts machen.« Andere sagten: »Was gehen uns die Armen an? Für die Armen hat der Staat zu sorgen, er kriegt ja von uns Reichen genug Steuergelder!« Einige gaben zwar hin und wieder ein kleines Almosen, wenn ein Armer an ihrer Tür bettelte. Doch Marie Juchacz verkündete: »Es ist entehrend und menschenunwürdig, die Armen so von oben herunter zu behandeln. Man muss eine andere, würdigere Art von Hilfe finden. Alle, die sich zu dieser Hilfe bereit erklären, sollen sich zusammenschließen zu einer großen, wirkungsvollen Organisation.« Diese Organisation sollte nicht nur heiße Suppen und warme Mäntel verteilen und Obdachlose in Heimen unterbringen, so lautete die Idee von Marie Juchacz, sondern sich vor allem dafür einsetzen, dass die unbefriedigende Gesetzgebung verbessert und den Armen durch Sozialgesetze geholfen würde. Wenn die Arbeiter nicht länger ihre Lage als ausweglos ansähen, sondern gemeinsam vorgingen, könnten sie eines

Tages voll zu ihrem Recht kommen. Marie Juchacz fasste die bereits bestehenden Helfergruppen und Einzelhelfer zusammen und nannte ihre Gründung *Arbeiterwohlfahrt.* Reichspräsident Ebert genehmigte die Gründung und gab dem Verein den Satz mit auf den Weg: »Arbeiterwohlfahrt ist die Selbsthilfe der Arbeiterschaft.«

Frau Juchacz verstand es vorzüglich, junge Leute zu begeistern und zur Mitarbeit anzuspornen. Die einen engagierten sich bei der AWO für Kinder, die keine Eltern mehr hatten oder deren Eltern mit der Erziehung ihrer heranwachsenden Kinder nicht zurechtkamen. Andere halfen Jugendlichen, die straffällig geworden waren, sich bei der polizeilichen Vernehmung oder vor Gericht zu verantworten und zu verteidigen. Wieder andere zogen in den Ferien oder an Wochenenden mit Großstadtkindern hinaus in die Natur, damit sie erfahren und erleben konnten, wie Wiesen und Wälder, Berge und Flüsse aussehen und was Sonne und Wind und frische Luft ohne den Schmutz und den Lärm der Städte bedeuten. Nach und nach errichtete die AWO eigene Erholungshäuser und gut geleitete Heime, in denen schwer erziehbare Jungen und Mädchen durch Lernen und Arbeiten neue Lebenschancen erhielten.

In Altenwohnungen und Häusern für Jugendliche, in Behindertenwerkstätten und Frauenhäusern, in Hilfsstellen für Ausländer und Arbeitslose tun die Helferinnen und Helfer der AWO unermüdlich ihren Dienst am Menschen.

Nach der gewaltsamen Unterbrechung durch das Hitler-Regime, das die AWO um zwölf Jahre zurückgeworfen hatte, ging die Arbeit von neuem und in noch größerem Ausmaß weiter. Marie Juchacz kehrte 1949 aus ihrem Exil in den USA zurück, von wo aus sie – mit Hilfe der von ihr gegründeten »AWO-USA« – in den schwierigen Notjahren nach dem Krieg unzählige Pakete mit Lebensmitteln und Kleidung nach Deutschland geschickt hatte. In wenigen Jahren war mit mühevoller Arbeit von freiwilligen und beruflich bei der Arbeiterwohlfahrt

Nicht nur durch das Engagement in den unterschiedlichsten Einrichtungen, sondern auch durch Kinder- und Familienfeste beweist die AWO, dass sie bis heute ein sehr lebendiger Verband geblieben ist.

angestellten Helferinnen und Helfern das wieder aufgebaut und neu geschaffen, was die heute etwa 60 000 Mitglieder zählende AWO als einen der bedeutendsten Wohlfahrtsverbände Deutschlands auszeichnet: Altenheime und Heime für Jugendliche, Kurhäuser, Behindertenwerkstätten und Krankenhäuser, Aufnahmehäuser für misshandelte Frauen, Hilfsstellen für Ausländer, für Arbeitslose und alte einsame Menschen, Mahlzeitendienste auf Rädern, Altenclubs und Jugendclubs, Hausaufgabenhilfe und zahllose andere soziale Einrichtungen und Dienste.

Marie Juchacz wurde 77 Jahre alt. Noch bis kurz vor ihrem Tod im Jahre 1956 nahm sie an allen wichtigen Beratungen des AWO-Vorstands teil und half mit ihrem Wissen und ihrer Erfahrung, dass die Arbeiterwohlfahrt, die sie gegründet hatte, bis heute ein lebendiger Verband geblieben ist, der den Vergleich mit ähnlichen Wohlfahrtsverbänden kirchlicher oder nichtkirchlicher Art nicht zu scheuen braucht.

Käthe Kollwitz
Bilder, aus denen das Unrecht schreit

Käthe Kollwitz wurde als erste Frau in die Preußische Akademie der Künste in Berlin aufgenommen. Später galt sie als Kriegsgegnerin: Ihre Werke durften nicht mehr ausgestellt werden.

Wenn man in Berlin das Käthe-Kollwitz-Museum besucht oder anderswo durch eine Käthe-Kollwitz-Ausstellung geht, begegnet man ihr auf Schritt und Tritt: In fast allen ihren Bildern ist sie gegenwärtig – auch wenn ihr Gesicht nirgends erscheint. Doch überall spürt man, wie sehr sie sich für das engagiert, was sie ins Bild bringt, wie sehr sie wünscht, dass wir über das, was sie darstellt, nachdenken sollen. Sie will, dass man Stellung nimmt, sie weckt unser Mitleid mit den Entrechteten und den Trauernden, die sie uns auf ihren Bildern vor Augen führt, sie stachelt uns zum Zorn auf gegen die Mächtigen, wenn sie Kleine und Wehrlose verachten, ausbeuten und unterdrücken. Käthe Kollwitz ist bei weitem nicht so berühmt wie die alten Meister Rembrandt oder Rubens, die sie sehr verehrte, oder wie Picasso, der große Maler und Graphiker des 20. Jahrhunderts, von dem sie nicht viel hielt. Doch sie ist ohne Zweifel (neben dem spanischen Maler Goya) unter allen Künstlerinnen und Künstlern die größte Anklägerin von Verletzungen der Menschenwürde, die es je gegeben hat. Niemand kann ihre Bilder anschauen, ohne bis ins Innerste angerührt und ergriffen zu sein.

Käthe Schmidt wurde am 8. Juni 1867 in Königsberg geboren. Königsberg war damals eine deutsche Stadt im Land Ostpreußen;

heute gehört Königsberg zu Russland und heißt Kaliningrad. Käthe nahm schon früh Zeichen- und Malunterricht, zuerst in ihrer Heimatstadt, später in Berlin und München. Mit 24 Jahren heiratete sie einen Arzt, hieß von da an Käthe Kollwitz und siedelte nach Berlin über, wo sie bis kurz vor ihrem Tod wohnen blieb.

Käthe Kollwitz, hochbegabt und fleißig und mit 25 Jahren schon als bedeutende Künstlerin in Berlin anerkannt, zeichnete besonders gern Mütter und Kinder. Eines Abends ging sie mit ihrem Mann in das Berliner Theater »Freie Volksbühne«, wo ein Stück des Dichters Gerhart Hauptmann aufgeführt wurde. Das Stück hieß »Die Weber«.

Als die Dampfmaschine erfunden worden war und man in den Fabrikhallen allerorts maschinengetriebene Webstühle aufstellte, wurden Tausende Männer und Frauen arbeitslos: Die Maschinen machten alles schneller, exakter und billiger, was die Leute bis dahin zu Hause und in kleinen privaten Handwerksbetrieben geleistet hatten. Viele mussten betteln gehen, ihre Kinder hungerten und das Leben hatte keinen Sinn mehr. Da rotteten sich in Schlesien Weber zusammen, drangen in die neuen Fabrikhallen ein und schlugen in ihrem Zorn die maschinellen Webstühle kaputt. Von diesem Aufstand der Weber erzählte Gerhart Hauptmanns Stück.

Doch es erzählte nicht davon, wie man Märchen und Sagen aus alten Zeiten erzählt, interessant und unterhaltsam. Gerhart Hauptmann holte vielmehr das, was in Schlesien geschehen war, aus der Vergangenheit herauf in die Gegenwart. Die schlesischen Arbeitslosen und Armen von damals standen auf der Bühne als die Arbeitslosen und Armen von hier und heute. Hauptmann zeigte, dass die Not der Weber von 1844 die immer währende Not der Arbeiter aller Zeiten ist. Dem deutschen Kaiser, der selber sehr reich und ein Freund der Reichen war, wurde sogleich von der Aufführung des Stückes »Die Weber« berichtet. Er war empört und besuchte ab sofort die Freie Volksbühne in Berlin nicht mehr, obwohl er dort für seine kaiserliche Familie eine vornehme, kostenlose Ehrenloge besaß. Seine Wut über Hauptmanns Theaterstück war so groß, dass er schon bald darauf Männer, die ähnlich wie die mutigen Schlesier wagten, zu Streik und Widerstand gegen die Fabrikbesitzer aufzurufen, ins Zuchthaus sperren ließ.

Als Käthe Kollwitz das Stück »Die Weber« gesehen hatte, stellte sie sich eine große Aufgabe: Sie wollte mit einer Serie von Bildern bewirken, was Hauptmann mit seinem Theaterstück bewirkt hatte. Auf ihren Bildern sollten Arbeiterinnen und Arbeiter zu sehen sein, Proletarier, wie man sie damals nannte: Ihre Not, ihre Armut, ihre Knechtschaft und ihr Kampf um das Recht auf ein menschenwürdiges Leben sollten aus ihren Bildern zum Himmel schreien.

Mit großem Eifer machte sie sich gleich am Morgen nach der Theateraufführung an die Arbeit. Dem ersten Blatt der Serie gab sie den Titel *Die Not.* Im Innern einer Stube, in der eine Weberfamilie haust, ist ein kleines Kind zu sehen, das zum Skelett abgemagert ist. Man sieht den Leuten an, dass der Hunger sie schon bald zur Verzweiflung treiben wird. – Auf dem zweiten Bild mit dem Titel *Der Tod* ist das bevorstehende grausige Ende noch deutlicher angezeigt: Der Tod steht als Knochenmann da, ein Gespenst in der schwarzen Nacht, das unerbittlich nach den Menschen greift. – Auf dem dritten Blatt der Serie sieht man ein paar arbeitslose Weber am Tisch sitzen und miteinander über das reden, was zu tun sei: *Die Beratung.* – Dann macht Käthe Kollwitz unzählige Skizzen zu ihrem vierten, dem wichtigsten Bild: Scharf gestochen stehen die Figuren da, einige singen Kampflieder, einige erheben die geballten Fäuste, einige tragen Äxte, um zuschlagen zu können, eine Frau hat ihr Kind auf dem Rücken mitgebracht. So marschieren sie zur Fabrik: *Der Weberzug.* – Das fünfte Blatt heißt: *Der Sturm.* Die Frauen reißen Pflastersteine aus der Straße und reichen sie ihren Männern, die gegen die verrammelte Tür der verhassten Weberei anrennen. – Das letzte, sechste Blatt heißt: *Das Ende.* Der Unternehmer hat Hilfe geholt und die Gewehre auf die Angreifenden richten lassen. Die Leichen der erschossenen Arbeiter werden in die

Die Bilder von Käthe Kollwitz über den Aufstand der Weber gegen ihre menschenunwürdige Behandlung gingen damals bis nach Russland und China – überall hin, wo Menschen ausgebeutet und in ihrer Würde verletzt wurden.

Webkammer getragen, am Webstuhl hockt eine Frau, stumm vor Trauer.

Mehr als in allen früheren und späteren Bildern spürt man in der Weberaufstandserie, dass Käthe Kollwitz kompromisslos und leidenschaftlich auf der Seite der Schwachen stand und den Betrachtern ihrer Bilder zurief: »Hierher! Neben mich! Stellt euch mit mir auf die Seite der Unterdrückten und Geschundenen, die keine Stimme haben!«

Die Weberaufstandserie ist das eindrucksvollste und bedeutsamste Werk von Käthe Kollwitz geblieben, ähnlich wie auch Gerhart Hauptmann kein so wichtiges Stück mehr geschrieben hat wie »Die Weber«.

Ein Jahr nach der Fertigstellung wurden die Bilder auf der Großen Berliner Kunstausstellung gezeigt. Käthe Kollwitz wurde über Berlin und Deutschland hinaus berühmt, vor allem in Ländern, in denen es ähnliche Probleme mit der rasch wachsenden Industrie gab, wie zum Beispiel im überwiegend bäuerlichen Russland und im überbevölkerten China. Käthe Kollwitz wurde in der Berliner Künstlerinnenschule als Zeichenlehrerin angestellt und war die Lehrmeisterin namhafter Malerinnen und Maler. Bald darauf entstand eine zweite umfangreiche Serie von Zeichnungen und Grafiken.

Dieses Mal gab nicht ein Theaterstück, sondern ein Buch den Anstoß, ein Buch des Geschichtswissenschaftlers Wilhelm Zimmermann, das Käthe Kollwitz mit Spannung und großer Anteilnahme gelesen hatte; es hieß: »Der Bauernkrieg«. Aus diesem Buch erfuhr sie, dass schon 300 Jahre vor den schlesischen Arbeitern freiheitsliebende, unterdrückte Bauern aufgestanden waren und sich gegen die Macht der Grundbesitzer und Landesherren erhoben hatten. Der Aufstand der Bauern hatte in Stühlingen am Oberrhein begonnen und sich Jahr um Jahr, Schritt um Schritt über Deutschland ausgeweitet. Aus den anfangs noch örtlich begrenzten Aufständen wurde ein furchtbarer Krieg, der zwanzig Jahre dauerte. Es ging um Leben und Tod für die Bauern, aber auch um Leben und Tod für die Reichen, die das Land besaßen. Schließlich mussten sich die Heere der Bauern geschlagen geben, und nach der Niederlage ging es ihnen schlimmer als zuvor.

Wieder stürzte Käthe Kollwitz sich mit all ihrer Energie in die Arbeit; fünf Jahre lang schuftete sie, dieses Mal an sieben Blättern, die sie zu der Serie »Der Bauernkrieg« zusammenfasste.

Die Serie beginnt mit dem Bild *Der Pflüger*. In einer gewitterschwarzen Landschaft sieht man zwei Bauern, die, ohne Pferd, fast bis auf den Boden niedergedrückt, einen Pflug ziehen, ein Bild, das die tierähnliche, menschenunwürdige Existenz der Bauern zeichenhaft deutlich macht: Bauern als angekettete menschliche Arbeitspferde. – Dann zeichnet sie Blatt um Blatt den Beginn des Aufstands und den Fortgang der Kämpfe der verbitterten Bauern, bis sie schließlich auf den beiden letzten Blättern *Das Schlachtfeld* und *Die Gefangenen* das schlimme Ende der Bauernrevolte festhält.

Mit noch einer dritten Bildserie ist Käthe Kollwitz mahnend an die Öffentlichkeit getreten. Dieses Mal arbeitete sie nicht mit Zeichnungen und Radierungen, sondern mit schwarz-weißen Holzschnitten, die besonders hart und kantig wirken, schreiend wie Plakate. Die Serie, wieder aus sieben Blättern bestehend, hieß *Krieg*. Kaiser Wilhelm hatte alle jungen wehrfähigen Männer »mobil gemacht«, wie man damals, fast fröhlich, den Aufruf nannte, die Waffen zu ergreifen und in den Krieg zu ziehen. Auch Peter, einer ihrer Söhne, marschierte begeistert hinter den Fahnen der deutschen Truppen her. Zwei Monate später war er tot.

Der Schmerz von Peters Mutter war groß. Sie schrieb in ihr Tagebuch: »Mein Peter, ich will versuchen, dir treu zu sein. Ich will Gott die Ehre geben, auch in meiner Arbeit, ich will wahr sein, echt und ungefärbt. Wenn ich versuche, so zu sein, mein Peter, dann bitte ich dich: Sei um mich! Hilf mir und zeige dich mir! Ich weiß, du bist da, aber ich erkenne dich nur wie durch einen Nebel. Sei bei mir!« Ein Jahr später schrieb sie: »Ich komme nur ganz langsam mit der Arbeit voran. Sie ist etwas anderes als andere Arbeiten. Sie ist viel weniger eine künstlerische Angelegenheit als vielmehr eine menschliche. In erster Linie ist es eine Angelegenheit zwischen dir und mir.« Der Krieg, der sie so sehr persönlich getroffen hatte, so schrieb sie weiter, »hat nur genommen und genommen, Menschen genommen und Glauben genommen, Hoffnung genommen, Kraft genommen. Der Krieg drückt mich nieder auf den Boden.«

Die Serie beginnt nicht mit dem Tag der Mobilmachung, auch nicht mit dem Tag, an dem die deutschen Armeen in die Nachbarländer einfielen, um sie niederzuwerfen. Auf dem ersten Blatt stellt Käthe Kollwitz vielmehr eine von allem entblößte, nackte Frau dar, die ein Kind zur Welt bringt. Sie nennt das Bild *Opfer*. Immer sind es die Frauen, so scheint die Künstlerin im Gedenken an ihren gefallenen Sohn mit lauter Stimme aus dem Bild herauszurufen, sind es die Mütter, die ihre unter Schmerzen geborenen Kinder dem Wahnsinn des Krieges zum Opfer bringen müssen, der von Männern gemacht wird. Die weiteren Blätter greifen das Thema Opfer auf und führen es fort; die Blätter heißen *Die Eltern, Die Mütter, Die Witwen, Das Volk.* »Diese Blätter«, schrieb Käthe Kollwitz an einen Freund, »sollen in alle Welt wandern und sollen allen Menschen sagen: So war es! Das haben wir alles getragen durch all die unaussprechlich schlimmen Jahre!«

Die Blätter wanderten tatsächlich in alle Welt. Ein Franzose schrieb begeistert: »Das Werk von Käthe Kollwitz ist die größte Dichtung des heutigen Deutschland; in ihm spiegeln sich die Prüfungen und das Leid des einfachen Volkes. Sie verkörpert die schweigende Stimme des geopferten Volks!« In Russland hieß es in einer Zeitung: »Käthe Kollwitz erreicht, dass beim ersten Blick auf ihre Bilder einen die Schwermut am Herzen packt, dass Tränen einem die Stimme ersticken. Sie ist ein großer Agitator«, das heißt: eine große Anstifterin zum Widerspruch. In China sagte man: »Die Werke der Käthe Kollwitz zeigen, dass es Unterdrückte und Entrechtete – unsere natürlichen Freunde! – an vielen Orten der Erde gibt, und dass unter ihnen Künstler leben, die trauern, die protestieren, die für sie kämpfen.« Auch in Deutschland wurden Käthe Kollwitz Ehrungen zuteil: Im Jahre 1919 wurde sie als erste Frau in die Preußische Akademie der Künste aufgenommen und erhielt den Titel »Professor«. Neun Monate später wurde sie zur Vorsteherin des Meisterateliers für Graphik ernannt.

Wie zu allen Zeiten, so war es auch in den zwanziger Jahren üblich, dass die Leute sonntags ins Museum gingen. Sie wollten das, was sie den grauen Alltag nannten, vergessen und schöne, freundliche Bilder betrachten. Sie sahen gern friedliche Landschaften, in denen Hirten mit ihren Herden lagerten und mit den Schäferinnen scherzten, Stillleben mit Obst, Krügen und Blumen, Porträts von Königinnen und Königen in ihren reichen Roben, Bilder von großen Kriegshelden, oder aber religiöse Bilder: Maria mit dem Jesuskind, Engel und Heilige, den gekreuzigten Heiland. Kollwitz-Bilder suchte man in den Sälen der Museen vergebens, denn Herkömmliches und Klassisches oder gar Lustiges und Heiteres malte sie nicht. Sie war das, was die Russen eine Agitatorin genannt hatten: Ihre Themen hießen *Abschied und Tod, Not und Leid, Trauer und Verzweiflung,* sie malte Menschen, die sich in ihrer Hoffnungslosigkeit erhängt oder ertränkt hatten, sie zeichnete Frauen und Kinder, die sich mit Heimarbeit abrackerten, um ein bisschen Geld zu verdienen, sie zeichnete Plakate für Vereine, die sich um Blinde und um alte Leute kümmerten, die niemanden hatten, der für sie sorgte. Sie malte ein überfahrenes Kind, geschlechtskranke Männer, sie malte, ohne selbst einer Partei anzugehören, Plakate und Flugblätter für Sozialisten und für Kommunisten, wenn es ihnen um die Rechte der Arbeiter ging. Sie malte für hungernde Kinder in Wien und für die hungernden Erwachsenen in Moskau, sie malte ein riesiges Plakat mit dem Titel *Nie wieder Krieg!* und ein Plakat *Deutschlands Kinder hungern!* Als der Politiker Karl Liebknecht ermordet wurde und hunderttausend Menschen an seinem Leichnam vorbeizogen, verfasste sie ein Protestschreiben gegen seine Ermordung, das von vielen bedeutenden Persönlichkeiten unterschrieben wurde, zum Beispiel von den Dichtern Gerhart Hauptmann und Heinrich Mann und von dem Wissenschaftler und Nobelpreisträger Albert Einstein. Es war ein Flugblatt über die Trauer um Liebknecht und wurde in Berlin und in allen großen deutschen Städten in unzähligen Exemplaren verteilt. In vielen Zeitungen und Zeitschriften fand man damals ihre aufrüttelnden Bilder und Zeichnungen, die das Unrecht im Staat anprangerten, egal, in welcher Form es auftrat.

Dann kam das schlimme Jahr 1933: Adolf Hitler wurde deutscher Reichskanzler. Fünf Tage nach seiner sogenannten Machtergreifung erschien über Nacht auf allen Berliner Litfaßsäulen ein unübersehbares rotes Plakat, mit dem die Deutschen vor dem Tyrannen Hitler gewarnt werden sollten. Auf dem Plakat war in großen Buchstaben zu lesen: »Die Vernichtung aller persönlichen und politischen Freiheit in Deutschland steht unmittelbar bevor, wenn es nicht in letzter Minute gelingt, alle Kräfte zusammenzufassen, die sich in der Ablehnung der Gewaltherrschaft

Krieg, Hunger, Arbeitslosigkeit, Elend: Davon sprechen die Zeichnungen und Grafiken der Käthe Kollwitz.

einig sind!« Das rote Plakat war das letzte, verzweifelte Zeichen gegen das unsägliche Unheil, das Deutschland und der Welt bevorstand. Wieder standen – neben anderen – die Namen von Käthe Kollwitz und Albert Einstein bei den Unterschriften. Aber es war zu spät: Hitler war unumschränkter Herrscher geworden. Zwei Wochen nach dem roten Plakat teilte man Käthe Kollwitz mit: »Treten Sie sofort aus der Preußischen Akademie der Künste aus – wenn nicht, wird die Akademie aufgelöst!« Ihr blieb nichts übrig, als aus ihrer geliebten Akademie auszutreten. Sie zog sich, 66-jährig, in die Einsamkeit zurück. Hitler wagte nicht, die in aller Welt so hoch geschätzte Künstlerin öffentlich zu verfolgen und sie, wie so viele mutige Männer und Frauen, die seiner Politik im Wege waren, in ein Konzentrationslager zu stecken. Doch man entzog ihr ab sofort ihr Professorinnengehalt, sie verlor ihre Einkünfte und ab 1936 durfte sie ihre Bilder nirgends mehr ausstellen.

Von da an malte und zeichnete sie nicht mehr, sie schaffte nur noch still vor sich hin an einigen Bildhauerarbeiten. »Tot sein, o ja, das ist mir oft ein guter Gedanke«, schrieb sie, mitten im Zweiten Weltkrieg, in ihr Tagebuch. Die letzten Worte, die uns von Käthe Kollwitz überliefert sind, richtete sie an ihren zweiten Sohn Hans und dessen Frau: »Von euch fortgehen zu müssen, wird mir furchtbar schwer. Aber die Sehnsucht nach dem Tod ist unvorstellbar geworden. Ich segne mein Leben, das mir bei allem Schweren so viel Gutes gegeben hat. Meine Zeit ist um, lasst mich jetzt fortgehen.«

Im November 1943 brennt das Berliner Haus der Käthe Kollwitz, von Bomben getroffen, ab. Alle ihre fertigen und noch unvollendeten Arbeiten, die sich im Atelier befinden, sind vernichtet. Die Rote Armee der Russen rückt näher, bald wird die Stadt bitter umkämpfter Kriegsschauplatz sein. Käthe Kollwitz flieht, 77 Jahre alt, von Berlin nach Moritzburg bei Dresden. Ein Jahr später, zwei Wochen vor dem Tag, an dem das am Boden liegende Deutschland durch die Armeen der Alliierten von der Gewaltherrschaft Hitlers befreit wird, stirbt sie. In den Monaten der Verzweiflung, des Hungers und der Obdachlosigkeit, die den Zusammenbruch Deutschlands begleiten, hat damals kaum jemand von ihrem Tod Notiz genommen.

Heute aber werden die Reisenden aus aller Welt, die jährlich zu Hunderttausenden Berlin besuchen, wieder an Käthe Kollwitz erinnert: In der Neuen Wache, einer Gedenkhalle an der Prachtstraße »Unter den Linden«, ist eine (ursprünglich kleine, jetzt aber der Größe des Raumes entsprechend vergrößerte Kopie einer) Bronzeplastik aufgestellt. Eine Mutter, die auf der Erde sitzt und ihr totes Kind auf dem Schoß hält. Das Kunstwerk trägt den Titel »Mutter mit totem Sohn«. Käthe Kollwitz hat die Plastik einmal »eine Art Pietà« genannt; Pietà nennt man in der Kunstgeschichte eine Maria, die ihren toten Sohn Jesus beweint, den man vom Kreuz genommen und der Legende nach seiner Mutter in den Schoß gelegt hat. Wer in der Stille der Neuen Wache die Pietà der Käthe Kollwitz betrachtet, wird an die Soldaten erinnert, die, wie ihr Sohn Peter, im Krieg getötet worden sind und deren Tod viel Leid über die Menschen gebracht hat, die ihnen nahe stehen. Man darf aber nicht aus dem Haus der Neuen Wache weggehen, ohne an die zu denken, die nicht als Soldaten »gefallen«, sondern die in den zwölf Jahren der Hitlerherrschaft von Deutschen ermordet worden sind, weil sie Sinti und Roma waren, Homosexuelle oder Deserteure, Widerstandskämpfer oder Kommunisten, vor allem aber: weil sie Jüdinnen und Juden waren.

Dietrich Bonhoeffer

Widerstand gegen den Tyrannen

Dietrich Bonhoeffer, evangelischer Pfarrer und Theologieprofessor an der Berliner Universität, kämpfte gegen die Pläne Hitlers, die Länder Europas zu erobern und alle Juden umzubringen.

Dr. Dietrich Bonhoeffer hielt als fünfundzwanzigjähriger Gelehrter seine erste Vorlesung an der Universität Berlin, in der zu dieser Zeit, im Jahre 1931, mehr als tausend junge Männer evangelische Theologie studierten, eine Zahl, über die wir heute nur noch ungläubig staunen können. Er gab damals seiner Vorlesungsreihe das Thema: »Wer ist Christus?« Zwölf Jahre lang, bis zu seinem gewaltsamen Tod, ließ ihn diese Frage nicht mehr los. Doch im Laufe der zwölf Jahre wandelte sich die Frage. Aus der eher wissenschaftlichen Formel war zuletzt eine konkrete Frage für das alltägliche Leben geworden: Wer ist Christus für uns heute? Bonhoeffer fragte nicht mehr so sehr nach einem ewig unwandelbaren »Gott-an-Sich«, sondern nach dem Gott, der in Jesus Christus »für uns Menschen und zu unserem Heil vom Himmel herabgekommen und Mensch geworden« ist. Durch das Wörtchen »heute«, das er seiner Frage hinzufügte, deutete er an: Was in den langen Jahrhunderten über Gott und Jesus Christus gedacht und gesagt, gelehrt und in Glaubenssätzen festgeschrieben wurde, mag interessant sein, aber es ist nicht wirklich von Bedeutung. Von Bedeutung ist vielmehr, dass wir lernen, Jesus Christus nachzufolgen. Ihm nachfolgen aber heißt: seine Liebe und Gerechtigkeit weitergeben an die Menschen, mit denen wir zu tun haben, hier und jetzt.

Bonhoeffer hat in seinen theologischen Reden und Schriften oft harte Worte benutzt, um seine Hörer und Leser wachzurütteln. Wir hätten uns, so sagte er zum Beispiel, einen Gott aufgebaut, der mit unserem Leben nicht viel zu tun hätte, der nicht in der Mitte unseres Lebens stände, sondern am Rande. Nur wenn es brenzlig würde, riefen wir ihn, und dann müsse er zur Stelle sein, rasch, wie ein Held auf der Theaterbühne, und uns helfen. Wir hätten in der Schule gelernt, Gott sei allgegenwärtig, allwissend, allmächtig, er sei der Herrscher, stärker und mächtiger als die Starken und Mächtigen dieser Welt. Wenn dann aber Leid und Not über uns kämen, würden wir erstaunt und vorwurfsvoll fragen: Wie kann Gott das zulassen? Solch ein »lieber Gott«, sagt Bonhoeffer, ist nicht der Gott der Bibel, sondern ein von Menschendenken und Menschenwünschen zurechtgemachter Gott. »Ich will darauf hinaus«, schreibt er, »dass Gott nicht an irgendeiner allerletzten heimlichen Stelle noch in die Welt hineingeschmuggelt wird«, sondern dass er mitten im Leben des Menschen steht. Er soll nicht der allmächtige, sondern der ohnmächtige Gott sein: Unser Gott ist der für uns gekreuzigte Jesus Christus. »Die Bibel verweist den Menschen an die Ohnmacht und das Leiden Gottes. Es ist gut, früh genug zu lernen, dass Leiden und Gott kein Gegensatz sind, sondern eher eine notwendige Einheit. Für mich«, sagt er, »ist die Idee, dass Gott selber leidet, immer das weit überzeugendste Stück christlichen Lebens gewesen. Gott ist ohnmächtig und schwach in der Welt, und nur so ist er bei uns und hilft uns«, die wir selber ohnmächtig und schwach sind. »Nur der leidende Gott kann uns helfen. Christus hilft uns, nicht kraft seiner Allmacht, sondern kraft seiner Schwachheit, kraft seines Leidens!«

Viele fanden die theologischen Gedanken Bonhoeffers anstößig und falsch. »Er zerstört das gute alte gewohnte Gottesbild des Herrn, der lebt und herrscht von Ewigkeit zu Ewigkeit!«, riefen sie, doch Bonhoeffer hielt ihnen entgegen: »Euer Gottesbild mag im Altertum und im Mittelalter gegolten und geholfen haben. Aber«, so sagt er in seiner manchmal geradezu brüsken Art: »Was immer wahr ist, ist gerade heute nicht wahr! Heute gehen wir einer völlig religionslosen Zeit entgegen. Die Menschen können einfach, so wie sie nun einmal sind, nicht mehr religiös sein«, und darum dürfen wir nicht mehr in der religiösen Sprache der Formeln und Dogmen zu ihnen von Gott sprechen, sondern wir müssen in der Sprache der Bibel, in der Sprache des Evangeliums, in der Sprache der Bergpredigt von ihm reden.

Dietrich Bonhoeffer wurde am 4. Februar 1906 in Breslau, der heutigen polnischen Stadt Wroclaw, geboren. Seine Mutter Paula stammte aus einer strengen preußischen Predigerfamilie; sein Vater Karl war ein weltweit angesehener Fachmann in der Heilkunde für seelisch und nervlich Kranke. Die Bonhoeffers hatten acht Kinder – Dietrich war das sechste. Als der Vater als Professor an die Universität Berlin und in die Leitung der Charité, der Universitätsklinik, berufen wurde, zog die Familie von Breslau nach Berlin. Dort wuchs der kleine Dietrich auf, in einem vornehmen Haus im Grunewald, das mitten in einem »Professorenviertel« lag. Die Bonhoefferkinder waren jeden Tag mit den anderen Gelehrtenkindern zusammen: Sie spielten und wanderten mit ihnen, lasen und musizierten gemeinsam, und schon früh kam in Dietrich der Wunsch auf, Theologie zu studieren und Pfarrer zu werden.

Nach dem Abitur ging Bonhoeffer zunächst nach Thüringen, studierte dann eine Zeit lang in Rom, arbeitete als Praktikant in Barcelona, ging für ein Jahr nach New York und beendete schließlich sein Studium in Berlin. 1931 begann er seine Lehrtätigkeit an der Universität; im selben Jahr wurde er für das Amt des evangelischen Pfarrers ordiniert.

In jenen Jahren waren die meisten Menschen in Deutschland unglücklich und unzufrieden. Deutschland hatte den Ersten Weltkrieg verloren, musste alle überseeischen Kolonien abgeben und, in Europa, viele Grenzgebiete an die deutschen Nachbarstaaten abtreten. Die Kriegsschulden gingen ins Unermessliche, Industrieanlagen wurden abmontiert und in die Siegerstaaten gebracht, die Wirtschaft lag am Boden, sodass man für einen einzigen amerikanischen Dollar mehr als 2 Billionen deutsche Reichsmark bezahlen musste; in sechs Millionen Familien waren die Männer arbeitslos. Viele Politiker und politische Parteien bemühten sich um Abhilfe. Schließlich wählten die meisten Deutschen die Nationalsozialistische Deutsche Arbeiter Partei, die NSDAP, deren Vorsitzender Adolf Hitler war. Er versprach, das Volk aus dem Massenelend herauszuführen und das darniederliegende, verachtete Deutschland wieder zu Ansehen und Weltruhm zu führen. Die Leute glaubten ihm. In wenigen Monaten stieg die Zahl der Abgeordneten der NSDAP im Deutschen Reichstag zu Berlin von 12 sprunghaft auf 107 und am 30. Januar 1933 wurde Hitler Reichskanzler.

Knapp einen Monat im Amt, erließ er ein Gesetz, das er »Verordnung zum Schutz von Volk und Staat« nannte. Mit diesem Gesetz riss er alle Macht an sich und machte sich zum Alleinherrscher über

Deutschland. Ähnlich wie im faschistischen Italien (wo der Staatschef sich nicht mehr nur mit seinem Namen, sondern mit dem Titel Duce anreden ließ) und ähnlich wie im faschistischen Spanien (wo der Staatschef überall Generalissimus hieß), ließ er sich von nun an voller Stolz der *Führer* nennen. Aus den Schulen wurden die Kreuze entfernt und durch Führer-Bilder ersetzt; der Unterricht begann nicht mehr, wie bis dahin üblich, mit einem Gebet, sondern mit dem sogenannten Deutschen Gruß. Auch wer das Postamt oder einen einfachen Gemüseladen betrat, durfte nicht mehr »Guten Tag« sagen, sondern musste »Heil Hitler!« rufen. Wenn die Kolonnen der NSDAP in ihren braunen Uniformen durch die Straßen marschierten, musste man stehen bleiben, sich ihnen zuwenden, den rechten Arm heben und, so lautete die Vorschrift, die Fahne grüßen. Die politischen Parteien wurden verboten, die Demokratie wurde zerschlagen und in eine Diktatur umgewandelt. Die Hitlerpartei bestimmte, was in den Schulen und an den Universitäten gelehrt, was in den Zeitungen gedruckt, im Rundfunk gesendet und in Filmen dargestellt werden musste; Bücher von unliebsamen Schriftstellern wurden öffentlich verbrannt; Bilder, die Hitler nicht verstand, wurden als »entartete Kunst« aus den Museen entfernt. Wer es wagte, die Partei oder die Regierung oder gar Hitler selbst zu kritisieren, wurde zum Volksverräter erklärt und in ein KZ, ein Konzentrationslager gesperrt. Am schlimmsten erging es den Juden; sie gehörten einer minderwertigen Rasse an, hieß es in den Schulbüchern und Tageszeitungen, in Versammlungen und Rundfunkansprachen, sie sind Untermenschen, ihnen allein haben wir das ganze Elend, das über Deutschland hereingebrochen ist, zu verdanken. »Die Juden sind unser Unglück!«, erklärte Hitler, sie müssen vernichtet werden. Wenn im Radio eine Hitlerrede übertragen wurde, mussten die Leute in den Fabriken und Büros ihre Arbeit unterbrechen und sich in einer Halle zum Zuhören versammeln. Sie ließen sich von seinen Reden hinreißen: Viele pöbelten auf der Straße jüdische Männer und Frauen an und verschmierten die Wände und Schaufenster ihrer Geschäfte mit Hetzparolen. Einmal, in der später so genannten Reichskristallnacht, stürmten sie die Synagogen, brannten sie nieder und zerstörten ihre heiligen Geräte und frommen Bücher.

Dietrich Bonhoeffer gehörte zu den wenigen, die schon sehr früh erkannten, dass Hitler in seinem Wahn zwei Ziele verfolgte: in einem Krieg weite Teile Europas bis hinein in die russische Ukraine zu erobern – und überall da, wo die deutschen Armeen hinkämen, die verhassten Juden gnadenlos auszurotten. In den ersten Tagen der Hitlerdiktatur druckte und verbreitete Bonhoeffer einen Aufsatz mit der Überschrift: *Die Kirche vor der Judenfrage.* Darin hieß es: »Führer, die zum Verführer werden und sich wie ein Gott verehren lassen, verspotten Gott!« Er beschwor die Christen, allen beizustehen, die unter den nationalsozialistischen Gesetzen zu leiden haben, »auch wenn sie nicht der christlichen Gemeinde zugehören« – den Juden. Er verglich die Machtpolitik Hitlers mit einem eisernen Rad, das sich über die Menschen hinwegwälzte. Wir dürfen, so schrieb er, nicht tatenlos zusehen und nur die Wunden derer verbinden, über die »das Rad« hinwegrollt, sondern wir müssen »dem Rad selbst in die Speichen fallen. Ein Christ, der nicht aufsteht und aufschreit gegen das Unrecht, das den Juden angetan wird«, sagte er, dürfe nicht sonntags in die Kirche gehen und im Gottesdienst beten und fromme Lieder singen. Bonhoeffer sah, wie Hitler schon ein Jahr nach seiner Machtergreifung begann, für den Zweiten Weltkrieg zu rüsten. Er rief die Kirchen auf, zusammenzustehen, »den Söhnen der Völker die Waffen aus der Hand zu nehmen, den Krieg zu verbieten und den Frieden Christi auszurufen über die rasende Welt. Die Stunde eilt«, schrieb er, »die Welt starrt in Waffen, die Kriegsfanfare kann schon morgen geblasen werden – worauf warten wir noch? Wollen wir mitschuldig werden?« Und wirklich: Jeden Tag wurden im Rundfunk die Kriegsfanfaren geblasen. »Von Finnland bis zum Schwarzen Meer«, hieß das großspurige Kampflied, das nach jeder Nachrichtensendung ertönte, »vorwärts, vorwärts nach Osten, du stürmend' Heer! Freiheit das Ziel, Sieg das Panier! Führer befiehl, wir folgen dir!« Der Zweite Weltkrieg hatte begonnen.

Bonhoeffer und einige gleichgesinnte Freunde hatten sich unterdessen einem Kreis mutiger Männer angeschlossen, die sich heimlich verschworen hatten, Widerstand gegen Hitler zu leisten, ein Attentat auf ihn vorzubereiten und ihn zu töten. Zu dem Kreis der Verschwörer gehörte ein Admiral, Wilhelm Canaris, der in der Hitlerregierung ein wichtiges Amt innehatte. Er arbeitete »zuverlässig« und geschickt; seine Vorgesetzten ahnten nicht, dass er insgeheim ein erbitterter Gegner Hitlers war. Canaris nahm seinen Freund Dietrich Bonhoeffer als Mitarbeiter in sein Amt auf und schickte ihn ins Ausland, wo er – angeblich – für Hitler und seine Politik um Sympathien werben sollte. In Wirklichkeit tat Bonhoeffer das Gegenteil: Er reiste in die

Schweiz und brachte mit Wissen von Canaris eine Gruppe verfolgter Juden über die Grenze; er fuhr mit amtlichem Pass und diplomatischen Papieren unbehelligt nach Schweden und nach Norwegen, in die USA und nach Italien und ein zweites und drittes Mal in die Schweiz; überall, wohin er kam, unterrichtete er verlässliche Männer, vor allem Männer der Kirche, über die Arbeit der deutschen Untergrund-Gruppen. Während der letzten dieser Reisen wurde ein Mitglied des Verschwörerkreises von Hitlers Geheimer Staatspolizei gefasst. Man fand bei ihm verdächtige Aufzeichnungen, in denen Namen der Verschwörer vorkamen. Auch der Name Bonhoeffer war dabei. Bei seiner Rückkehr aus dem Ausland wurde er verhaftet, später auch Wilhelm Canaris, dessen zwielichtige Arbeit man inzwischen durchschaut hatte. Dietrich Bonhoeffer wurde in das Militärgefängnis von Berlin-Tegel eingeliefert.

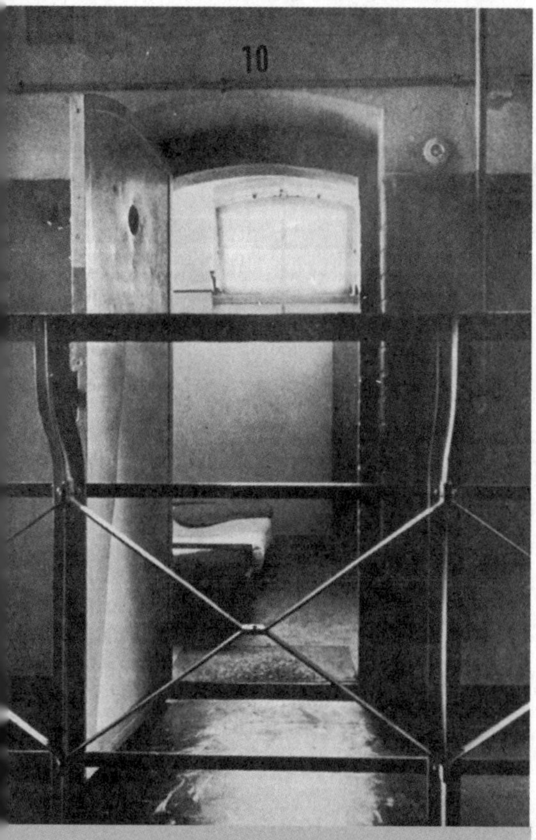

In seiner Zelle im Gefängnis Tegel schrieb Bonhoeffer Briefe, Gedichte, Gebete und theologische Abhandlungen, die manchmal von einem wohlgesonnenen Wärter hinausgeschmuggelt wurden.

Ein Onkel von Bonhoeffer, Generalleutnant von Hase, war in diesen Tagen militärischer Stadtkommandant von Berlin. Er gehörte, was niemand wusste, zum Kreis der Verschwörer gegen Hitler. Von Hase konnte erreichen, dass seinem Neffen Dietrich die Haft in Tegel erleichtert und sein Prozess immer wieder hinausgeschoben wurde. Bonhoeffer durfte Bücher lesen und schrieb insgesamt 50 Briefe, meist an seine Verlobte, Maria von Wedemeyer. Die Briefe wurden von wohlwollenden Aufsehern hinausgeschmuggelt und sind nach dem Krieg in dem Buch *Widerstand und Ergebung* veröffentlicht worden. In den Briefen finden sich wichtige theologische Abhandlungen, aber auch Gebete und Gedichte; das bekannteste beginnt mit den Zeilen, die er in der Silvesternacht 1944 zum Trost für seine Angehörigen verfasst hat. Sie zeugen davon, wie sehr er sich in seiner Einsamkeit und Unfreiheit verbunden wusste mit seinem mit-leidenden Gott:

Von guten Mächten wunderbar geborgen,
erwarten wir getrost, was kommen mag.
Gott ist mit uns am Abend und am Morgen
und ganz gewiss an jedem neuen Tag.

Während Bonhoeffer im Tegeler Gefängnis saß, wagte General von Stauffenberg mit einigen Getreuen am 20. Juli 1944 das lange geplante Attentat auf Hitler. Er zündete eine Bombe, doch das Attentat schlug fehl: Hitler kam mit dem Leben davon. Die Attentäter und 190 ihrer Mitverschworenen, darunter auch Generalleutnant von Hase, wurden zum Tode verurteilt und hingerichtet. Bonhoeffer wurde von Tegel in das Lager Buchenwald, wenig später in das KZ Flossenbürg gebracht. Kurz vor dem Tage, an dem Deutschland vor den Befreiungsarmeen Russlands, Frankreichs, Englands und den USA kapitulierte und Hitler in den Trümmern seines Berliner Bunkers Selbstmord beging, wurde Dietrich Bonhoeffer, zusammen mit Admiral Canaris und einigen anderen Freunden, im KZ Flossenbürg ermordet. Sein Leichnam wurde verbrannt. Später schrieb der Lagerarzt:

»Am Morgen des 9. April 1945, etwa zwischen 5 und 6 Uhr, wurden die Gefangenen aus den Zellen geführt und die kriegsgerichtlichen Urteile verlesen. Durch die halb geöffnete Tür im Barackenhaus sah ich vor der Ablegung der Häftlingskleidung Pastor Bonhoeffer in innigem Gebet mit seinem Herrgott knien. Die hingebungsvolle und erhörungsgewisse Art des Gebetes dieses außerordentlich sympathischen Mannes hat mich auf das Tiefste erschüttert. Auch an der Richtstätte selbst verrichtete er noch ein kurzes Gebet und bestieg dann mutig und gefasst die Treppe zum Galgen. Der Tod erfolgte nach wenigen Sekunden. Ich habe in meiner fast 50-jährigen ärztlichen Tätigkeit kaum je einen Mann so gottergeben sterben sehen.«

Hans Scholl

Mit Flugblättern gegen die Diktatur

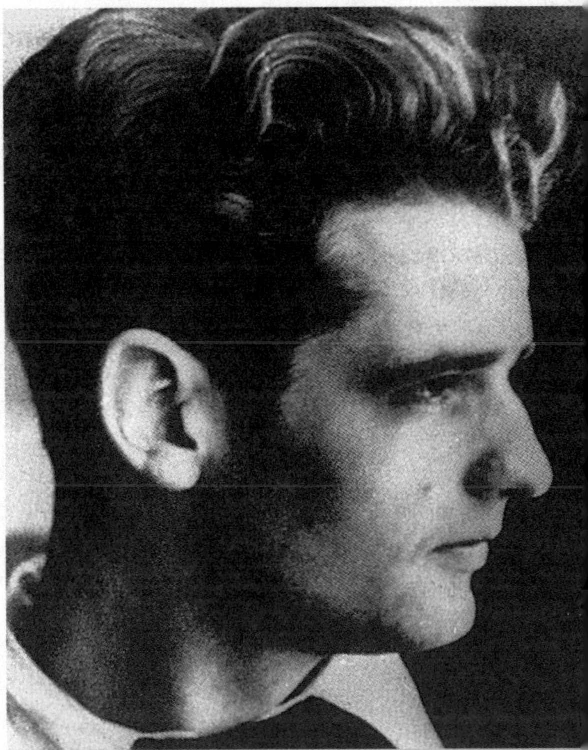
Hans Scholl war der führende Kopf in der studentischen Untergrundbewegung »Die weiße Rose«, die unter der Hitlerdiktatur mit Flugblättern zum Widerstand aufrief.

Die zwölf Jahre von 1933 bis 1945 waren wohl die dunkelsten Jahre des Jahrhunderts, das im Jahre 2000 zu Ende gegangen ist; wahrscheinlich waren es sogar die grauenvollsten, die es je in der Geschichte Deutschlands gegeben hat. Adolf Hitler, dem die Deutschen in Wahlen und Volksabstimmungen zur Macht verholfen hatten, versprach, Deutschland zu einem Großdeutschen Reich zu machen, wie er es nannte. Alle alten Grenzen sollten gesprengt werden, das Großdeutsche Reich sollte sich bis an die Ränder Asiens und bis in die Ukraine hinein erstrecken. Sein Reich, so kündete er in der Pose eines Propheten an, werde tausend Jahre bestehen; in seinem Reich, so lauteten seine hundertmal wiederholten Versprechungen, würden Frieden und Freiheit herrschen, keiner werde hungern und frieren müssen, jeder sollte Arbeit und Brot haben. Hitlers Anhänger waren von den Reden des Führer begeistert. »Wir werden weitermarschieren«, sangen sie, wenn sie in ihren braunen Uniformen durch die Städte zogen, »wenn alles in Scherben fällt, denn heute gehört uns Deutschland, und morgen die ganze Welt!« Dann sangen sie weiter: »Und stürzt auch vor uns in Trümmern die ganze Welt zuhauf, das soll uns den Teufel kümmern: Wir bauen sie wieder auf!« Den Gegnern drohten sie: »Was sich uns entgegenstellt, machen wir zunichte!« Die Zehnjährigen taten es den Großen nach und sangen: »Wir marschieren für Hitler durch Nacht und durch Not mit der Fahne der Jugend für Freiheit und Brot!«

Hitler war ein Mann, der gewillt war, über Leichen zu gehen, um seine Ziele zu erreichen. Und – er ging über Leichen: Sechs Millionen Juden ließ er ausrotten, weil die Deutschen in seinen Augen Herrenmenschen, die Juden aber Untermenschen, ja, Ungeziefer waren. Sinti und Roma, die man damals noch Zigeuner nannte, ließ er zu Tausenden einkerkern, quälen und töten, Zeugen Jehovas wegen ihres Glaubens festnehmen, Homosexuelle in Lagern zu Grunde gehen, weil sie eine andere Einstellung zu Sexualität und Partnerschaft hatten als die, die er für einzig richtig hielt. Er entfesselte den Zweiten Weltkrieg, der von 1939 bis 1945 dauerte und an dessen Ende man 55 Millionen Tote zählte, Soldaten und wehrlose Zivilisten. Die meisten von ihnen waren Russen und Polen; mehr als eine Million Jugoslawen, mehr als eine Million Japaner mussten sterben. In allen Ländern, die von Hitlers Machtpolitik in den Weltkrieg hineingezogen worden sind, künden noch heute die großen Soldatenfriedhöfe von den Schrecken dieser Zeit.

Auch vier Millionen Deutsche, die jahrelang freudig mit Fahnen und Fanfaren, mit Trommeln und wüsten Kampfgesängen für Hitler auf die Straße gegangen waren, mussten an den Kriegsfronten oder in der zerbombten Heimat für seine Wahnsinnsidee ihr Leben lassen. Nur ganz wenige lehnten sich gegen ihn auf; sie wurden denunziert und gejagt, wurden gefangen und in Konzentrationslagern zum Schweigen gebracht, wurden in ungerechten Prozessen zum Tode verurteilt, geköpft, gehenkt, erschossen. Einer von ihnen war der Medizinstudent Hans Scholl.

Hans Scholl wurde am 22. September 1918 in Innersheim an der Jagst geboren; später zog er mit seiner Familie nach Ulm, wo er seine Jugendzeit verbrachte. Als Hitler an die Macht kam, war er etwas mehr als vierzehn Jahre alt. Zusammen mit seiner Schwester Sophie Scholl trat er in die Hitlerjugend ein; schon bald trug er eine rot-weiß geflochtene Führerschnur auf der Uniform. Man übertrug ihm das Kommando über 60 jüngere »Pimpfe« (wie die Jungen mit der braunen Uniform und dem schwarzen Halstuch der Hitlerjugend hießen) und er durfte sich Fähnleinführer nennen. Stolz marschierte Hans Scholl an ihrer Spitze, wenn sie singend durch die Ulmer Innenstadt zogen. An manchen Sommerwochenenden lebte er mit seinen Pimpfen im Zeltlager und machte mit ihnen in den Wäldern Kriegsspiele. Weil Hans stets tadellos und eifrig seinen Dienst tat, durfte er mit Sechzehn auf dem sogenannten Reichsparteitag zu Nürnberg die Hakenkreuzfahne tragen und an Hitler vorbeimarschieren.

Wie die meisten Jungen und Mädchen ihres Alters durchschauten Hans und Sophie nicht, was Hitler im Schilde führte. Wenn sie im Kino die großen Aufmärsche der braunen Kolonnen sahen, die pathetischen Heldenfeiern in München oder die fröhlichen Erntedankfeste auf dem Bückeberg in Niedersachsen, wenn sie die mitreißenden vaterländischen Reden des Führers und den tosenden Beifall seiner Anhänger im Radio hörten, schlug ihnen das Herz höher. Sie waren stolz, in der HJ, der Hitlerjugend zu sein und mit Hunderttausenden anderen deutschen Jungen und Mädchen das Hitlerjugendlied singen zu dürfen: »Unsre Fahne flattert uns voran, unsre Fahne ist die neue Zeit, unsre Fahne führt uns in die Ewigkeit, unsre Fahne ist mehr als der Tod!« Sie konnten nicht verstehen, dass ihre Eltern ihre Begeisterung nicht teilten und über das, was sie redeten und taten, missbilligend den Kopf schüttelten.

Mit Zeltlagern und »Geländespielen« wurden die Jungen und Mädchen angelockt, der Hitler-Jugend beizutreten. Schon früh wurden sie zu treuen Gefolgsleuten Hitlers gemacht.

Da kam – man muss sagen: über Nacht – die Wende. Hans saß, wie so oft, mit seinen Jungen am Lagerfeuer und sang ihnen Lieder aus Polen und Litauen, aus Ungarn und Russland vor. Er erklärte ihnen, wie schön und wertvoll nicht nur die deutschen, sondern auch die fremden Volkslieder seien, und was für eine alte, große Kultur die Menschen hätten, die sie gedichtet und gesammelt haben. Da kam ein höherer Hitlerjugendführer dazu und hörte, was Hans Scholl gerade über die Kultur fremder Völker sagte. Zornig riss er ihm die Gitarre aus der Hand und schrie: »Alle diese Völker bestehen aus Idioten und Schwachsinnigen! Nur das deutsche Volk hat das, was du hohe Kultur nennst. Ich verbiete dir ab sofort und für alle Zukunft, noch einmal solche entarteten Lieder zu singen!«

»Aber sind nicht auch …«, wollte Hans Scholl erwidern. Doch der Führer brüllte ihn an: »Maul halten! Keine Widerrede!« Dann sah er seinen Rucksack liegen und hob ihn auf. »Aufmachen!«, sagte er. »Los! Vorzeigen, was du da drin hast!« Hans musste seinen Rucksack ausleeren. »Aha«, sagte der Führer hämisch. »Was muss ich sehen? Jetzt weiß ich, woher du deine Weisheiten über die Russen und Polacken und all das andere niedere undeutsche Gesindel beziehst: Tucholsky! Kafka! Heinrich Heine! Arthur Schnitzler! Lauter verbotene Bücher, lauter Bücher von Drecksjuden, lauter Bücher von elenden Schreiberlingen, die sich nicht zu den Ideen unseres Führers und Reichskanzlers Adolf Hitler bekennen!« Er packte die Bücher unter seinen Arm und nahm sie mit, um sie bei seinen Vorgesetzten abzuliefern.

In der Nacht konnte Hans nicht schlafen. Nach und nach begann er zu begreifen, dass alles, was Hitler über Volk und Vaterland, über Menschenwürde und Recht, über Ehre und Freiheit sagte, aus nichts als Lügen bestand. Als die Zeltlagerwoche zu Ende war, ging er auf das Ulmer HJ-Büro, knüpfte seine Führerschnur ab und gab sie an seinen zuständigen Vorgesetzten zurück. Dann sprach er mit seinem Vater über den Vorfall und die Entscheidung, die er getroffen hatte. Der Vater sagte: »Du hast Recht, Junge. Wir sind Menschen, die ihre freie Meinung und ihren eigenen Glauben haben dürfen. Eine Regierung, die an diese Dinge rührt, hat keinen Funken Ehrfurcht vor der Würde des Menschen. Ehrfurcht vor dem Menschen aber ist das Erste, das wir von einer Regierung erwarten müssen.«

Hans Scholl, der anfangs begeistertes Mitglied der HJ war, durfte auf dem Reichsparteitag zu Nürnberg die Hakenkreuzfahne tragen. Es dauerte eine Zeit, bis er Hitlers verbrecherische Pläne durchschaute und zum Widerstand gegen ihn aufrief.

Inzwischen war Hans Scholl von Ulm nach

München umgezogen; einige Zeit später folgte Sophie, seine drei Jahre jüngere Schwester, ihm nach und begann an der Ludwig-Maximilians-Universität Biologie und Philosophie zu studieren. Hans wollte Arzt werden und hatte gleich nach seiner Ankunft das Medizinstudium aufgenommen. Weil der Krieg ausgebrochen war, musste er in einer sogenannten Studentenkompanie Dienst tun. So war er halb Soldat und halb Student, lebte zeitweise in der Kaserne und zeitweise in der Universitätsklinik. An der Uni schloss er Freundschaft mit einigen gleichgesinnten Studenten, mit Willi Graf, mit Alexander Schmorell und Christoph Probst, sowie mit seinem Lehrer, Professor Dr. Kurt Huber. Sie trafen sich oft und überlegten, wie man dem menschenunwürdigen Treiben Hitlers Widerstand entgegensetzen könnte.

Eines Morgens fand Hans Scholl ein Flugblatt, das ein Unbekannter nachts in seinen Briefkasten gesteckt hatte. Das Flugblatt enthielt Teile einer Predigt, die der Bischof von Münster, Kardinal Clemens August Graf von Galen, im Dom gehalten hatte. Hans zog sich in ein Versteck zurück und las, was der mutige Bischof gesagt hatte. »Wir sehen und erfahren jetzt deutlich«, las er, »was hinter den neuen Lehren steht, die man uns seit einigen Jahren aufdrängt: abgrundtiefer Hass gegen das Christentum, das man ausrotten möchte. Seit einigen Monaten«, stand in dem Flugblatt, »hören wir Berichte, dass, auf Anordnung von Berlin, aus Heil- und Pflegeanstalten für Geisteskranke Pfleglinge, die schon länger krank sind und vielleicht unheilbar erscheinen, zwangsweise abgeführt werden. Regelmäßig erhalten dann die Angehörigen nach kurzer Zeit die Mitteilung, der Kranke sei verstorben, die Leiche sei verbrannt, die Asche könne abgeholt werden. Allgemein herrscht der an Sicherheit grenzende Verdacht, dass diese zahlreichen unerwarteten Todesfälle von Geisteskranken nicht von selbst eintreten, sondern absichtlich herbeigeführt werden, dass man dabei jener Lehre folgt, die behauptet, man dürfe so genanntes unwertes Leben vernichten, also unschuldige Menschen töten, wenn man meint, es sei für Volk und Staat nichts mehr wert. Eine furchtbare Lehre!« Dann fügte der Kardinal hinzu: »Das ist unser Kampfmittel: starkes, zähes, hartes Durchhalten! Hart werden! Fest bleiben!«

Hans Scholl faltete das Flugblatt zusammen und steckte es sorgsam in seine Jackentasche. Als er am Nachmittag seine Freunde traf, las er es ihnen vor. »Endlich hat einer den Mut, offen zu sprechen!«, riefen sie begeistert, und Hans sagte: »Das müssten viele hören, das müssten viele lesen! Man müsste einen Vervielfältigungsapparat haben, um das Flugblatt mit der Predigt des Bischofs von Münster und vielleicht auch noch andere aufklärende und Mut machende Texte verbreiten zu können.«

Von diesem Tage an ließ ihn die Idee mit dem Vervielfältigungsapparat nicht mehr los. Nach langem Suchen und Herumfragen gelang es ihm, einen alten Apparat aufzutreiben. Er reparierte ihn, richtete ihn her und versteckte ihn im Atelier eines Künstlers, mit dem er befreundet war. Dann begann er mit Sophie die gefährlichste Arbeit seines Lebens – die ihn und seine Schwester und vier seiner Freunde eines Tages den Kopf kosten würde.

Den Text für das erste Flugblatt, das er auf seinem Vervielfältigungsapparat verfasste, schrieb er selbst. Der Text begann mit den Worten: »Nichts ist eines Kulturvolkes unwürdiger, als sich ohne Widerstand von einer verantwortungslosen und dunklen Trieben ergebenen Herrschergruppe regieren zu lassen. Ist es nicht so, dass sich jeder ehrliche Deutsche heute seiner Regierung schämt? Und wer von uns ahnt die Schmach, die über uns und unsere Kinder kommen wird, wenn einst der Schleier von unseren Augen gefallen ist und die grauenvollsten und jegliches Maß unendlich überschreitenden Verbrechen ans Tageslicht treten?« Dann prangerte er, wie es schon Kardinal von Galen getan hatte, die Gräuel an, die von den Schergen Hitlers verübt wurden. »Leistet Widerstand!«, schrieb er, »wo immer ihr seid! Verhindert das Weiterlaufen dieser gottlosen Kriegsmaschine, ehe es zu spät ist, ehe die letzten Städte Trümmerhaufen sind, ehe die letzten jungen Männer irgendwo für die Überheblichkeit eines Untermenschen verblutet sind!« Als Verfasser des Flugblatts gab Hans Scholl, für sich selbst und Sophie und die Freunde Graf, Schmorell und Huber den Decknamen *Die Weiße Rose* an. Unten auf den Rand des Flugblattes schrieb er: »Wir bitten Sie, dieses Blatt möglichst oft abzuschreiben und weiter zu verteilen.«

Bald folgte ein zweites Flugblatt, in dem Die Weiße Rose über die Ermordung von dreihunderttausend Juden und von zahlreichen nichtjüdischen Studenten in Polen berichtete. »Warum verhält sich das deutsche Volk all diesen scheußlichen und menschenunwürdigsten Verbrechen gegenüber so gleichgültig? Kaum irgendjemand macht sich Gedanken darüber! Die Tatsachen werden hingenommen und vergessen. Und wieder schläft das deutsche Volk seinen stumpfen, blöden Schlaf weiter und gibt den faschistischen Verbrechern Mut und Gelegenheit, weiter zu wüten.« Verbittert fügte Hans Scholl, der auch den Text zu diesem zweiten Flugblatt im Namen der Weißen

Rose verfasst hatte, hinzu: »Bis zum Ausbruch des Krieges war der größte Teil des deutschen Volkes geblendet; die Nationalsozialisten zeigten sich noch nicht in ihrer wahren Gestalt. Doch jetzt, da man sie erkannt hat, muss es die einzige und höchste Pflicht, ja die heiligste Pflicht eines jeden Deutschen sein, diese Bestien zu vertilgen!«

Es war nicht leicht, die Flugblätter, abwechselnd von Scholl, Graf, Schmorell und Huber verfasst, unter die Leute zu bringen. Überall lauerte die GESTAPO, die Geheime Staatspolizei, mit ihren Spitzeln. Wem es damals gelang, sich eine ausländische Zeitung zu verschaffen und dabei ertappt wurde, dass er sie las und weitergab, wurde verhaftet, verurteilt, gefoltert, getötet. Wer heimlich in der Nacht die deutschsprachigen Nachrichtensendungen des Britischen Rundfunks abhörte, verschwand in den Gestapogefängnissen. Wer in der Kneipe die Hitlerpartei nicht »die Nationalsozialisten« nannte, sondern »die Nazis« sagte, wurde sogleich vom Wirt oder von einem harmlos tuenden Skat- oder Kegelbruder angezeigt und meist noch auf dem Nachhauseweg überfallen und verprügelt. Wer einen politischen Witz erzählte, in dem Hitler lächerlich gemacht wurde, landete in einem dem KZ zugehörigen Arbeitslager, wo er sich, wenn er nicht von robuster Gesundheit war, zu Tode schuftete. Und wer erst recht, wie es Hans Scholl in seinen Flugblättern tat, sagte, dass die deutschen Städte zu Trümmerhaufen würden und dass der Krieg nicht mehr zu gewinnen sei, der wurde »wegen Zersetzung der Wehrkraft« als Volksschädling und Vaterlandsverräter aufgehängt oder geköpft. Obwohl jeder die Gefahr kannte, gelang es der Weißen Rose immer wieder, Helfer zu finden, die bei Nacht und Nebel in Kartons und Koffern die lebensgefährlichen Schriften an Orte schafften, an denen Studenten bereitstanden, um sie nach Frankfurt und Stuttgart, nach Freiburg und Mannheim, nach Saarbrücken und Karlsruhe, nach Köln und Hamburg zu bringen. Einige Flugblätter gelangten sogar – über sorgfältig ausgesuchte Boten – bis nach Russland, zu den Soldaten an die Front. Alles ging gut, überall las man heimlich die Flugblätter der Weißen Rose, in Unruhe und Erregung, dankbar und hoffnungsfroh. Man gab sich zwar nicht der Illusion hin, aus dem Untergrund heraus und ohne Waffen den gewaltigen Machtapparat des Hitlerregimes eines Tages stürzen zu können; was die Geschwister Scholl und ihre Freunde und was die jungen Männer, die sich über die Flugblätter mit ihnen verbunden fühlten, einzig wollten, war: Sie wollten durch passiven Widerstand dem Diktator und seinen gewissenlosen Helfern zeigen, dass nicht alle Deutschen mit der nationalsozialistischen Politik

In einem Kampflied der NSDAP hieß es: »Und stürzt auch vor uns in Trümmern die ganze Welt zuhauf, das soll uns den Teufel kümmern: Wir bauen sie wieder auf!« – Foto der zerbombten Innenstadt von Stuttgart 1945.

einverstanden waren. Auch im Ausland erfuhr man durch geheime Kanäle davon, dass es in Deutschland Widerstand gab. Doch so sehr man die mutigen Widerständler achtete: Unterstützung aus dem Ausland gab es nicht. Später, nach dem Ende des Krieges und dem Untergang des »Tausendjährigen« Hitlerreiches, sagte Sir Winston Churchill, der damalige Staatschef von England, über die Weiße Rose und die anderen deutschen Widerstandskämpfer: »In Deutschland lebte eine Opposition, die zum Edelsten und Größten gehörte, das in der politischen Geschichte aller Völker je hervorgebracht wurde. Sie kämpften, ohne Hilfe von innen und außen, einzig getrieben von der Unruhe ihres Gewissens. Solange sie lebten, waren sie für uns unerkennbar, da sie sich tarnen mussten. Aber an den Toten ist der Widerstand sichtbar geworden.«

Eines Abends sagte Hans zu seiner Schwester: »Ich habe eine tolle Überraschung für dich! Wenn du morgen durch die Ludwigstraße zur Universität gehst, wirst du staunen!« Schon früh machte Sophie sich auf den Weg zur Universität. Und wirklich, sie musste vor Staunen den Atem anhalten: Siebzigmal war im Abstand von jeweils einigen Metern mit weißer Farbe quer über den Bürgersteig und über die Straße geschrieben: »Nieder mit Hitler!«, immer wieder: »Nieder mit Hitler!« Und am Eingang zur Uni stand über dem Portal in großen, unübersehbaren Buchstaben das Wort FREIHEIT. Hans und seine Freunde hatten ganze Arbeit geleistet: Sie hatten wasserfeste Farbe gekauft; den ganzen Vormittag über versuchten russische Zwangsarbeiterinnen, die man rasch aus der Fabrik geholt hatte, die weiße Schrift abzuwaschen – es ging nicht. Schließlich musste man das Geschriebene mit Packpapier überkleistern.

In den Tagen nach diesem waghalsigen Coup, über den man in

ganz München sprach – oft mit unterdrücktem schadenfrohen Lachen, mehr aber noch in Angst vor Vergeltungsmaßnahmen der Nazibehörden – hatten Professor Huber und Hans Scholl ein weiteres Flugblatt verfasst, in dem die Weiße Rose sich direkt an die Studenten der Ludwig-Maximilians-Universität wandte und sie zu Empörung und passivem Widerstand aufrief. Während draußen auf der Ludwigstraße die Putzkolonne noch immer nicht damit fertig war, die Spuren der Anti-Hitler-Parolen wegzuwischen und abzukratzen, packten die Geschwister Scholl – es war der 18. Februar 1943 – die frisch gedruckten neuen Flugblätter in zwei Koffer, um sie in der Universität zu verteilen. Sie lauschten an den Türen der Hörsäle, und als sie merkten, dass die Vorlesungen zu Ende gingen, legten sie die Flugblätter draußen in den Fluren, an den Treppen und auf den Fensterbänken aus. Die Studentinnen und Studenten kamen schon aus den Vorlesungsräumen; da stiegen die beiden hastig hinauf ins zweite Stockwerk und schütteten den Rest aus ihren beiden Koffern hinunter in die Eingangshalle. Während die verdutzten Studenten noch die Flugblätter aufhoben und lasen, schrillte die Alarmglocke. Der Hausmeister hatte Hans und Sophie beobachtet, alle Ausgangstüren abgeschlossen und übers Telefon die Gestapo herbeigerufen.

Zwanzig Minuten später saßen die Geschwister – zusammen mit Christoph Probst, den man ebenfalls festgenommen hatte – im Gefängnis. Die Verhöre waren quälend lang, der Prozess war kurz: Hans und Sophie Scholl, Christoph Probst und kurze Zeit später auch Alexander Schmorell, Willi Graf und Kurt Huber wurden zum Tode verurteilt. Alle wurden mit dem Fallbeil hingerichtet. Als Hans Scholl auf die Guillotine steigen und das Haupt auf den Richtblock legen musste, rief er, dass man es bis draußen über die Mauern des Gefängnisses auf der Straße hörte: »Es lebe die Freiheit!«

Janusz Korczak

Leben und Sterben mit den jüdischen Kindern in Warschau

Der jüdische Arzt Janusz Korczak trat engagiert für die Rechte der Kinder in der Welt der Erwachsenen ein: »Jedes Kind hat das Recht, so zu sein, wie es ist.«

Im Jahre 1878 (vielleicht auch 1879) wurde in Warschau ein Kind mit Namen Henryk Goldszmit geboren. Der Vater war ein angesehener Rechtsanwalt; die Mutter erzog den kleinen Henryk - zusammen mit seiner Schwester Anna - zu einem gesitteten, braven Knaben. Warschau gehörte damals zum Reich des russischen Zaren, doch die Familie Goldszmit war stolz, trotz der russischen Herrschaft eine patriotisch gesonnene polnische Familie geblieben zu sein, und stolz darauf, im überwiegend katholischen Polen dem alten jüdischen Glauben anzugehören.

Nach seiner unbeschwerten und glücklichen Kindheit musste Henryk als heranwachsender junger Mann etwas sehr Schlimmes erleben: Sein Vater war ein heimlicher Glücksspieler geworden: Er verlor viel Geld, verlor sein ganzes Vermögen und verspielte schließlich das schöne vornehme Haus, in dem sie wohnten. Die ehedem so reiche und angesehene Familie Goldszmit musste in eine kärgliche Mietwohnung ziehen; der Vater sank mehr und mehr in den Wahnsinn und starb schließlich in einer Irrenanstalt.

Henryk war zu dieser Zeit siebzehn Jahre alt. Er besuchte in Warschau das Gymnasium. An den Nachmittagen musste er Nachhilfeunterricht erteilen; bis in den Abend hinein verrichtete er kleine Nebenarbeiten, um die Mutter finanziell zu unterstützen. Er begann,

Zeitungsartikel zu schreiben, und eines Tages hatte er Glück: Eine Zeitschrift veranstaltete einen Wettbewerb und Henryk schickte ein Theaterstück ein – das er aber nicht mit seinem richtigen Namen, sondern mit Janusz Korczak unterschrieb. Das Stück wurde angenommen und mit einem Preis ausgezeichnet. Es hieß: *Wo entlang?* Der Text ist leider verloren gegangen; den Namen Janusz Korczak aber behielt Henryk von nun an bei. Nur später, als er Medizin studiert hatte und in Warschau ein bekannter und bei den Leuten beliebter Arzt geworden war, ließ er sich gelegentlich noch Dr. Goldszmit nennen.

Aus dem Jahr 1904, als Korczak sein medizinisches Examen machte, gibt es eine Liste, aus der man ersieht, dass er – kaum 26 Jahre alt – bereits 280 Texte unter dem Namen Janusz Korczak veröffentlicht hatte: Ein Roman ist darunter, mehrere Kurzgeschichten und Anekdoten sind dabei, Aufsätze und Anmerkungen zum politischen Tagesgeschehen und gesellschaftskritische Kommentare in Zeitungen und Zeitschriften. Sein erster Roman, in dem er vom Schicksal verwahrloster Kinder erzählt, hieß *Die Kinder von der Straße;* kurz darauf folgte ein zweiter: *Das Kind des Salons.* Versteckt erzählt er darin von seiner eigenen Kindheit als »Salonkind« reicher Eltern, das erschüttert ist von dem Elend und der Haltlosigkeit der Jugendlichen, die aus den so genannten unteren Schichten kommen und am Rand der Gesellschaft leben müssen. Sein früher Roman ist heute kaum noch jemandem bekannt. Damals jedoch machte das Buch Janusz Korczak zu einem berühmten polnischen Schriftsteller.

Mehrere Male unterbrach Dr. Korczak seine Arbeit als Arzt in Warschau: einmal unfreiwillig, denn er musste als Sanitätsarzt im russischen Heer ein Jahr lang am Krieg teilnehmen, den Russland seinerzeit gegen Japan führte; die drei weiteren Male ging er freiwillig fort, um sich im Ausland umzusehen und weiterzubilden. Zuerst fuhr er nach Berlin. Dort traf er mit vielen Wissenschaftlern, vor allem mit Medizinprofessoren, zusammen, arbeitete in der Universitätsklinik »Charité«, in einem Krankenhaus und einer Nervenheilanstalt, in der seelisch kranke Menschen ärztlich betreut wurden. In Berlin war es denn auch, wo er sich neben der Medizin für die Wissenschaft der Pädagogik zu interessieren begann. Er hospitierte, wie ein junger Student, an Sonderschulen für Lernbehinderte und an Schulen für geistig behinderte Kinder, wo er unter anderem die Methode der Maria Montessori kennen und schätzen lernte. Als er ein Jahr später aus Berlin nach Warschau zurückkehrte, notierte er: »Wer nicht in einer Schule für geistig behinderte, taubstumme oder blinde Kinder gelernt hat, Geduld zu üben und die Grundlagen der Pädagogik zu erlernen, der wird niemals ein guter Lehrer werden können.« – Seine praktische Arbeit in Berlin ergänzte er durch zwei weitere, mehrere Monate dauernde Studienreisen nach Paris und London.

In Warschau gab es Anfang des Jahrhunderts einen Verein, der sich »Hilfe für Waisen« nannte. Wohlhabende Juden hatten den Verein gegründet und ein Haus gekauft, in dem jüdische Kinder, die keine Eltern hatten, untergebracht waren. Der Vorsitzende des Vereins, ein Arzt, der mit Korczak befreundet war, nahm ihn eines Tages mit in das kleine Waisenhaus und zeigte ihm die Räume, in denen die Kinder essen und schlafen und, wenn sie nicht außerhalb des Hauses in der Schule waren, sich aufhalten und spielen konnten. Korczak war von der selbstlosen Arbeit des Vereins so sehr angetan, dass er sich entschloss, seine Arztpraxis aufzugeben und nur noch für Waisenkinder da zu sein. Weil das Haus viel zu klein und auch alt und renovierungsbedürftig war, sammelte er bei den Reichen von Warschau und in der Umgebung Spenden, bis es ihm gelang, in der Krochmalna-Straße 92 ein Grundstück zu kaufen und ein zweistöckiges Gebäude darauf errichten zu lassen. Nach zwei Jahren war es fertig; an der Tür wurde ein Schild angebracht: *Dom Sierot,* zu deutsch: Haus der Waisenkinder. Dr. Korczak wurde vom Verein als Leiter eingesetzt. Im Sommer 1911 zog er mit 100 Waisenkindern in das Dom Sierot ein.

Hundert Kinder! Zwar gab es in der Krochmalna-Straße ein paar Frauen, die für das Wäschewaschen und Kochen, für den Hausputz und die Einkäufe auf dem Markt sorgten; doch um die Erziehung der hundert Waisenkinder kümmerte sich Dr. Korczak ganz allein – von Zeiten abgesehen, wo ihm ausgebildete Mitarbeiterinnen oder ein paar Pädagogikstudentinnen von der Warschauer Universität zur Hand gingen.

Die meisten Kinder waren glücklich, im Dom Sierot ein Zuhause gefunden zu haben; mit ihnen war leicht umzugehen. Manche aber waren aufsässig, gehorchten nicht, machten ständig Lärm und fingen Streit an, wo sie nur konnten. Sie beschädigten die Möbel und zerschlugen, unachtsam oder absichtlich, Tassen und Teller, Trinkbecher und Fensterscheiben. Es wäre ein Leichtes gewesen, diese asozialen Kinder – wie man sie nannte – beim Kragen zu packen, sie zur Stadtverwaltung zu bringen und den Behörden zu übergeben: »Hier, nehmt sie! Die wenigen Zehn machen mir so viel Arbeit, dass ich mich den anderen Neunzig nicht genügend zuwenden kann!« Aber was hätten die Behörden mit ihnen gemacht? Man hätte sie kurzerhand in Häuser für schwer erziehbare Jungen oder Mädchen gesteckt, wo sie unter Zwang und Strafe »gebessert« worden wären – für Janusz Korczak eine unmögliche Vorstellung. Für ihn gab es keine von Grund auf bösen Kinder, wohl aber solche, die nie als Baby gestreichelt worden waren, die nie ein gutes Wort gehört hatten, die immer nur herumgestoßen worden waren. Was sollten sie im Heim anders tun, als durch ihr auffälliges Betragen die Aufmerksamkeit ihres »Vaters« Korczak auf sich zu lenken und vielleicht so seine Liebe zu gewinnen? Wenn um Mitternacht Stille im Haus einkehrte und die weißen und schwarzen Schafe schliefen – meist nach einem schweren, sechzehnstündigen Arbeitstag –, hat Janusz Korczak oft geweint und gebetet und nicht selten hat er sich vorgenommen, am folgenden Morgen seine Arbeit aufzugeben, bei der er so wenig Erfolg sah und so viel Undank erntete. Schon halb im Einschlafen, machte er noch Notizen, in denen er immer wieder die Zweifel an seinem Beruf und die Verzweiflung über seine so geringen Erfolge festhielt.

Als 1914 der Erste Weltkrieg begann, wurde er jäh aus seiner Tätigkeit herausgerissen: Vier Jahre lang musste er als Chefarzt in einem Lazarett nahe der Front arbeiten. In den wenigen freien Stunden im Lazarett fasste er die Notizen aus der enttäuschenden Zeit in der Krochmalna-Straße zusammen und schrieb, rückblickend, sein wohl wichtigstes Buch. Im Titel sucht man Wörter wie *Erziehung* und *Strenge, Zwang* und *Disziplin* vergeblich; nicht einmal Begriffe wie Methode oder Lehrplan kommen vor. Es trägt vielmehr eine einfache Überschrift, die alles über Korczaks Pädagogik verrät. Das Buch heißt: *Wie man ein Kind lieben soll.*

Wer wissen will, wie man ein Kind lieben soll, findet mitten in dem 200 Seiten dicken Buch einen Abschnitt, den Korczak für so bedeutsam hält, dass er diejenigen, die sein Buch lesen, beschwört, ihm im Folgenden zuzustimmen – oder aber nicht weiterzulesen und das Buch zuzuklappen. »Achtung!«, schreibt er, »Achtung! Entweder wir verständigen uns jetzt oder wir trennen uns für immer!« Dann fährt er fort: »Ich fordere hiermit die Magna Charta Libertatis als ein Grundgesetz für das Kind. Vielleicht gibt es noch andere – aber folgende drei Grundrechte habe ich herausgefunden.« Magna Charta

Libertatis heißt zu Deutsch: »Große Karte (Große Urkunde) der Freiheit«. So gibt es zum Beispiel in der Politik eine Magna Charta der Menschenrechte, die alle Völker der Erde befolgen oder besser befolgen *sollen.* Es gibt die Genfer Konvention des Henri Dunant, die man die Magna Charta für die Behandlung von Verwundeten und Gefangenen im Kriege nennen könnte; auch zentrale religiöse Texte wie die Zehn Gebote im Alten Testament oder die Bergpredigt im Neuen Testament könnte man, vergleichsweise, als Magna Charta der Bibel bezeichnen. Wenn Korczak in seinem Buch den feierlichen Begriff »Magna Charta« verwendet, will er unterstreichen, dass ihm, für alle Zeiten und an allen Orten, drei Sätze unumstößlich wichtig sind. Die drei Sätze lauten: »Ich fordere

1. das Recht des Kindes auf seinen Tod,
2. das Recht des Kindes auf den heutigen Tag, und
3. das Recht des Kindes, so zu sein, wie es ist.«

Der zweite der drei Rechts-Sätze für das Kind ist leicht zu verstehen (wenn auch nicht immer leicht zu befolgen). Wer ein Kind lieben will, darf ihm nicht nachhalten und vorhalten, was »gestern« war: ob es womöglich vor sieben Jahren unehelich geboren wurde oder in einem verrufenen Stadtviertel aufgewachsen ist; ob es irgendwann früher einmal etwas Böses getan und Schaden angerichtet hat; ob es gegen Erwachsene aufmüpfig gewesen ist. Ein Kind lieben heißt das Vergangene vergangen sein lassen und jeden Tag nutzen als Chance für einen neuen Anfang. Mit dem Recht auf den heutigen Tag ist aber auch gemeint, dass man einem Kind nicht andauernd von der Zukunft redet, dass man es nicht als halbfertigen Erwachsenen behandeln soll, der jetzt noch nicht viel Wichtiges weiß und noch nicht viel Brauchbares kann. Ein Kindergesicht voll Lachen am heutigen Tag ist besser als ein Gesicht voller Sorgenfalten für den morgigen, so könnte man den zweiten Satz verstehen.

Auch der dritte Rechts-Satz ist nicht schwer zu deuten. Das Kind soll nicht wie dieses oder jenes andere Kind sein, sondern es soll sein dürfen, wie es ist. »Ich werde kein Kind zu etwas anderem umformen, als es ist«, schreibt Korczak in seinem Buch. »Eine Birke bleibt eine Birke, eine Eiche bleibt eine Eiche, ein Rettich bleibt ein Rettich. Ich vermag nur zu wecken, was in der Seele des Kindes schlummert – aber ich kann nicht ein Kind neu schaffen.« Wer ein Kind lieben will, darf es nicht fortwährend mit anderen Kindern vergleichen, die schneller laufen, schöner malen und besser rechnen können, die klagloser Schmerzen ertragen und einen stärkeren Willen haben. Ein

Erwachsener, der ein Kind lieben will, soll ihm zwar helfen, wenn es ihn braucht; aber er darf es nicht umformen oder zurechtbiegen wollen, sondern muss es das einmalige Kind sein lassen, das es ist.

Am schwersten zu verstehen aber ist der erste der drei Rechts-Sätze. Wenn, so könnte man fragen, ein Kind aus Ärger über ein ihm zugefügtes Unrecht auf das Dach eines Hochhauses steigt und hinunterspringen will – soll man dann tatenlos zuschauen und es springen lassen, weil es ja »ein Recht auf seinen Tod« hat? So ausgelegt, wäre der Satz falsch verstanden. Nein. Der Satz ist vielmehr eine zornige und überspitzte Formulierung gegen eine in jener Zeit weit verbreitete pädagogische Theorie, die man mit dem etwas seltsam anmutenden Name *Übermutter-Phänomen* bezeichnete. Unter einer Übermutter, man könnte auch sagen: einer Supermutter, verstand man damals eine Person (Mutter oder Vater, Lehrer oder Erzieherin), die das Kind vorsorglich vor jeder erdenklichen Gefahr zu bewahren und vor jedem vorstellbaren Konflikt abzuschirmen suchte. Eine Übermutter, so schreibt Korczak, sagt unentwegt zu ihrem Kind: »Pass auf, du wirst dir die Hand brechen! Man wird dich überfahren! Der Hund wird dich beißen! Iss keine Pflaumen! Trink kein kaltes Wasser! Geh nicht barfuß! Lauf nicht in der brennenden Sonne herum! Knöpf den Mantel zu! Bind den Schal um! Siehst du: Warum hast du nicht gehorcht? Nun musst du hinken, nun tun dir die Augen weh! Um Gottes willen: Wer hat dir ein Messer gegeben? Du blutest ja!«

Ein auf solche oder ähnliche Weise pausenlos beobachtetes und behütetes Kind wird lebensuntüchtig gemacht. Es riskiert nichts, es probiert nichts aus, es wagt nichts, es traut sich nichts zu, es lernt nicht, sich zu entscheiden. Ist es einmal auf sich allein gestellt, versagt es. Die Übermutter steht immerfort unsichtbar hinter ihm, mahnend und warnend, überall sieht sie den Tod lauern und fürchtet, der Tod könnte ihr das Kind entreißen. Dagegen fordert Janusz Korczak: Traut dem Kind etwas zu! Lasst es los! Macht ihm Mut! Nehmt ihm die Angst! Lasst es etwas wagen! Das Kind hat ein Recht, sich frei zu entfalten, auch wenn es dabei hier und da in eine gefährliche Situation gerät. Es hat ein Recht auf sein Leben, selbst wenn das, was es tut, in euren überbesorgten Augen manchmal lebensgefährlich zu sein scheint. Nur das Kind, das riskiert, was lebensgefährlich ist (das sozusagen den Tod riskiert), lernt wirklich leben. So verstanden, kann man Korczaks erstem Rechts-Satz sehr wohl zustimmen; trotzdem bleibt, dass seine Formel: »Ich fordere das Recht des Kindes auf seinen Tod« ein harter, leicht misszuverstehender Satz ist.

Nach dem Ersten Weltkrieg und einigen weiteren kriegerischen Auseinandersetzungen und Verhandlungen wurde endlich der polnische Staat politisch neu geordnet. Die Hauptstadt Warschau stand nicht mehr unter russischer Herrschaft, das Land hatte von nun an einen eigenen polnischen Präsidenten. Janusz Korczak kehrte aus dem Krieg zurück und nahm seine Arbeit als Vater der Waisenkinder wieder auf. Er sorgte dafür, dass in Warschau ein zweites Waisenhaus eingerichtet wurde, geleitet von einer seiner Mitarbeiterinnen; draußen auf dem Land ließ er ein Holzhaus bauen, die so genannte Sommerkolonie, in der die Kinder aus den beiden Warschauer Heimen ihre Ferien verbringen konnten. Bei all seiner vielen Arbeit nahm er sich aber auch immer wieder Zeit zum Schreiben.

Seinen drei Rechts-Sätzen fügte er einen vierten hinzu, in dem zusammengefasst war, was im Einzelnen schon in den früheren Sätzen stand. Aus diesem vierten Rechts-Satz wurde ein weiteres wichtiges Buch: *Das Recht des Kindes auf Achtung,* geschrieben für Eltern und Erzieher, für Pädagogen und Politiker. Seine pädagogischen Ideen und Forderungen trug er auch im Polnischen Rundfunk vor; 1937 wurde er schließlich mit dem »Goldenen Lorbeer« der Polnischen Akademie für Literatur ausgezeichnet. Fast alles, was Janusz Korczak schrieb, hatte mit Kindern zu tun. Er schrieb Märchen für Kinder und Märchen für Erwachsene, die von Kindern handelten: *Wenn ich wieder klein bin,* hieß eines seiner Märchenbücher; ein anderes: *Der Bankrott des kleinen Jack.* Er schrieb ein Gebetbuch für Erwachsene, die das Beten verlernt hatten, und er gab Sammlungen seiner früheren Reden und Aufsätze heraus. Schon früh schrieb er ein (schwer verständliches) Theaterstück mit dem Titel *Senat der Verrückten.* In diesem Stück traten seltsame Gestalten auf, unter ihnen Verbrecher, Säufer und Randalierer, sowie ein Oberst in Soldatenuniform. Der Oberst wollte »auf jedem Platz in der Stadt drei Galgen aufstellen«, an denen alle Männer aufzuhängen seien, die ihm nicht passten, und unter denen man alle Frauen »mit Prügeln zusammentreiben und auspeitschen« müsste. Damals ahnte noch niemand, dass das Aufstellen von Galgen und das Verprügeln von Wehrlosen eines Tages in ganz Polen blutige Wirklichkeit werden sollte ...

Zwanzig Jahre nach Ende des Ersten Weltkriegs überfielen deutsche Truppen auf Befehl Hitlers die polnische Nation. Nach achtzehn Tagen war das militärisch schwache Polen überrannt und besiegt, der Zweite Weltkrieg erfasste von da aus weite Teile Europas und verwüstete sie. Besonders brutal ging Hitler mit seinen zahllosen Helfern und Helfershelfern gegen die Juden vor: Überall trieb man sie zusammen und transportierte sie in Konzentrationslager. Wer gesund und kräftig war, wurde zunächst zu unmenschlich harter Arbeit gezwungen und später oft genug zu Tode geschunden. Die zu schwach zum Arbeiten waren, wurden »selektiert«: Man sonderte sie aus und ermordete sie, nicht hier und da, nicht einige wenige, sondern zu Millionen. In der Stadt Warschau wurden die Juden ab dem Jahr 1940 im »Jüdischen Getto« zusammengepfercht, einem Stadtteil, um den herum man eine Mauer gebaut hatte und aus dem es kein Entrinnen gab. Nach und nach holte man dann aus allen Städten Polens und sogar aus den benachbarten Ländern die Juden heran und trieb sie in das Warschauer Getto. In jedes der mehrstöckigen Großstadthäuser steckte man bis zu 400 Menschen, in jedem Zimmer vegetierten durchschnittlich dreizehn dahin: Männer, Frauen und Kinder, Alte und Junge, Kranke und Gesunde. Auch Janusz Korczak musste mit den mehr als 200 Kindern aus seinen beiden Waisenhäusern ins Getto einziehen.

Im Warschauer Getto wurden Juden aus vielen Städten Polens zusammengetrieben. Die Not war unbeschreiblich: Die Eltern schickten ihre Kinder zum Brotbetteln auf die Straße.

Am 22. Juli 1942 befahl Hitler, dass mit der Auflösung des Gettos begonnen werden sollte: Ab sofort müssten täglich 6 000 Juden aus dem Getto fortgeschafft werden. Die gefürchteten Männer der SS führten den Befehl gehorsam aus. Sie umstellten die Häuser, holten die Juden heraus und führten jeden Tag um 16 Uhr eine lange Kolonne mit 6 000, manchmal mit 10 000 Menschen zum Sammelplatz vor dem Bahnhof. Am 5. August geschah dann, was Korczak befürchtet hatte: Er musste sich mit seinen 200 Waisenkindern einer der Gefangenenkolonnen anschließen und zum Bahnhofsvorplatz marschieren, wo schon die Güterzüge mit den Transportwaggons und Viehwagen bereitstanden, um nach Treblinka ins Konzentrationslager zu fahren.

Das ist einer der letzten Berichte, den es über Janusz Korczak gibt: Als der deutsche Platzkommandant an den Waggons vorüberschritt, deren Schiebetüren gerade geschlossen werden sollten, wurde ihm gemeldet, dass der alte Mann, der in der Tür des ersten Waggons stehe, der polnische Dichter Janusz Korczak sei.

Stolz, mit dem berühmten Mann sprechen zu können, ging der Kommandant zu der offenen Tür und fragte: »Sind Sie der, der das Buch vom kleinen Jack geschrieben hat?«

»Ja«, antwortete Korczak.

»Ein gutes Buch«, sagte der Platzkommandant. »Ich habe es gelesen, als ich noch klein war. Los, steigen Sie aus.«

»Und die Kinder?«, fragte Korczak.

»Die Kinder fahren. Aber Sie können hierbleiben.«

»Sie irren sich«, antwortete Janusz Korczak. »Nicht jeder ist ein Schuft.« Dann wendete er sich ab und stellte sich mitten unter seine Kinder. Der Kommandant gab den Wachsoldaten ein Zeichen. Die Rolltür wurde zugeschoben. Die Lokomotive pfiff. Der Zug fuhr ab.

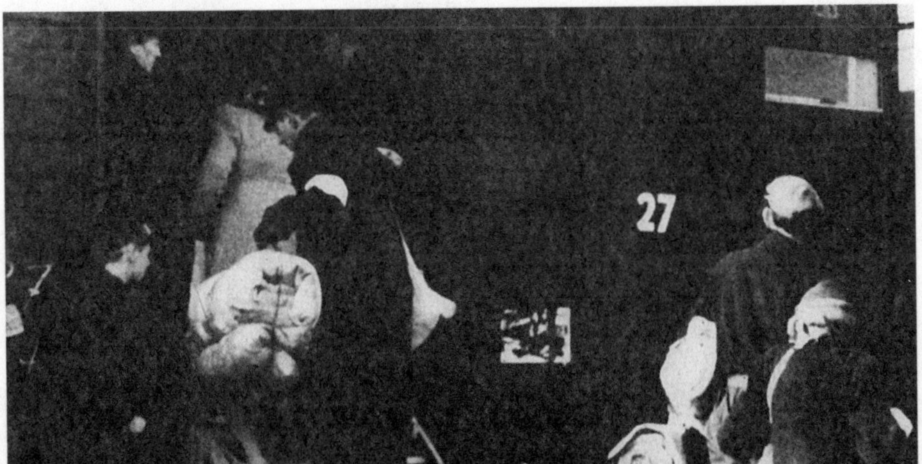

Jeden Tag trieben die gefürchteten SS-Männer bis zu 10 000 jüdische Männer, Frauen und Kinder zum Sammelplatz vor dem Warschauer Bahnhof. Auch für Korczak und seine Waisenkinder endete die letzte Reise im Todeslager Treblinka.

Maximilian Kolbe

Sterben, damit ein anderer leben kann

Maximilian Kolbe ist der Held und Nationalheilige von Polen: Als unverheirateter katholischer Priester opferte er im KZ Auschwitz sein Leben für einen zum Tode verurteilten Familienvater.

Im Sommer des Jahres 1973 gab die Deutsche Post eine rote Briefmarke heraus, mit der an ein Verbrechen erinnert wurde, das zu jener Zeit etwas mehr als dreißig Jahre zurücklag, und an einen Mann, der Opfer dieses Verbrechens gewesen ist. Sein Gesicht auf der Briefmarke ist von Hunger und Durst und Todesschwäche gezeichnet. Was er getan, viel mehr aber noch was er erlitten hat, steht heute in vielen Schulbüchern; jedes Kind, das am Religionsunterricht teilnimmt, lernt das eine oder andere aus seinem Lebenslauf kennen und erfährt von seinem grausigen Sterben. Auch manchen Erwachsenen ist sein Name vertraut, spätestens seit 1984, dem Jahr, in dem Papst Johannes Paul II. ihn heilig gesprochen hat. Es ist der Priester Maximilian Kolbe, Pole wie sein Landsmann und Zeitgenosse Janusz Korczak und wie dieser von den Helfern Hitlers ermordet. Pater Kolbe starb am 14. August 1941 im Konzentrationslager Auschwitz.

Raimund Kolbe, so sein Taufname, wurde am 7. Januar 1894 in Zdunska-Wola geboren. Der kleine Ort liegt in der Nähe der Industriestadt Lodz; fast alle damaligen Bewohner waren Weber und arbeiteten gegen einen schamlos geringen Lohn für die großen Handelshäuser in Lodz, von wo aus das wegen seiner hohen Qualität geschätzte Tuch nach Russland und nach Deutschland verkauft wurde. Raimunds Eltern wohnten mit ihren fünf Kindern in einem einzigen großen Zimmer, das Küche und Wohnraum und Schlafzimmer zugleich war und wo außerdem noch der ständig klappernde Webstuhl stand, an dem Vater und Mutter abwechselnd bis in die Nacht arbeiteten. Als die Kinder größer wurden, zogen die Kolbes in eine Arbeitersiedlung am Stadtrand um. Dort eröffneten sie einen kleinen Laden, in dem sie Webwaren verkauften, und Gemüse, das der Vater neben seiner Arbeit im Garten anbaute. Am Ende seiner Volksschulzeit ließen die Eltern Raimund selbstständig den Laden führen; so konnte die Mutter, die als Krankenschwester und als Hebamme ausgebildet war, einen ansehnlichen Nebenverdienst nach Hause bringen. Schließlich waren die Eltern in der Lage, drei ihrer Kinder, die Söhne Franz, Josef und Raimund, nach Lemberg zu schicken, wo sie an der Höheren Schule des Franziskanerordens ihr Abitur machten. Im September 1910 trat Raimund – er war 16 Jahre alt – in den Orden ein und nahm, als er wenig später in Krakau seine ersten Gelübde ablegte, den Namen Maksymilian an.

Die Oberen erkannten rasch, daß Maximilian ein hoch begabter Junge war. Sie schickten ihn nach Rom an die »Gregoriana«, die Päpstliche Universität. Dort erwarb er mit 19 Jahren den Doktortitel der Philosophie und mit 23 Jahren den Doktortitel der Theologie. Wenig später kehrte er als Priester und als Professor für Kirchengeschichte an die Ordenshochschule der Franziskaner nach Krakau zurück.

Vorher aber, noch in seinen römischen Jahren, hatte Pater Maximilian Kolbe sich und sein Leben der heiligen Maria geweiht. Schon als Kind verehrte er Maria über alles; im Gebet nannte er sie Mamusia, ein polnisches Kosewort, das Mama, Mütterchen, liebe Mutter bedeutet. In seinem Geburtshaus und auch später, in dem Siedlungshaus bei Lodz, war – durch einen Vorhang abgetrennt – ein kleiner »Marienwinkel« eingerichtet, mit einem Bild der Schwarzen Madonna von Czenstochau, einem Bild, das in Polen in fast jedem Haus hängt, vor dem Blumen stehen und immerfort in einem roten Glasschälchen eine Kerze brennt. Vor dem Bild kniete und betete der kleine Raimund jeden Tag mehrere Male. In den Jahren, da er in Rom war, tat er sich mit sieben jungen Männern zusammen und gründete, jung und schwärmerisch wie er war, mit ihnen eine »Kampftruppe« gegen die Bösen in der Welt, um sie zum Guten zu bekehren. Er gab seiner Kampftruppe den Namen *Miliz der Immakulata,* das heißt: Kompanie der sündenreinen Jungfrau Maria.

Pater Kolbe verfasste ein Programm und schrieb es auf ein Blatt Papier, das nicht größer war als eine Postkarte; das kleine Papier galt als die Gründungsurkunde der Miliz. Darin hieß es: »Zweck der Miliz ist das Bemühen um die Bekehrung der Sünder, der Ketzer, der Abtrünnigen und der Juden, insbesondere aber der Freimaurer, und die Heiligung aller unter dem Schutz der Muttergottes.« Das Programm schloss mit der Aufforderung an die Mitglieder, einmal am Tag das folgende Gebet zu sprechen: »O Maria, bitte für uns, die wir zu dir flehen, und für alle, die nicht zu dir flehen, und besonders für die Freimaurer!«

Zu der Zeit, als Kolbe dies schrieb, galten in der Kirche die *Juden* noch weitgehend als verachtenswert, warf man ihnen doch vor, dass sie nicht glaubten, Jesus sei der wahrhaftige Sohn Gottes, der »vom Himmel herabgestiegen« ist. Vor allem aber lastete man ihnen an, sie hätten den unschuldigen Jesus ans Kreuz geschlagen, ja, manche scheuten sich nicht, die Juden Gottesmörder zu nennen. Maximilian Kolbe verhielt sich den Juden gegenüber nicht anders, als sich zu seiner Zeit die meisten verhielten: Er bedauerte die Juden wegen ihres unvollkommenen Glaubens und verabscheute ihre Uneinsichtigkeit. Folgerichtig rief er dazu auf, sich betend um die Bekehrung der Juden zum einzig wahren christlichen Glauben zu bemühen. Neben den Juden und Ketzern (= den Verkündigern von Irrlehren) und den vom Glauben Abgefallenen wurden im Programm der Miliz zweimal die Freimaurer erwähnt. Juden und Freimaurer nannte man damals verächtlich in einem Atemzug; viele behaupteten, die Juden, deren es in den Reihen der Freimaurer zahlreiche gab, benutzten die Freimaurer für ihre machtpolitischen Zwecke. Den Freimaurern galt der Kampf der Miliz darum in gleichem, wenn nicht noch höherem Maße als den Juden.

Damals gab es weltweit mehr als sieben Millionen *Freimaurer*. Es sind Menschen (genau genommen: Männer, denn Frauen gelten nicht als gleichwertige, sondern nur als angeschlossene Mitglieder), die an Gott als den Schöpfer und Baumeister der Welt glauben, die sich aber nicht als eine Religion, eine Konfession oder eine Kirche verstehen. Der Name Freimaurer erinnert an ihren fernen Ursprung: Im Mittelalter behielten die großen Architekten und die einfachen Steinmetze, die als Maurer an den gotischen Domen bauten, ihre Pläne und ihre handwerklichen Künste streng für sich; sie tauschten ihr Wissen untereinander nur in Zeichen, Geheimwörtern und verschlüsselten Riten aus, die kein Außenstehender zu deuten verstand. Wenn ein

Maurer lange genug als Lehrling und als Geselle gearbeitet hatte, konnte er Meister werden, durfte die Dombauhütte verlassen und als »freier Maurer« in die Welt hinausziehen. Später, als keine großen Dome mehr gebaut wurden, gerieten die Geheimnisse der Dombauhütten mehr und mehr in Vergessenheit. Doch es gab – und es gibt bis heute – immer wieder Männer, die im Sinn haben, statt der großen steinernen Dome des Mittelalters einen noch größeren Dom zu bauen, gewissermaßen einen Dom im Geiste: den Dom der edlen Menschlichkeit, wie sie sagen, der Nächstenliebe und Brüderlichkeit, den Dom der gegenseitigen Achtung und Toleranz, der Ehrfurcht vor dem Leben und des sozial gerechten Zusammenlebens, den Dom des Verzeihens, der Wahrheit, der Liebe und des Friedens.

In Deutschland zählte man, bevor die Freimaurerei in der Zeit des Hitlerregimes bekämpft und schließlich verboten wurde, an die 80 000 Freimaurer; heute sind es noch etwa 20 000. Sie gehören mehreren Gruppen und Untergruppen (= »Logen«) an. Auch die Häuser, in denen sie sich versammeln, heißen Logen (vom englischen Wort lodge, die Hütte, erinnernd an die Tradition der Dombauhütten im Mittelalter). Wer in ihre Gemeinschaft aufgenommen werden will, muss sich zu den Idealen der Menschlichkeit und zum Glauben an Gott, den »Baumeister der Welt«, bekennen; Atheisten können nicht Freimaurer werden.

Nicht nur unter diktatorisch geführten Regierungen oder in kommunistischen Ländern, wie damals in Russland, sondern auch in der katholischen Kirche war man gegen die Freimaurer eingestellt, in der Kirche vor allem, weil sie nur eine allgemeine, nicht aber eine christlich geprägte Gottesvorstellung hatten. Seit der Gründung der ersten Loge (1723 in London) haben verschiedene Päpste insgesamt zwölfmal eine ausdrückliche Verurteilung der Freimaurer ausgesprochen und sogenannte »Bann-Bullen« veröffentlicht, in denen Gläubigen, die den Freimaurern beitraten, der Ausschluss aus dem kirchlichen Leben (= »Exkommunikation«) und die Verweigerung des kirchlichen Begräbnisses angedroht wurde.

Nur langsam änderte sich das Verhältnis der Katholiken zu den Freimaurern und zu den Juden. Einsichtige Theologen bemühten sich, vorurteilsfreier über den Glauben der Juden und die Lehre der Freimaurer zu forschen, nachzudenken und zu urteilen. Als dann, fünfzig Jahre nach der Zeit, in der Kolbe seine Miliz gründete, in Rom das Zweite Vatikanische Konzil tagte, wurden die früheren päpstlichen Drohungen gegen die Freimaurer nicht mehr wiederholt. In all den vielen Dokumenten des Konzils fand sich kein Wort mehr über oder gar gegen die Freimaurer. Über das Verhältnis zu den Juden verkündete man indessen, dass die Christen Gott danken sollten, nämlich für die gemeinsamen Wurzeln, denen Juden und Christen entstammen. In der Erklärung über das Verhältnis der Kirche zu den nicht-christlichen Religionen hieß es jetzt, mit großem Ernst: »Die Kirche beklagt alle Hassausbrüche, Verfolgungen und Äußerungen von Judenfeindlichkeit, die sich zu irgendeiner Zeit und von irgendjemandem gegen die Juden gerichtet haben.«

Doch von diesem grundlegenden Wandel in der zweiten Hälfte des 20. Jahrhunderts konnte Maximilian Kolbe 1917, als er die Miliz gründete, noch nichts ahnen und voraussehen. Manchmal erlebte er, wie es in Rom unter irregeleiteten fanatischen Freimaurern zu unkontrollierten Auswüchsen und Ausschreitungen kam: Freimaurertrupps verhöhnten den Papst und machten kirchliche Zeremonien lächerlich, indem sie, zum Beispiel, in einer Art Prozession eine schwarze Fahne durch die Straße am Petersplatz vorbeitrugen, auf der der Teufel abgebildet war. Kein Wunder, dass er und viele andere Fromme sich provoziert fühlten und heftig Stellung gegen die Freimaurer bezogen. Doch ließ Kolbe es in seinen Auseinandersetzungen mit ihnen nie zu Handgreiflichkeiten und Gewalt kommen. Sein »Kampf« beschränkte sich auf engagierte Wortgefechte mit den Gegnern; seine »Waffe« war das tägliche Gebet, wie er es den Angehörigen der Miliz in der Gründungsurkunde vorgeschrieben hatte.

Nach Krakau zurückgekehrt, hatte der optimistische und unverdrossene Pater Kolbe nichts anderes im Sinn, als die Idee seiner Miliz der Immakulata – deren Handvoll Mitglieder er in Rom hatte zurücklassen müssen – wieder aufzugreifen und die Kampftruppe zu einer großen Bewegung auszubauen, die das ganze katholische Polen erfassen sollte. Doch da wurde er von der Tuberkulose befallen, einer Lungenkrankheit, die heute immer noch (in Europa) die häufigste aller Infektionskrankheiten ist und die (in den ärmeren Ländern der übrigen Welt) bei fast allen, die sich mit dem Tuberkulose-Bazillus anstecken, zum Tode führt.

Als Pater Kolbe zur Untersuchung ins Krankenhaus ging, bezeichnete der Arzt die Krankheit als bereits unheilbar. »Sie haben vielleicht noch drei Monate zu leben«, sagte er, doch Kolbe wollte ihm nicht glauben, sondern sich sofort wieder an seine Arbeit machen. Aber schon wenige Tage danach wurde er schwächer und schwächer. Er musste seine Professorentätigkeit aufgeben: Beide Lungenflügel waren stark angegriffen, er konnte nicht mehr vernehmlich sprechen, sondern nur noch flüstern, und die Studenten verstanden ihn nicht mehr. Er blieb im Kloster, ging mit langsamen Schritten, um sich nicht zu überanstrengen, konnte in der Kapelle nur noch ganz kurze Predigten halten und musste, wenn zehn oder zwölf Leute bei ihm gebeichtet hatten, vor Erschöpfung aufhören und sich in seiner kargen Zelle aufs Bett legen. Schließlich wurde er so schwach, dass der Ordensobere ihn, für ein paar Wochen, wie er schätzte, in den am Fuß des Hohen-Tatra-Gebirges gelegenen polnischen Kurort Zakopane schickte, der für seine heilsame Luft berühmt ist. Kolbes Zustand war aber so bedenklich, dass er volle anderthalb Jahre in Zakopane bleiben musste. Häufig erlitt er einen »Blutsturz«, manchmal gab man alle Hoffnung auf, doch dann entließ man ihn, einigermaßen gestärkt, wenn auch bei weitem nicht geheilt.

Anstatt sich zu schonen, tat Maximilian Kolbe das Gegenteil. Konnte er nun schon nicht mehr laut sprechen, so wollte er sich eine »Stimme« verschaffen, mit der er mehr Menschen erreichen würde als durch seine früheren Gespräche im kleinen Kreis, durch seine Predigten in der Kirche und seine Vorträge in den Hörsälen der Ordenshochschule. Mit einer Energie, die die Kräfte eines Gesunden überstiegen hätten, machte er sich an die Verwirklichung einer geradezu verrückten Idee: Er gründete einen Zeitungsverlag. Mit dem gedruckten Wort wollte er fortsetzen, was er zuvor mit dem gesprochenen Wort bis zur Verausgabung seiner Kräfte getan hatte: den Kampf führen gegen das Böse in der Welt und die Bekehrung derer bewirken, die – wie er meinte – durch ihren Unglauben schuld waren am Bösen in der Welt.

Was sich etwas vollmundig Zeitungsverlag nannte, war zunächst weiter nichts als ein kleines, halb verfallenes Zimmer, das Pater Kolbe für seine Arbeit hergerichtet hatte. Ein paar Franziskanerbrüder gingen ihm zur Hand; mit einer alten lädierten Druckerpresse fingen sie an. Alle im Kloster nannten Kolbe einen Narren, doch was der kranke Mann sich in den Kopf gesetzt hatte, führte er gegen alle Widerstände aus: Ein Jahr später lief seine Druckerei auf vollen Touren, sein Verlag brachte jede Woche Zehntausende Exemplare seiner Zeitschrift heraus, die er *Der Ritter* nannte. Alle Texte schrieb er selber; es waren einfache, verständliche Artikel über den Glauben im Alltag. Voll Eifer und Unternehmungsgeist nutzte Kolbe die Wochen, in denen es ihm gesundheitlich besser ging, zu einer Überfahrt nach

Japan, wo er als Missionar wirken wollte. Auch in Japan gründete er einen Verlag für seinen »Ritter« (auf Japanisch *Kishi* genannt). Doch er hatte seine Kräfte überschätzt. Sein Gesundheitszustand verschlechterte sich von heute auf morgen. Das Fieber, das die Tuberkulose begleitete, schüttelte ihn bis zur Bewusstlosigkeit, er schlief keine Nacht mehr, schmerzhafte Geschwüre überzogen seinen Körper. Wenn er in der Kapelle die Messe hielt, konnte er nur noch auf einem Bein stehen und fiel am Altar immer wieder um, sodass die Brüder ihm jedesmal zu Hilfe eilen und ihn aufheben mussten. Nach nicht ganz einem Jahr war er gezwungen, Japan wieder zu verlassen und nach Polen zurückzukehren. Doch selbst auf dem Krankenlager gönnte er sich keine Ruhe. Mit wachem Geist zeichnete er eine Start- und Landebahn für vier Flugzeuge, die das Verlagsgelände direkt anfliegen und mit den Zeitungspaketen zügig wieder verlassen könnten. Er fertigte eine genaue Konstruktionszeichnung für einen miliz-eigenen Rundfunksender an und zeichnete den Entwurf für ein Filmstudio. Zur praktischen Ausführung dieser Pläne kam es nicht: Die deutschen Truppen fielen über Polen her und machten mit einem Schlag alle kirchliche Arbeit zunichte, die über das reine Gottesdienstfeiern hinausging.

Den Kampfverbänden der Wehrmacht, die in wenigen Tagen Polen unterworfen hatten, folgten schon bald die Schergen des Hitlerregimes, die Männer der Gestapo und der Waffen-SS. Sie hatten den Befehl, das ganze besetzte Polen mit einer so genannten Säuberungsaktion zu überziehen. Sie durchsuchten alle Städte und Dörfer im Land, bis in die letzten Winkel, und trieben die Jüdinnen und Juden wie Vieh zusammen, um sie abzutransportieren und in Vernichtungslagern auszurotten.

Am 12. Februar 1941 kam ein Suchtrupp der SS auch in den Ort, in dem sich das Kloster und der Verlag von Maximilian Kolbe befanden. Sie luden die dort lebenden Juden, die bei den Franziskanern arbeiteten, auf ihre Lastwagen; auch Pater Kolbe nahmen sie gefangen. Zunächst brachte man ihn in einen Kerker, um ihn zu verhören. Ein »Scharführer« der Waffen-SS packte ihn beim Kragen seines Ordensgewands und lehnte ihn, da er vor Schmerzen nicht stehen konnte, an die Zellenmauer. Dann riss er ihm den Rosenkranz vom Gürtel und hielt ihm hämisch das hölzerne Kreuz mit dem toten Christus unter die Nase.

»Glaubst du an dieses dumme Zeug?«, schrie er ihn an.

»Ja«, antwortete Maximilian Kolbe, so deutlich er mit seiner von der Tuberkulose geschwächten Stimme vermochte. »Sicher glaube ich daran.«

Einer der beiden SS-Männer, die neben dem Scharführer standen, schlug Kolbe mit der Faust ins Gesicht, dass ihm das Blut aus dem Mund floss. »Na?«, fragte der Scharführer. »Immer noch? Glaubst du immer noch?«

»Ja«, antwortete Kolbe wieder, mit kaum noch vernehmlicher Stimme.

Da machte sich auch der Zweite über ihn her und der Scharführer schlug ihm mit dem Rosenkranz ins Gesicht.

»Ich frage dich ein drittes und letztes Mal, du Idiot«, rief er. »Glaubst du an den da am Kreuz?«

Pater Kolbe brach zusammen. Zu dritt schlugen und traten sie auf den blutig am Boden Liegenden ein. »Ich glaube! Ja, ich glaube mehr denn je in meinem Leben!«, flüsterte er, bevor ihn seine Kräfte verließen. Die Männer ließen ihn liegen, warfen die eiserne Zellentür ins Schloss und gingen.

Am nächsten Morgen brachte man Kolbe in eine Krankenstation; zu der Tuberkulose war eine Lungenentzündung gekommen. Sobald er aufstehen und sich einigermaßen auf den Beinen halten konnte, wurde er nach Süd-Polen transportiert, nach Oswiecim, von den Deutschen Auschwitz genannt. Er hatte Juden geholfen, er hatte eine Druckerei geleitet und eine kirchliche Zeitschrift herausgegeben, man hatte Baupläne für Landebahnen und für einen Sender bei ihm gefunden, er war in Übersee gewesen und ein Jahr dort »untergetaucht«, er war katholischer Priester, der sich auch durch Schläge nicht von seinem Glauben abbringen ließ – Gründe genug, ihn in ein Konzentrationslager zu stecken, ohne ein weiteres Verhör, ohne einen Prozess. Der Zug mit den sechzehn Viehtransportwagen voller Juden und anderer Armseliger, die bei den Deutschen als wertloses »Menschenmaterial« galten, brachte ihn ins Lager. Aus Auschwitz kamen die meisten nicht lebendig heraus, weil sie vor Hunger, unter Misshandlungen und durch unmenschlich harte Sklavenarbeit in den nahe gelegenen Fabriken starben. Als der Zug in das Lager einfuhr, konnten sie über dem Torbogen die hämischen Worte lesen: »Arbeit macht frei«.

Im KZ Auschwitz, in dem in jenem frühen Kriegsjahr 1941 hinter Stacheldraht und Elektrozäunen 17 000 Häftlinge, Männer und Frauen, eingesperrt waren (zuletzt, gegen Kriegsende, wurden es 200 000), musste Kolbe trotz seiner Krankheit dieselben Arbeiten verrichten, die auch die Gesunden zu tun hatten. Er gehörte zum »Block 14« und erhielt die Häftlingsnummer 16 670, die ihm in den Arm tätowiert und auf seine gestreifte Sträflingskleidung aufgenäht wurde. Manchmal wurde er einem Bautrupp zugeteilt, der mit Schubkarren Kies von der Bahnrampe zu der Stelle fahren musste, wo ein Leichenverbrennungsofen gebaut wurde. Wenn die Aufseher schlecht gelaunt waren, ließen sie es die Häftlinge spüren: Sie mussten mit ihren beladenen Karren laufen, statt im Schritt zu gehen; sie mussten, als seien sie fröhlich, beim Laufen singen, oder sie mussten durch aufgeweichte Lehmpfade gehen, wo die Räder der Schubkarren einsanken. Die Wächter standen beieinander, erzählten sich Witze und lachten über die Männer, die sich abquälten; sie äfften sie nach, wenn sie keuchten und stöhnten. Ein andermal hatte Pater Kolbe mit sieben anderen in einem Sumpfgelände einen Entwässerungsgraben auszuwerfen; die Aufseher machten sich einen Spaß daraus, hin und wieder die Schäferhunde von der Leine loszumachen und auf die wehrlosen Häftlinge zu hetzen. Männer, die in den ersten Monaten noch kräftig genug waren, lud man auf Lastwagen und brachte sie in Munitionsfabriken zum Granaten drehen; Frauen mussten Säcke nähen, mit Stroh füllen und als Schlafunterlagen herrichten, oder sie arbeiteten den ganzen Tag, über die Nähmaschine gebeugt, als Uniformschneiderinnen. Einmal war Kolbe mit einer Kolonne außerhalb des Lagers unterwegs, in einem von Stechmücken verseuchten Ufergebiet, wo sie Schilf schneiden und auf flache Pferdewagen verladen mussten. Um 18 Uhr marschierten sie müde und verschwitzt zum Lager zurück. Am Tor standen die Wachtposten mit ihren Maschinenpistolen und zählten, ob…

Wenn die Häftlinge durch das Tor des Hauptlagers Auschwitz getrieben wurden, mussten sie sich mit dem verlogenen, zynischen Spruch »Arbeit macht frei« verspotten lassen.

»Halt!«, schrien sie und zählten noch einmal und noch einmal: Sie

Ein Mithäftling von Pater Kolbe hat aus der Erinnerung das Dasein in der Baracke von Block 14 nachgezeichnet. Die wenigen Überlebenden wurden am 27.Januar 1945 durch die russische Rote Armee befreit.

verglichen die Zahl, die sie am Morgen notiert hatten, mit der Zahl der Männer, die am Abend zurückkehrten. Hundertvierzehn am Morgen, hundertdreizehn am Abend! Einer war, ohne dass es jemand bemerkt hatte, geflohen.

Die Männer vom Block 14 gingen vor bis zur Mitte des Lagers, zum »Appellplatz«, zitternd, denn sie ahnten, dass ihnen Schlimmes bevorstand. Der Lagerkommandant Fritzsch kam aus seinem Büro, begleitet von seinem Hund, einem Dolmetscher und vier SS-Leuten, und brüllte sie an:

»Polenschweine! Ihr habt einen von euch entkommen lassen! Wieso hat keiner, der vor oder hinter, rechts von ihm oder links von ihm arbeitete, etwas gesehen? Ihn nicht an der Flucht gehindert? Meine Suchtrupps sind schon unterwegs. Ihr bleibt hier stehen, keiner spricht ein Wort, keiner rührt sich, bis wir den Kerl gefasst haben. Kriegen wir ihn nicht, na, dann werdet ihr was erleben!«

Drei Stunden standen die von der Tagesarbeit ausgehungerten Männer; die Suppe, die man zum Abendessen in Kübeln herbeibrachte, ließ Fritzsch vor ihren Augen hohnlachend in eine Abfallgrube kippen. Dann endlich schickte er die Wartenden in ihre Baracken, um fünf Uhr am Morgen pfiff er sie wieder heraus. Wieder mussten sie sich in Reih und Glied aufstellen, mussten strammstehen, wieder mussten sie warten und warten, elf nicht enden wollende Stunden lang in der stechenden Augusthitze. Als man am Abend auch dieses zweiten Tages den Flüchtigen nicht gefunden hatte, ging Fritzsch auf die Reihen zu und holte hierher und dorther willkürlich zehn Männer nach vorn.

»Diese zehn werden für den einen sterben«, sagte er eiskalt. »Sie werden in den unterirdischen Bunker gesperrt, ohne Essen und Trinken, bis sie alle krepiert sind. Und ihr«, wandte er sich an die anderen, »wenn ihr wieder mal schlaft und nicht aufpasst und einer flieht, sind's das nächste Mal zwanzig und das übernächste Mal vierzig, die in den Hungerbunker gehen. Verstanden?«

Unter den zehn zum sicheren Tode Verurteilten war ein vierzigjähriger verheirateter Mann, der zu Hause Frau und Kinder hatte. Jammernd fiel er auf die Knie und flehte laut um Gnade. Fritzsch hörte nicht auf ihn. Schon wollte er sich abwenden, gerade wollte er das Zeichen geben, den Hund auf den Weinenden zu hetzen – da sah er aus den Reihen der Männer vom Block 14 einen Mann auf sich zukommen, der beschwörend seine beiden Hände hob. Es war Maximilian Kolbe.

Kolbe nahm die Mütze vom Kopf und blieb vor Fritzsch und seinen Begleitern stehen. Die SS-Männer warteten auf den Befehl, den Mann, der da unaufgefordert auf sie zukam, niederzuschießen. Fritzsch gab ihnen einen Wink mit der Hand; sie ließen ihre Maschinenpistolen sinken. Der Hund, der hechelnd aufgesprungen war und an der Leine zerrte, duckte sich gehorsam neben die Stiefel seines Herrn.

»Ich möchte anstelle des Mannes, der da weinend am Boden liegt, sterben«, flüsterte Kolbe.

»Wer bist du?«, fuhr Fritzsch ihn an.

»16 670. Maximilian Kolbe. Ich bin katholischer Priester. Ich bin nicht verheiratet und habe keine Kinder. Bitte, tauschen Sie mich gegen ihn aus.«

Dem Kommandanten verschlug es die Sprache. »Antrag angenommen«, sagte er nur, weiter nichts. Nummer und Name des Familienvaters wurden von der Liste gestrichen, Nummer und Name von Pater Kolbe an seine Stelle gesetzt. Fritzsch, immer noch verwirrt, wandte sich ab und ging in sein Büro.

Kopfschüttelnd über das, was sich ereignet hatte, machten sich die SS-Männer ans Werk. »Schuhe aus! Jacken aus! Hosen runter!«, befahlen sie und führten die zum Tode Verurteilten vor aller Augen zur Tür des unterirdischen Bunkers. »Hemd aus!« Nackt stiegen sie die Stufen hinab in das Verlies, aus dem man sie, alle zehn, den einen früher, den anderen später, tot heraustragen würde.

Der erste starb schon nach drei Tagen, andere bäumten sich, verdorrend vor Hunger und Durst, noch bis zum Wochenende gegen den Tod auf. In der zweiten Woche lebten noch vier, unter ihnen Pater Maximilian Kolbe.

»Genug. Der Bunker wird gesäubert für die nächste Aktion«, ordnete Fritzsch an. Gesäubert – das hieß: Gesäubert von Unrat und Gestank, aber auch gesäubert von der Anwesenheit der restlichen Häftlinge, die auf dem Boden liegend zu Skeletten abgemagert dahinvegetierten. Der Lagerarzt kam und spritzte ihnen Karbol in die Vene. Karbol ist ein giftiges Schädlingsvertilgungsmittel.

Johannes XXIII.

Die Fenster zur Welt aufstoßen!

Johannes XXIII., mit 77 Jahren zum Papst gewählt, tat für die katholische Kirche den mutigen Schritt aus der Enge heraus zu den Menschen in der modernen Welt.

Am Südrand der Alpen liegt das Dorf Sotto il Monte, zu Deutsch: Unterm Berge. Dort wurde, in einem ärmlichen Bauernhaus, am 25. November 1881 als viertes von dreizehn Kindern Angelo Giuseppe Roncalli geboren. Im Dorf, das damals eine Handvoll mehr als 1000 Einwohner hatte, rief man ihn, so lange er klein war, Angelino: Engelchen. Schon früh war dem Dorfpfarrer aufgefallen, dass Angelo ein gewitzter Junge war. Er nahm ihn oft beiseite und brachte ihm bei, statt des Bauerndialekts, von dem ein Ortsfremder nicht ein Wort verstehen konnte, »richtiges« Italienisch zu sprechen; ein anderer Pfarrer gab ihm Unterricht in der lateinischen Sprache (denn er hoffte, der kleine Roncalli würde einmal Priester werden). Angelo hatte aber überhaupt keine Lust, Latein zu lernen: Er bekam vom Pfarrer viele Prügel und musste oft zur Strafe eine halbe Stunde draußen im Schnee stehen, bis er sich bereit zum Lernen zeigte. Auch später, im Gymnasium, war der intelligente Roncalli ein nicht gerade fleißiger und guter Schüler; außer in Religion hatte er in fast allen Fächern »mangelhaft«. Der Pfarrer aber ließ nicht locker. Er brachte ihn ins Seminar der nächstgelegenen großen Stadt Bergamo und später nach Rom, wo er dafür sorgte, dass ein reicher Mann für ihn das Schulgeld bezahlte, bis er sein Studium beendet hatte und schließlich, in Rom, mit 23 Jahren zum Priester geweiht wurde.

Aus dem ehedem schlechten Schüler war ein gebildeter und gelehrter Mann geworden. Kurz nacheinander erwarb er zwei Doktortitel und wurde Professor in mehreren Wissenschaftsgebieten. Von der vorgesetzten kirchlichen Behörde wurde er schon bald nach Bergamo berufen, wo er Dienst als Sekretär des dortigen Bischofs tat. Durch seinen Bischof lernte er bedeutende Persönlichkeiten kennen: Politiker und Wissenschaftler, Journalisten und Redakteure großer italienischer Zeitungen, Grafen und Barone, Bischöfe und Kardinäle. Er pilgerte mit dem Bischof zum Wallfahrtsort Lourdes und zu den Heiligen Stätten in Jerusalem; er reiste zu wichtigen kirchlichen Konferenzen und Kongressen in die Schweiz und nach Frankreich, er fuhr nach Deutschland und nach Österreich, nach Polen und nach Ungarn. Kein Wunder, dass der damalige Papst (Benedikt XV.) den weit gereisten und kirchentreuen Priester »Don Roncalli« eines Tages nach Rom holte, wo er in der Obersten Kirchenverwaltung arbeitete, an der päpstlichen Universität als Professor für Kirchenväterkunde lehrte und wo er 1925 zum Bischof geweiht wurde.

In Rom hatte Roncalli jedoch nicht nur Freunde, sondern auch Feinde. Eines Tages setzten sie das Gerücht in die Welt, Professor Roncalli verbreite an der Universität Lehren, die man mit den alten unantastbaren Dogmen der Kirche nicht vereinbaren könne; Roncalli sei ein *Modernist.* Damals, zu Beginn des 20. Jahrhunderts, war das Wort Modernist eine schreckliche Beschimpfung: Als Modernist galt, wer lehrte, der christliche Glaube sei nicht ein ausschließlich von Gott verliehenes und von der Kirche verwaltetes Geschenk: Gott könne vielmehr, so sagten die Modernisten, von den Menschen auch in ihrem Inneren erkannt und erfahren werden und müsse nicht von außen oder »von oben herab« sozusagen lehramtlich an die Menschen herangetragen werden. Sie stellten die Dogmen und die alleinige kirchliche Bibelauslegung in Frage. Der christliche Glaube sei erstarrt und müsse auf die moderne Welt hin neu bedacht, die christlichen Glaubenssätze müssten inhaltlich und sprachlich für die modernen Menschen verständlich gemacht werden. Papst Pius XI. hatte in zwei Schreiben den Modernismus als Irrlehre verurteilt und im Jahre 1910 angeordnet, dass alle Priester sich ausdrücklich vom Modernismus distanzieren und in einem feierlichen Glaubensbekenntnis den »Anti-Modernisten-Eid« schwören müssten. Später, als Roncalli Papst geworden war, ließ er sich die Akten über seine Professorentätigkeit zeigen. Hinter seinem Namen fand sich tatsächlich die Notiz: »Des Modernismus verdächtig!« Niemand hatte damals mit ihm über diese unwahre Verdächtigung gesprochen; er musste vielmehr seine Tätigkeit als Professor beenden und wurde, von heute auf morgen, nach Bulgarien versetzt, weit weg von Rom, in ein Land, in dem es neben der großen Mehrheit der Orthodoxen nur ganz wenige Katholiken gab, die zudem in zwei Gruppen gespalten waren: in die so genannten Lateiner, die den Papst anerkannten, und die Unierten, die dem Papst nicht folgten.

Zehn Jahre musste Roncalli (den man, um ihm gegenüber dem orthodoxen bulgarischen König mehr Ansehen zu verleihen, zum Erzbischof ernannt hatte) in der Hauptstadt Sofia bleiben, wo ihm in der ersten Zeit eine enge Dreizimmerwohnung zugewiesen worden war. Er schrieb mehrere Male nach Rom und machte Verbesserungsvorschläge für die katholische Kirche in Bulgarien, doch niemand antwortete ihm. In seinen Notizen aus dieser Zeit, die ihm wie eine Verbannung vorkommen musste, liest man: »Mein Amt macht mir viel Kummer und Sorge. Aber es ist sonderbar: Dieser Verdruss kommt nicht durch die Bulgaren, für die ich tätig bin, sondern von Rom. Es ist eine Form von Kränkungen und Demütigungen, die ich nicht erwartet habe und die mich schmerzt.«

Auf das betrübliche Jahrzehnt in Bulgarien folgten noch einmal fast zehn Jahre in ostkirchlichen, orthodoxen Ländern: Erzbischof Roncalli wurde päpstlicher Abgesandter für die Türkei und Griechenland. Jetzt konnte er, mitten in der Großstadt Istanbul, wieder eine kleine »lateinische« Katholikengemeinde leiten, konnte, wie ein einfacher Pastor, mit den Gläubigen die Messe feiern, ihnen die Beichte abnehmen, Kinder taufen und auf die Kommunion und die Firmung vorbereiten – seelsorgerische Tätigkeiten, die ihm bei seinen vielfältigen Aufgaben in den weit ausgedehnten Gebieten Bulgariens fast gar nicht mehr möglich gewesen waren. Doch die Regierungen der Türkei und Griechenlands waren wenig kirchenfreundlich und machten ihm Schwierigkeiten, wo sie nur konnten. Ähnlich wie schon vorher in Bulgarien, so sagte er später auch von seinem neuen Aufgabengebiet, dass die Arbeit für ihn ein großes Opfer gewesen sei, das er nur im Gehorsam gegen die Kirche und den Papst habe bringen können. Doch brachte ihm die Amtszeit im Osten einen großen, unersetzlichen Gewinn: Er lernte den tiefen Glauben und die vorbildliche Frömmigkeit der von Rom getrennten orthodoxen Christen kennen und schätzen, wie sonst wohl kein anderer Bischof der Welt. Die Liebe zur Ostkirche hat später, als er Papst geworden war, bei seinen Überlegungen und Entscheidungen stets eine wichtige Rolle gespielt.

Ein neuer Papst, Pius XII., rief ihn im vorletzten Jahr des Zweiten

Weltkriegs aus dem Osten zurück und übertrug ihm das verantwortungsvolle Amt des Obersten Gesandten des Vatikans und des Vertreters der Interessen der katholischen Kirche: Er machte ihn zum »Nuntius« von Frankreich.

Endlich gab es für Angelo Roncalli wieder Aufgaben und Arbeiten, die seinen überdurchschnittlichen Fähigkeiten angemessen waren; endlich war er nicht mehr der unbekannte Bischof unter Bischöfen, der »in der fernen Türkei« demütig seine Alltagsarbeit tat. Er war einer der prominentesten Kirchenfürsten geworden, der in Paris, der damaligen heimlichen Hauptstadt der westlichen Welt, residierte, der mit Politikern und hohen Diplomaten verhandelte, der vom französischen Staatspräsidenten im Elysee-Palast zu Empfängen geladen wurde. Er bereiste alle französischen Bistümer diesseits und jenseits des Mittelmeers und sorgte in den politischen Wirren der Nachkriegszeit dort überall für Ordnung und Erneuerung. Zudem setzte sich Nuntius Roncalli, wann immer sich eine Möglichkeit bot, bei der Regierung in Paris dafür ein, dass deutsche Kriegsgefangene aus französischen Gefangenenlagern freikamen; jungen Gefangenen, die Priester werden wollten, ermöglichte er, in Chartres das Theologiestudium aufzunehmen.

Im Jahre 1953 ernannte Papst Pius den Bischof Angelo Roncalli zum Kardinal und – noch im selben Jahr – zum »Patriarchen« und Bischof von Venedig, der nach Rom bedeutendsten Stadt Italiens.

Als, fünf Jahre danach, Pius XII. nach langer Krankheit starb, mussten die Kardinäle aus allen Ländern der Welt sich in Rom versammeln, um einen neuen Papst zu wählen. In der geheimen Wahlversammlung, dem »Konklave«, berieten sie darüber, wer in Zukunft die katholische Kirche leiten sollte. Sollte es ein fortschrittlicher, ein nach vorn denkender Papst sein? Oder einer, der sich eher an der Vergangenheit orientierte und auf die Erhaltung des bewährten Alten setzte? Vielleicht einer, der sich halbherzig und unentschlossen weder auf die eine noch auf die andere Richtung festlegte? Oder sollte man einen *Übergangspapst* wählen, einen alten Mann, der nicht mehr lange zu leben hätte, sodass man in ein paar Jahren noch einmal neu über die Entscheidung nachdenken könnte? Zehnmal gingen die 51 Kardinäle zur Urne und gaben ihren Stimmzettel ab. Erst nach dem elften Wahlgang – solch ein Zögern hatte es seit Menschengedenken nicht gegeben! – stand das Ergebnis fest. Der Vorsitzende trat auf den Mittelbalkon des Petersdoms und rief den 300 000 Menschen, die geduldig auf dem Petersplatz gewartet hatten, mit feierlicher Stimme zu: »Habemus Papam! Wir haben einen Papst!« Dann kam, im weißen Gewand, der neue Papst nach vorn an die Brüstung und segnete die jubelnden Leute. Es war Angelo Giuseppe Roncalli, der sich von nun an Johannes XXIII. nannte.

Johannes XXIII. war am Tag seiner Wahl 77 Jahre alt. Wer aber geglaubt hatte, nun säße ein alter, zum Regieren nicht mehr sonderlich fähiger Greis auf dem Papstthron, musste schon bald gründlich umlernen. Einen Monat nach seiner feierlichen Krönung in der Lateran-Basilika rief er erneut die Kardinäle zusammen und gab ihnen zu ihrer großen Überraschung die Namen von 23 Bischöfen bekannt, die er zu Kardinälen ernannt hatte, darunter erstmals ein Japaner und ein »Schwarzer« aus Afrika; bald danach kamen noch einmal zehn hinzu. Für eine womöglich in absehbarer Zeit notwendige nächste Papstwahl hatte er also vorsorglich die Zahl der Wahlberechtigten von 51 auf 83 erhöht, mit der Absicht, dann eine größere Meinungsvielfalt und mehr Mitbestimmung zum Zuge kommen zu lassen. Damit hatte er kurzerhand eine 400 Jahre alte Regel außer Kraft gesetzt, nach der die Zahl der Kardinäle nicht höher als 70 sein durfte. Überall staunte man über seine rasche Entschlusskraft und über seinen Weitblick. Wie groß aber war erst das Erstaunen, als er am 25. Januar 1959, nur hundert Tage nach dem denkwürdigen Augenblick, da er sich auf dem Balkon des Doms des heiligen Petrus zum ersten Mal dem Volk als Papst vorgestellt hatte, nun in der Kirche des heiligen Paulus »gewiss ein wenig zitternd vor Bewegung, aber zugleich in demütiger Entschlossenheit und in festem Vorsatz« bekannt gab, dass er in Kürze ein Konzil für die gesamte Kirche einberufen werde.

Die Ankündigung des Papstes wurde von den Katholiken und von vielen nicht katholischen Christen in der ganzen Welt begeistert aufgenommen. Überall kursierte das Wort *»aggiornamento«*, das Johannes XXIII. in jenen Tagen gern benutzte, ein Begriff, der sich von dem italienischen »giorno« (= Tag) herleitet: Die Kirche sollte sich endlich auf den heutigen Tag besinnen, sollte die Fragen und Sorgen der heutigen Menschen aufgreifen und ihnen Hilfen anbieten für ein Leben aus dem Glauben. Manche, die es hörten, waren skeptisch: Grenzte das aggiornamento nicht fast an Modernismus? Sie erinnerten daran, dass der jeweils regierende Papst – auf dem vorigen Konzil vor 90 Jahren – in den wichtigsten kirchlichen Fragen für »unfehlbar« erklärt worden war und daher jedes künftige Konzil überflüssig geworden sei; warum sollte jetzt, statt der einen einzigen Stimme des Papstes, ein Konzil zusammentreten und mit vielen Stimmen sprechen, womöglich nicht einheitlich, sondern vielfältig? Einer der Kardinäle (der später selber Papst wurde) warnte, verärgert: »Dieser heilige alte Knabe scheint nicht zu merken, in was für ein Hornissennest er da sticht!«, und ein anderer, der mächtigste unter den Kardinälen, sagte: »Die Kirche wird 50 Jahre brauchen, um sich von den Irrwegen Johannes XXIII. zu erholen.« Ein dritter schlug dem Papst vor, die Vorbereitungszeit für das Konzil zu verlängern, vielleicht in der Hoffnung, dass der Papst darüber sterben und dass der Plan, ein Konzil durchzuführen, aufgegeben werde. Der Papst ließ sich nicht beirren. Statt die Vorbereitungszeit zu verlängern, verkürzte er sie; statt eine einzige oder nur einige wenige Meinungen in das Konzil einzubringen, ließ er aus der ganzen Welt schriftliche Vorschläge von Bischöfen und Theologieprofessoren einholen. Am 11. Oktober 1962 war es so weit: Mehr als 2 500 »Konzilsväter« zogen in den Petersdom ein, Kardinäle und Bischöfe, Berater und eingeladene Gäste, sowie Beobachter aus nicht katholischen Kirchen, das Konzil hatte begonnen. Papst Johannes XXIII. hielt die Eröffnungsrede. »Die Hauptaufgabe des Konzils«, sagte er zunächst, »liegt darin, die christliche Lehre zu bewahren und wirksam zu erklären.« Dann fuhr er fort und alle horchten auf: »Doch es ist nicht unsere Aufgabe, diesen kostbaren Schatz nur zu bewahren, als ob wir uns nur einzig und allein für das interessieren, was alt ist. Wir wollen jetzt vielmehr freudig und furchtlos an das Werk gehen, das unsere Zeit erfordert und den Weg fortsetzen, den die Kirche seit zwanzig Jahrhunderten zurückgelegt hat. Die Lehre der Kirche muss so erforscht und ausgelegt werden, *wie unsere Zeit es verlangt.*« Als der Papst das sagte, wussten die Konzilsväter, dass er wahrlich ein »Übergangspapst« war: ein Papst, der die Fenster zur Welt aufstieß und den Weg wies für den Übergang von den vergangenen zwanzig Jahrhunderten nach vorn, in die Zukunft der Kirche.

Die Konzilsväter machten sich an die Arbeit. Als sie nach drei Jahren das Konzil für beendet erklärten, hatten sie – neben vielen Einzelaussagen – 16 wichtige zukunftsweisende Dokumente verfasst: Über die Erneuerung der Liturgie, durch die es möglich wurde, dass die Gläubigen nicht mehr nur als Zuhörer und Zuschauer, sondern als Mitfeiernde an den Gottesdiensten teilnehmen konnten; über die Ostkirchen und die Zusammenarbeit mit den nicht katholischen christlichen Kirchen, die Ökumene; über die Religionsfreiheit und über die christliche Erziehung; über den Dienst der Kirche in der Welt von heute, um nur einige zu nennen.

Der Papst nahm nicht selbst an den Sitzungen teil; er wollte nicht durch seine Anwesenheit die freimütigen Debatten der Konzilsväter beeinflussen. Er tat vielmehr seine Alltagsarbeit wie gewohnt weiter. Er kümmerte sich um Vorschriften, Gebote und Gebete: So fügte er zum Beispiel in das »Hochgebet«, den zentralen Text der Messe, neben dem Namen von Maria, der Mutter des Jesus, auch den Namen des heiligen Josef ein, den man bis dahin »vergessen« hatte; andererseits strich er aus einem jahrhundertealten Karfreitagsgebet die judenverachtende Stelle, in der es hieß: Lasset uns beten für »die perfiden Juden«. Manchmal, wenn er mit nicht katholischen Besuchern, mit Orthodoxen oder eben auch mit Juden, zusammentraf, breitete er seine Arme aus und begrüßte sie (indem er auf seinen zweiten Taufnamen Giuseppe anspielte) mit den Worten, die einst im Alten Testament der ägyptische Josef, der Sohn Jakobs, seinen Brüdern zugerufen hatte, die lange Zeit mit ihm zerstritten gewesen waren: »Ich bin Josef, euer Bruder!« Einmal, so wird erzählt, sei er mit seinem Sekretär durch die Vatikanischen Gärten gegangen, habe dem Gärtner zugeschaut und mit ihm über seine Arbeit und seine Familie gesprochen. Zuletzt habe er seinem Sekretär zugeflüstert: »Gib ihm ein Marienbildchen, aber eins, mit dem er seiner Frau einen Blumenstrauß kaufen kann!« Der Sekretär wusste von früheren ähnlichen Begebenheiten, was der Papst meinte und drückte dem Gärtner ein »Marienbildchen« in die Hand: Es war ein Geldschein (auf dem allerdings nicht die heilige Maria von Nazaret, aber eben doch eine andere, nämlich die berühmte italienische Pädagogin Maria Montessori abgebildet war). Immer wieder – was vor ihm noch nie oder doch nur äußerst selten ein Papst getan hatte – verließ er den Bezirk der Vatikanstadt und ging hinunter in die Straßen von Rom: Er besuchte Krankenhäuser und Waisenhäuser, er ging in Gefängnisse, plauderte ungeniert mit den Häftlingen (und erzählte ihnen, dass sein Onkel auch einmal »gesessen« habe, weil man ihn beim Wildern erwischt hatte). Er setzte seine Besuche in allen 192 Pfarrgemeinden Roms fort, lehrte, mahnte und tröstete. Als er erfuhr, dass man ihn in Anspielung auf die Figur eines eiligen Spaziergängers auf dem Flaschenetikett einer bekannten Whiskymarke seit langem »Johnnie Walker«, Johannes den Spaziergänger, nannte, musste er herzlich lachen.

Er ging zu den Menschen und er lud die Menschen zu sich ein.

Der Papst besuchte Krankenhäuser und Altenheime und das römische Gefängnis »Regina Coeli«. Er scherzte mit den Häftlingen: »Mein Onkel hat auch mal gesessen …«

Jeden Mittag – ebenfalls gegen alle Gewohnheiten im Vatikan – hatte er mal berühmte, mal einfache Leute an seinem Tisch. In seinen zahlreichen Audienzen besuchte ihn, den einstigen Bauernjungen von Sotto il Monte, die Queen von England, der französische Präsident de Gaulle kam, und Eisenhower, der Präsident der USA; der Schah von Persien war sein Gast, und die Fürstin von Monaco; er empfing Erzbischof Fisher, den »Primas« der von Rom getrennten Anglikanischen Kirche, und schließlich, drei Monate vor seinem Tod, lud er – gegen den Zorn und die aufgeregte Kritik der vatikanischen Oberen – einen hochrangigen ungläubigen Kommunisten zu sich ein: den Schwiegersohn des Sowjetischen Staatschefs Chruschtschow.

In den ersten Wochen des Konzils, da im Petersdom über den Weg der Kirche in die Zukunft beraten wurde, stand draußen die Menschheit am Rand einer Katastrophe. Das Verhältnis der beiden Großmächte USA und Sowjetunion, die im Jahre 1945 das nationalsozialistische Deutschland besiegt hatten, kühlte sich ab und ging mehr und mehr in gegenseitigen Hass über. Im Westen und im Osten Europas schlossen sich die nunmehr einander feindlich gesonnenen Staaten – hier unter Präsident John F. Kennedy, dort unter Generalsekretär Nikita Chruschtschow – zu zwei Machtblöcken zusammen und grenzten sich durch Mauern und Stacheldrahtzäune voneinander ab. Es kam zu einer schweren Krise: Die Sowjetunion stationierte in Kuba, einem Inselstaat vor der amerikanischen Küste, Atomraketen; die USA fühlten sich bedroht und verlangten von Russland, die Raketen sofort aus Kuba zu entfernen. Als die Krise auf dem Höhepunkt war und keine der Großmächte nachgeben wollte, sandten sowohl Kennedy als auch Chruschtschow Boten an den Papst und baten ihn um Rat. Es gelang dem Papst, der in jenen Tagen schon unheilbar an Krebs erkrankt war, zu vermitteln. Er ließ alle Arbeit liegen und verfasste unverzüglich eine Friedensbotschaft an die beiden verfeindeten Staatsmänner. »Ich flehe die Staatsoberhäupter an«, schrieb er, »sich dem Schrei der Menschheit ›Frieden, Frieden!‹ nicht zu verschließen. Tun Sie alles, was in Ihrer Macht steht, um den Frieden zu retten! Verhandeln Sie weiter!« Das schier Unmögliche geschah: Nur wenige Tage darauf gab Chruschtschow nach und zog die Raketen aus Kuba ab. »Die Botschaft des Papstes«, notierte er später, »war der einzige Hoffnungsschimmer. Was der Papst für den Frieden getan hat, wird in die Geschichte eingehen.« Damals hat kaum jemand so recht wahrgenommen, dass nicht zuletzt Johannes XXIII. es war, der die Welt vor einem Dritten Weltkrieg bewahrt hatte.

Anfang Dezember, nach acht Wochen intensiver Arbeit, ging die erste »Sitzungsperiode« des Konzils zu Ende; später folgten noch drei weitere, die Johannes XXIII. jedoch nicht mehr erlebt hat. Die Krebskrankheit verschlimmerte sich von Tag zu Tag. Mit großer Anstrengung und unter starken Schmerzen arbeitete er in den beiden letzten Lebensmonaten an einem großen Sendschreiben, an der Enzyklika *Pacem in Terris* (= Frieden auf Erden). Wie schon vor fünf Jahren, bei seinen ersten Amtshandlungen, so war auch bei der letzten wiederum die Überraschung und das Erstaunen seiner Mitarbeiter groß: Er adressierte die Enzyklika nämlich nicht an die katholischen Bischöfe (wie das bei päpstlichen Enzykliken immer üblich gewesen war), sondern, erstmals in der Kirchengeschichte, direkt an »alle Menschen guten Willens«, gleich welchen Glaubens und welcher politischen Gesinnung sie seien.

Sicher standen dem Papst noch die aufregenden Ereignisse der Kuba-Krise vor Augen, als er in seiner Friedensenzyklika die »Gewährleistung eines allgemeinen Friedens als die Hauptaufgabe unserer Zeit« bezeichnete. Leidenschaftlich forderte er die Einstellung des »Wettrüstens«, vor allem der Atombombenversuche. Ausdrücklich betonte er die Gleichheit aller Menschen, mit großem Ernst wandte er sich gegen jede Art von Kolonialismus und Rassendiskriminierung. Er sprach sich für den sozialen Aufstieg der Arbeiterklasse und für die verstärkte Teilnahme der Frauen am öffentlichen Leben aus. Für die Erreichung solcher hochgesteckter Ziele solle man aber nicht nur beten und Gott um Hilfe anrufen, schrieb der vor kurzem noch als unbedeutender Übergangspapst Bespöttelte: Alle Menschen müssten vielmehr ihre Verantwortung erkennen und ihre Kraft für eine bessere Zukunft der Menschheit einsetzen.

Am Pfingstsonntag, dem 3. Juni 1963, abends um acht Uhr, starb Johannes XXIII. Wenn man je einen Papst einen »Heiligen Vater« hat nennen dürfen, dann ihn.

Mutter Teresa

Die Missionarin der Nächstenliebe

Die Friedensnobelpreisträgerin Mutter Teresa, von vielen die größte Frau des 20. Jahrhunderts genannt, hat »die Tränen von Millionen Leidenden getrocknet« (Kumar Gurjal, Ministerpräsident von Indien).

Als vor noch nicht so langer Zeit das 20. Jahrhundert mit Gedenkveranstaltungen, mit »Jahrhundertrückblicken« und zahllosen ausgelassenen Festen zu Ende ging, fragte man in vielen Ländern der Welt die Leute im Fernsehen und in den Illustrierten, wen sie für die größte Frau des abgelaufenen Jahrhunderts hielten. Die meisten – Christen und Nichtchristen – nannten ohne lange nachdenken zu müssen den Namen der katholischen Nonne Teresa, die als Mutter der Armen »die Tränen von Millionen Leidenden getrocknet hat«, wie der Ministerpräsident ihres Wirkungslandes Indien bei ihrer Begräbnisfeier sagte.

Die später nur noch Mutter Teresa genannte heilige Frau wurde als Agnes Bojaxhiu am 26. April 1910 in Skopje in Albanien geboren; heute ist das lange Zeit türkische, dann albanische und jugoslawische Skopje die Hauptstadt des Balkanstaates Mazedonien. Ihre Eltern waren verhältnismäßig reich: Der Vater leitete, als Mitinhaber einer Baufirma, ein Architektenbüro; der Mutter gehörte ein Stoffgeschäft. Die Familie Bojaxhiu zählte in dem überwiegend muslimischen Land zur katholischen Minderheit. Nach ihrer Schulzeit entschied sich die achtzehnjährige Agnes, ins Kloster zu gehen und Nonne zu werden. Sie fuhr nach Irland und trat in Dublin in einen Frauenorden ein, deren Mitglieder sich nach ihrem Entstehungsland »Kongregation der Englischen Fräulein« nannten.

Noch im selben Jahr, 1928, nach nur wenigen Wochen, wurde Agnes von Irland aus nach Indien geschickt, um dort – in Darjeeling am Rand des Himalayagebirges – ihre vorgeschriebene dreijährige Lern- und Besinnungszeit zu absolvieren. In Darjeeling schloss Agnes sich einer Unterabteilung der Englischen Fräulein an, den »Loreto Nuns«, den Nonnen von Loreto (benannt nach dem italienischen Marienwallfahrtsort Loreto). Sie lernte Englisch und die beiden indischen Landessprachen Hindi und Bengali und legte schließlich bei den Loreto Nuns ihre Ewigen Ordensgelübde ab. Von da an hieß sie nicht mehr Agnes, sondern Schwester Teresa. Als fester Lebens- und Arbeitsplatz wurde ihr von der Ordensleitung Kalkutta zugewiesen, die (nach Bombay) zweitgrößte Stadt Indiens. Dort arbeitete Schwester Teresa zuerst als Lehrerin, dann als Direktorin eines Mädchengymnasiums, der St. Mary's High School von Kalkutta.

Vom Fenster ihres Zimmers aus, in dem Schwester Teresa neben der Schule wohnte, konnte sie hinunterblicken in eines der vielen Armenviertel von Kalkutta, wie es sie in manchen Großstädten der Welt gibt und die man Slums, zu deutsch Schmutzgassen-Viertel, nennt. Immer wenn der Wind von Osten kam, zog ein unsäglicher Gestank aus den Slums zum Gymnasium und zum Wohnheim der Schwestern herauf, sodass sie alle Fenster zumachen und die schützenden Rollläden herunterlassen mussten. Eines Tages überwand Teresa ihren Abscheu, den sie bis dahin wie alle anderen kaum hatte unterdrücken können: Mit vier ihrer Schülerinnen ging sie hinaus in das Armenviertel. Was sie da in dem Gewirr der engen Gassen sahen und hörten und rochen, verschlug ihnen den Atem. Ausgehungerte alte Männer lagen auf den Bürgersteigen, nackt und verschmutzt; Frauen kauerten in Hauseingängen und versuchten vergeblich, aus ihren eingefallenen Brüsten ihre erst wenige Tage alten Babys zu stillen; Hunde streunten umher und fraßen die Abfälle, die in den Hinterhöfen dahinfaulten; in den dreckigbraunen Abwässern der Kanäle lagen Leichen von neugeborenen Kindern, die verzweifelte Mütter hineingeworfen hatten.

Als Schwester Teresa und ihre Schülerinnen am Abend in das Wohnheim am Kloster zurückkehrten, waren sie noch immer wie gelähmt vom Entsetzen, das sie in dem Armenviertel gepackt hatte. Doch schon in der nächsten und übernächsten Woche machten sie sich erneut auf den Weg, dieses Mal bereits zu zehnt; allen voran, klein von Gestalt und von zierlichem Wuchs: Schwester Teresa. Sie nahmen Medikamente und Verbandszeug mit, Jod und andere Desinfektionsmittel, trugen Körbe mit getrocknetem Fisch und kleine Tröge mit gekochtem Reis zu den Armen und teilten Wäsche und Kleidungsstücke aus, so viele sie davon hatten herbeischleppen können. So taten sie von da an regelmäßig, und wenn auch den vielen Armen und Kranken, Hungernden und Sterbenden damit nur wenig geholfen war, so kamen doch die von Haus aus reichen und wohl behüteten jungen Mädchen unter Teresas Leitung wenigstens zum ersten Mal mit Menschen in Berührung, von denen sie bis dahin kaum wussten, dass es sie überhaupt gab.

Einmal – sie erinnerte sich bis zuletzt genau an das Datum: Es war der 10. September 1946 und sie war gerade etwas mehr als 36 Jahre alt – musste Direktorin Teresa im Auftrag der Ordensleitung mit dem Zug von Kalkutta aus in das 700 km entfernt gelegene Mutterhaus der Loreto Nuns nach Darjeeling fahren. In der Nacht wachte sie plötzlich, wie von jemandem angestoßen, in ihrem Zugabteil auf und fuhr verwirrt von ihrer Holzbank hoch. »Ich hörte den Ruf«, erzählte sie später, »alles aufzugeben und Christus nachzugehen, der mir vorausging in die Slums von Kalkutta. Ich spürte und wusste: Es war sein Wille. Ich musste ihm folgen, um ihm bei den Ärmsten der Armen zu dienen.«

Zurück in Kalkutta, rief sie ihre Mitschwestern zusammen und erzählte ihnen von ihrer Berufung im Nachtzug Kalkutta-Darjeeling. »Ich werde mein Amt als Direktorin des Gymnasiums niederlegen«, sagte sie. »Die High School leiten, das kann auch eine andere Schwester tun. Und mit den Mädchen in die Slums gehen, um heute hier eine Stunde und morgen dort eine Stunde den leidenden Menschen zu helfen: Das ist zu wenig. Ich will alles aufgeben, alles: meine Stellung, mein Amt, meine saubere Klosterzelle und meine geringe Habe, und mich ganz in den Dienst Christi stellen.«

Die Schwestern und die Schülerinnen versuchten, Teresa zum Bleiben zu bewegen und von ihrem Vorhaben abzubringen – vergeblich. Teresa schrieb an den Erzbischof und mehrmals an den damaligen Papst Pius XII. und bat, den Orden der Loreto Nuns verlassen zu dürfen, um sich mit einigen gleichgesinnten Frauen zusammenzutun, »allein von Gott geschützt und geführt«. Der Erzbischof lehnte Teresas Antrag ab, doch der Papst gab dem Drängen der hartnäckigen Schwester nach und erlaubte ihr, eine eigene Ordensgemeinschaft zu gründen. Da legte das Englische Fräulein Teresa das vornehme schwarze Ordenskleid der Loreto Nuns ab, kaufte sich – wir würden heute sagen: für umgerechnet einen Euro – ein einfaches weißes Kleid mit blauer Borte und tat, im Sommer 1948, mutterseelenallein den ungewissen Schritt in ihr neues Leben.

Das verwahrloseste und verrufenste Slumviertel von Kalkutta heißt Tiljala. Dorthin ging Teresa noch am selben Abend zu einer ihr von früher her bekannten siebenköpfigen Familie, bei der sie (gegen ein kleines Stück Seife, das sie aus dem Loretokloster mitgenommen hatte) die Nacht über bleiben durfte. Am anderen Tag machte sie sich, nach einem kargen Frühstück bei den sieben armen Leuten, an die Arbeit.

An die Arbeit? Was sollte sie, was konnte sie tun? Mit ihren bloßen zwei Händen, ohne Geld, ohne einen Bissen, den sie mit jemandem hätte teilen, ohne einen Becher, aus dem sie einem vom Durst Gequälten hätte zu trinken geben können? Sie musste sich fürs Erste damit begnügen, hier eine todkranke Frau, die hilflos in der sengenden Sonne lag, in einen schattigen Mauerwinkel zu zerren, dort einem von der Lepra verstümmelten Kind die Fliegen und Stechmücken vom Körper zu scheuchen, einen über und über mit Geschwüren bedeckten Greis notdürftig zu waschen und da und dort jemandem, der im Sterben lag, ein Wort des Abschieds und des Trostes zuzusprechen.

Am dritten Tag nach ihrem Abschied von den Loreto Nuns – Teresa war gerade dabei, einen Mann, der vor Schwäche mitten auf der Gasse zusammengebrochen war, an den Schultern hochzuheben und wegzutragen, damit er nicht von den vorüberrollenden Karren der Händler überfahren wurde – kam eine junge bengalische Frau herbei, sprach nichts, beugte sich nieder und packte ohne zu zögern den von Fieberschauern geschüttelten Mann bei den Füßen. Auch Teresa fragte nicht lange, wer sie sei; zu zweit trugen sie ihn an den Rand der Gasse, richteten ihn auf und lehnten ihn an eine Hauswand.

»Ich hole Wasser«, sagte die junge Frau und lief die Gasse hinab; dort stand ein Wasserverkäufer, der seine kostbare Ware feilbot.

»Schnell!«, rief die junge Bengalin, »einen Becher Wasser für einen Zusammengebrochenen, dem der Tod schon im Gesicht geschrieben steht!«

»Hast du Geld?«, fragte der Wasserverkäufer. »Wenn nicht, geh weiter. Was schert es mich, wenn er stirbt? Immer gut für Kalkutta, wenn's wieder einen von diesen Elenden weniger gibt, der nur den anderen zur Last fällt.«

Erschüttert und stumm vor Zorn lief die junge braunhäutige Frau zurück. In den folgenden Tagen blieb sie bei Schwester Teresa und half ihr nach Kräften. Sie war 19 Jahre alt und Teresa, die zu dieser Zeit vierzig wurde, gestattete ihr, sie »Mutter« zu nennen. Später gab die Bengalin ihren schwer auszusprechenden Namen auf und nannte sich Agnes – in Verehrung für Mutter Teresa, die als Kind in Skopje Agnes geheißen hatte.

Teresa und Agnes waren von da an unzertrennliche Freundinnen. Tag für Tag und manchmal auch halbe Nächte waren sie unterwegs. Hin und wieder gingen sie für ein paar Stunden aus den Slums fort und bettelten an den Türen der Reichen in den vornehmen Vierteln von Kalkutta, denn sie brauchten Geld, um Waschmittel und Kinderwindeln, Reis und Obst, Lepra-Tabletten und Verbandszeug zu kaufen. Als sie wieder einmal mit Geschenktem und Gekauftem auf den Schultern durch die Stadt gingen und ihre Schätze nach Tiljala trugen, begegnete ihnen ein Mädchen, Dorothy, eine ehemalige Schülerin der High School, die Teresa bis vor kurzem geleitet hatte. Sie blieben auf ein paar Worte beieinander stehen und Teresa und Agnes erzählten ihr von der Arbeit in den Slums. Tags darauf kam Dorothy, zusammen mit ihren Freundinnen Gertrude, Bernarda und Andrea zu Mutter Teresa: Sie boten sich zum Mithelfen an. Andere Mädchen und junge Frauen hörten davon, und als kaum ein Jahr vergangen war, da waren es dreißig, die Morgen für Morgen sich zusammen auf den Weg machten, um denen zu helfen, denen sonst niemand half. Nicht nur einfache und unerfahrene Mädchen gehörten zu der Schar der Hilfsbereiten; auch eine Ärztin war dabei, eine ausgebildete Hebamme, zwei Lehrerinnen und mehrere gelernte Krankenschwestern.

Mutter Teresa sah die Zeit gekommen, ihre Idee, einen Orden zu gründen, Wirklichkeit werden zu lassen. Sie setzte sich mit kirchlichen Beratern zusammen und entwarf eine Ordensregel, die sie zum Papst nach Rom schickte. Was sonst in der kirchlichen Verwaltung viele Jahre in Anspruch nimmt, geschah hier binnen kurzer Zeit: Der Papst genehmigte die Regel sowie die von Teresa vorgeschlagene Ordensbezeichnung *Genossenschaft der Missionarinnen der Liebe* schnell. Auch der vordem so zögerliche Erzbischof von Kalkutta gab Teresa und ihren Frauen nun endlich seinen Segen; er schenkte ihnen ein Haus, das ihm ein wohlhabender gläubiger Moslem überlassen hatte, als er außer Landes ging, und das (in der »Unteren Ringstraße 54a«) noch heute die Zentrale der Genossenschaft der Missionarinnen der Liebe ist.

Die Ordensregel, die Mutter Teresa verfasst hatte, bestand in ihrem Kern aus den drei Geboten, die zu jeder katholischen Ordensregel gehören. Die Missionarinnen mussten Dreierlei geloben: *Armut* (sie durften keinen persönlichen Besitz haben, alles sollte allen gehören), *Gehorsam* (die eigenen Wünsche und Entschlüsse mussten hinter den Rat und die Befehle der Oberin zurücktreten) und *Keuschheit* (sie sollten ehelos leben, enthaltsam und bescheiden). Teresa fügte diesen drei Vorschriften eine vierte, verdeutlichende hinzu: Jede Schwester musste schwören, ihr ganzes Leben lang für die Ärmsten da zu sein und für ihren Dienst an den Armen von niemand auch nur einen einzigen Cent Lohn anzunehmen – es sei denn, es handelte sich um das ihnen zustehende Gehalt für ihren Dienst in Schulen, Heimen und Krankenhäusern, das vom Staat an den Orden gezahlt und von Mutter Teresa sogleich für den Aufbau weiterer Hilfseinrichtungen für Arme verwendet wurde.

Im Hause der Ringstraße 54a läutete jeden Morgen um halb fünf das Weckglöckchen. Die Schwestern standen auf, wuschen und pflegten sich, zogen ihren weißen Sari an – auf den sie, das gehörte zu ihrer Ordenstracht, vorn an der linken Schulter ein kleines Kreuz geheftet hatten – und beteten, jede still für sich, eine halbe Stunde lang das Morgengebet. Dann kamen sie in der Kapelle zum gemeinsamen Gottesdienst zusammen, um sich, wie Mutter Teresa es formulierte, »mit ihrem Herrn Jesus in der heiligen Kommunion zu vereinigen und für die Arbeit des Tages zu stärken«. Danach machten sie die fällige Hausarbeit, in den Zimmern und Gemeinschaftsräumen, in den Fluren und auf den Treppen, und schließlich frühstückten sie zusammen. Wenn draußen der Verkehrslärm der Großstadt zu toben begann, waren sie schon unterwegs. Mutter Teresa, ihre Oberin, teilte ihnen täglich die Arbeits- und Aufgabengebiete zu.

Die meisten wurden direkt zu den Kranken, Hungernden und Leidenden in den Slums geschickt. Andere gingen als Lehrerinnen in die Schulen der Armenviertel, wo es oft an guten und gewissenhaften Lehrern mangelte; wieder andere taten Dienst in Krankenhäusern, Altenheimen, Obdachlosenasylen, in Heimen für behinderte Kinder, in Armen-Apotheken oder auch in Gefängnissen. Manche aber besuchten noch regelmäßig eine Berufsschule oder ließen sich in einer Klinik als Arzthelferin ausbilden, andere setzten ihr medizinisches oder pädagogisches Studium fort, das sie unterbrochen hatten, als sie in den Orden eintraten; eine von ihnen studierte Jura, um als Anwältin Armen, die zu Unrecht angeklagt waren, vor Gericht beistehen zu können. Kaum eine Schwester, die nicht einen handfesten, für die harte Sozialarbeit in Indien brauchbaren und wichtigen Beruf erlernte. Nachmittags kamen sie dann alle von überall her zu festgesetzter Zeit zum Gebet zusammen; abends hielten sie täglich eine Meditations- und Gebetsstunde.

»Jedesmal, wenn ein Armer stirbt, sind wir einen Lästigen los, um den wir uns nicht mehr zu kümmern brauchen.« Was damals der hartherzige Wasserverkäufer zu Schwester Agnes gesagt hatte, ging ihr noch lange nach. Täglich erlebte sie, wie abends der Stadtreinigungsdienst mit Karren durch die Slums fuhr und tote Kinder, Frauen und Männer aufsammelte, wie man bei uns zu Lande den »Restmüll« abholt, Menschen, die Agnes am Vormittag noch mit einem kleinen Funken Leben in den Augen im Kot der Gassen hatte liegen sehen. Wie konnte man nur diesem himmelschreienden Skandal Einhalt gebieten? Als sie eines Tages mit Mutter Teresa in die Nähe des Städtischen Krankenhauses kam und mit ihr darüber sprach, was die Missionarinnen der Liebe tun könnten, sahen sie wieder einmal einen sterbenden Mann auf dem Pflaster liegen, an dem die Leute vorbeigingen, ohne auch nur hinzuschauen, geschweige denn zu helfen. Mutter Teresa und Schwester Agnes trugen den Mann zum Tor des Klinikgebäudes, ließen den Leiter rufen und baten ihn, den Mann aufzunehmen. Der Leiter schaute nur kurz hin; dann sagte er: »Wir sind ein Kranken-Haus, kein Toten-Haus. Ich kann ihn nicht aufnehmen. Er ist ein hoffnungsloser Fall.«

Teresa lief zu einer nahe gelegenen Apotheke, um ein Medikament zu kaufen. Als sie zurückkam, sagte Agnes zu ihr: »Zu spät. Er ist gestorben.« Da schlug Teresa wütend mit ihren Fäusten an die Tür des Krankenhauses und rief: »Ihr herzlosen Reichen! Ihr pflegt euren Hund und eure Katze besser als eure Menschenbrüder! Euer Lieblingstier hättet ihr nicht so sterben lassen.« Dann ging sie mit Agnes zur Polizei und zeigte den unmenschlichen Leiter der Klinik an. Der Kommissar hörte ihr geduldig zu. Dann hob er die Schultern, schüttelte betrübt den Kopf und sagte: »Sie haben ja Recht, gute Schwestern. Aber der Chef des Krankenhauses hat auch Recht. Was sollen wir denn machen? Die Krankenhäuser müssen sich um Kranke kümmern, von denen man hoffen darf, dass sie genesen. Für Todgeweihte haben wir, verzeiht, keinen Platz in Kalkutta.«

An diesem Abend bat Mutter Teresa nach der Meditationsstunde die Schwestern, noch in der Kapelle zu bleiben. Sie erzählte ihnen von dem schlimmen Vorfall und wie der Chefarzt der Klinik und der Polizeikommissar reagiert hatten. »Wir müssten ein Haus haben«, sagte sie, »in dem wir die Sterbenden unterbringen könnten, die wir auf der Straße finden. Wenn sie schon wie Tiere haben leben müssen, dann sollten sie, von uns gepflegt, wenigstens als Menschen in Würde sterben dürfen.«

Teresas Idee fand bei den Schwestern offene Ohren. In wenigen Tagen hatten sie am Rand der Slums aus Latten und Pappe eine einfache Hütte errichtet, nicht größer, als dass zwei Betten darin Platz fanden: das erste Sterbe-Haus! Zwei Monate später aber, als sie das kleine Haus um das Doppelte vergrößert hatten, kam in der Morgendämmerung ein Trupp Polizisten und riss das Sterbehaus nieder; Leute, die ein paar Straßen entfernt wohnten, hatten sich bei der Stadtverwaltung über den Anblick der primitiven Hütte, über das Stöhnen der Sterbenden und über den zuweilen unerträglichen Gestank beschwert.

Die schwarze Göttin Kali gilt bei den Hindus als »Mutter der Sterbenden«. Neben ihrem Tempel in Kalkutta stand Mutter Teresas Sterbehaus.

Die Missionarinnen waren entsetzt und enttäuscht, aber nicht entmutigt. Mutter Teresa ging jeden Tag von einem Krankenhaus in Kalkutta zum anderen, von Altenheim zu Altenheim, ging zu jeder städtischen Behörde und zu jeder kirchlichen Einrichtung, die mit Armen, Obdachlosen, Alten und Kranken zu tun hatte, und fragte nach Räumen, in die sie Sterbende einweisen und in denen sie Hoffnungslose auf den Tod vorbereiten könnte. Vergeblich. Die Behörden verwiesen sie auf ihre Dienstvorschriften, und in den Dienstvorschriften waren Sterbehäuser nicht vorgesehen. Schließlich fand sie im Gesundheitsamt einen älteren Herrn, der sich an Teresas Anliegen interessiert zeigte. Sie vereinbarten ein Treffen nach Dienstschluss und er führte sie zum Tempelgelände der indischen Göttin Kali, das mitten in der Stadt lag, nahe beim Ganges-Fluss. Die gläubigen Hindus verehrten Kali (= die Schwarze) als ihre Große Mutter, die von denen, die in Angst leben, die bösen Geister fern hält. Vor allem im Todeskampf steht sie den Menschen gegen die Dämonen bei. Darum war ihr steinernes Bild an der Rückwand des Tempels von einem Kranz hohläugiger Totenschädel umrankt. Manche nannten Kali »Mutter der Sterbenden«. Jahr für Jahr reisten viele Tausend Pilger Ende September nach Kalkutta, um ihr eine junge Ziege zum Opfer darzubringen.

Neben dem Tempel war eine Herberge, von der der Verwaltungsbeamte jedoch wusste, dass sie seit einiger Zeit leer stand, weil sie alt war und von Tag zu Tag mehr verfiel, sodass sie in absehbarer Zeit abgerissen werden sollte. Mutter Teresa griff zu. Zwei Tage später rückte sie mit ihren Schwestern und einer Handvoll freiwilliger Helfer an: Sie setzten Stützen unter einsturzgefährdete Wände, besserten Fußböden aus, dichteten Fenster ab, fegten und putzten die Räume, stellten in den Sälen und auf den Fluren zusammenklappbare Feldbetten auf und richteten alles so her, dass nach nur wenigen Wochen die ersten Schwerkranken und dem Tode Nahen in der ehemaligen hinduistischen Tempelherberge untergebracht werden konnten.

Im Sterbehaus von Kalkutta. »Wenn sie schon wie Tiere leben müssen, dann sollen sie, von uns gepflegt, wenigstens als Menschen in Würde sterben dürfen!«

Christinnen neben dem Tempel der Göttin Kali! Katholische Nonnen in einer ehemaligen, den Indern heiligen Pilgerherberge! Einige fanatische Hindu-Mönche wollten die Schwestern vertreiben; vornehme Anwohner gingen hin und verlangten vom Einwohneramt, das Sterbehaus der Nonnen zu schließen, das sie einen stinkenden Schandfleck der gepflegten Innenstadt von Kalkutta nannten. Der Leiter des Einwohneramtes, von den hochnäsigen und einflussreichen Frauen eingeschüchtert, fertigte eine schriftliche Verfügung über die Ausweisung der Ordensschwestern aus der alten Pilgerherberge an und ging selbst hinüber, um Mutter Teresa das amtliche Schriftstück zu überbringen.

»Wo ist das Verwaltungsbüro?«, fragte er an der Tür. »Wir haben kein Verwaltungsbüro.« – »Wo finde ich Frau Bojaxhiu?« – »Mutter Teresa? Sie ist oben im Saal bei den Sterbenden.« – »Oben? Wo genau? Führen Sie mich hinauf!«

Im Obergeschoss angekommen, bahnte der Beamte sich einen Weg durch die eng nebeneinander stehenden Feldbetten, an denen Schwestern knieten und auf deren Kanten Pflegerinnen saßen, die sich dem Orden der Missionarinnen der Liebe angeschlossen hatten. Man zeigte ihm Mutter Teresa: Sie stand da, unscheinbar, wie sie war, über eine Frau gebeugt, und zog ihr mit ihren kleinen spitzen Fingern rötlich-weiße Maden aus einer eiternden Wunde, die davon herrührte, dass ihre erwachsenen Söhne sie geschlagen und aus dem Haus gestoßen hatten und die sich von der Achselhöhle bis hinunter zur Hüfte hinzog. Im ganzen Sterbehaussaal sah er Ähnliches: überall Menschen, die eher Leichen als Lebende waren und von den Schwestern und Helferinnen von Schmutz und Ungeziefer gereinigt, mit warmem Wasser und beißend riechenden Desinfektionslösungen abgewaschen und in weiße Betttücher gewickelt wurden.

Der Beamte war nahe daran, sich erbrechen zu müssen. Er hielt sich sein Taschentuch vor Mund und Nase und eilte, ohne dass er auch nur ein einziges Wort mit Mutter Teresa hatte sprechen können, zurück zu seinem Büro im Einwohneramt. Dort warteten seit zwei Stunden ungeduldig die Frauen, die die Ausweisung der Nonnen beantragt hatten.

»Meine Damen«, sagte er, als er sich endlich gefasst hatte, »Sie wünschen, dass ich die Schwestern fortschicke? Gut, das will ich tun – aber erst dann, wenn Sie selbst oder Ihre Mütter oder Töchter sich bereit erklären, die elendsten Geschöpfe, die wir in Kalkutta haben, aufzunehmen, zu pflegen und in den Tod zu begleiten.« Sprach's und ließ die Anklägerinnen stehen.

Wenige Tage darauf versuchten auch einige Priester, die zu den Unduldsamen in der Gruppe der Mönche des Kali-Tempels gehörten, die Schwestern zu vertreiben. Sie wählten einen besonders Fanatischen aus ihrer Mitte, einen breitschultrigen, Furcht einflößenden Mann, der als redegewandt und unbeugsam galt, und schickten ihn kurz vor Einbruch der Nacht zur Herberge neben dem Tempel. Ohne viel zu fragen, stapfte er die Treppe zum Obergemach hinauf – er kannte sich in der Herberge aus, denn schon 30 Jahre tat er Dienst im Heiligen Bezirk der Göttin Kali – und rief, in der Türe stehend, quer durch den Saal: »Alle herhören! Ich habe etwas Wichtiges zu sagen!«

Mutter Teresa blickte den Störenfried an und winkte ihm, er solle näher kommen und sich neben sie auf den Boden setzen. Der verdutzte Mann gehorchte, und als er noch einmal anheben wollte zu sprechen, nun schon etwas leiser, legte Mutter Teresa ihm ihren Zeigefinger auf den Mund und flüsterte ihm zu: »Warten Sie, bis alle eingeschlafen sind. Es wird eine halbe Stunde dauern, vielleicht auch eine Stunde. Haben Sie Geduld. Schweigen Sie, sprechen Sie nicht. Respektieren Sie diesen heiligen Augenblick. Für die meisten beginnt nun ihre letzte Nacht auf Erden. Für sie wird der Schlaf der Anfang der Ewigen Ruhe sein.«

Der Mönch schwieg und schaute um sich. Man hatte das Licht an der Decke des Saals gelöscht und neben jedes der Feldbetten eine brennende Kerze gestellt. Zuerst hörte er nichts als das ständige Summen des Ventilators; doch dann gewahrte er hier, wie eine Schwester einer Frau, die sich ruhelos hin und her wälzte, etwas Liebes ins Ohr flüsterte; dort vernahm er das Stöhnen eines Alten, in einer Ecke den röchelnden Atem eines Tuberkulösen, der den Tod erwartete; dann und wann mischte sich leise das Wimmern eines Kindes dazwischen. Mutter Teresa hielt das in ein schützendes Tuch gewickelte eingeschrumpfte Köpfchen einer Greisin in ihren Schoß gebettet und streichelte die Falten ihrer mageren Hand; Schwester Agnes benetzte einem vom Aussatz Gezeichneten mit einem feuchten Tuch die Lippen; Schwester Dorothy wiegte ein Baby in ihren Armen, bis es sein Leben aushauchte, das erst vor wenigen Stunden begonnen hatte. Schwester Bernarda tröstete ein anderes, das, nahezu lautlos, nach seiner Mama zu rufen versuchte, von der es, gerade zehn Monate alt, ausgesetzt und in einen Müllcontainer gesteckt worden war. Jedesmal, wenn ein Mann, eine Frau oder ein Kind den letzten Atemzug tat und die Schwestern ihnen die gebrochenen Augen zugedrückt hatten, zogen sie ihnen das weiße Totenlaken übers Gesicht und löschten am Bett die Kerze aus.

Der bärenstarke Hindu-Mönch saß am Boden und weinte. Wie schon vor ihm der Polizeikommissar, so brachte auch er kein Wort heraus und konnte nicht mit Mutter Teresa sprechen. Betreten schlich er davon. Seine Freunde von der Gruppe der Unduldsamen warteten auf ihn, bis er gegen Morgen zurückkam und sprach: »So lange dienen wir nun schon der Schwarzen Göttin Kali, der Mutter der Sterbenden, seit Jahren beten und opfern wir vor ihrem steinernen Bild im Tempel. Heute aber habe ich endlich die wahre Mutter der Sterbenden gesehen, leibhaftig und lebendig: Es ist Teresa, die heilige Frau, die wir samt ihren frommen Schwestern aus der Herberge im Tempelbezirk vertreiben wollten!« Und er berichtete ihnen, wovon er im Sterbehaus Zeuge geworden war.

Da kamen viele von ihnen zum Nachdenken und zur Einsicht. Sie änderten ihr Verhalten gegenüber den Missionarinnen, gingen ihnen nicht mehr aus dem Weg, sondern grüßten sie in Ehrfurcht. So oft es nötig und möglich war, halfen die Hindu-Mönche den christlichen Schwestern, Kranke in das Obergeschoss hinauf und Tote vom Obergeschoss herabzutragen und die Leichname auf die städtischen Totenwagen zu legen, die sie zu den auswärts gelegenen Friedhöfen oder, wenn sie zur Religionsgemeinschaft der Hindus gehörten, zu den Verbrennungsstätten brachten. »Warum tut ihr das?«, wurden sie auf der Straße oft von den Pilgern gefragt. »Warum helft ihr diesen Christenfrauen, statt sie zu meiden?« – »Wir helfen ihnen bei etwas, was nur sie tun und sonst niemand.« – »Was tun sie denn?«, fragten die Pilger und die Mönche antworteten: »Sie heben die Sterbenden von den Straßen und Gassen auf und tragen sie in den Himmel.« Da öffneten nicht wenige der von weit her Gereisten ihre Taschen, gaben den Mönchen einen Teil ihrer Opfergaben und ihres Opfergeldes und baten sie, es den Schwestern für die Ausstattung und die täglichen Bedürfnisse der Sterbenden zuzustecken.

Nicht einmal zehn Jahre, nachdem Mutter Teresa und Schwester Agnes ihre erste Zweibett-Hütte in den Slums von Tiljala als Sterbehaus eingerichtet hatten, zählte man, weit über Kalkutta hinaus und über große Teile Indiens verstreut, bereits mehr als 30 solcher Häuser, die von den Missionarinnen der Liebe gegründet worden waren und von ihnen fachkundig und mit selbstlosem Eifer geleitet wurden. Eines Tages erreichten sie mit ihrem immer weiter wachsenden Hilfswerk für Sterbende auch die Hauptstadt Neu-Delhi. Dieses Mal großzügig unterstützt von den städtischen Sozialbehörden, konnte Mutter Teresa dort ein aus mehreren Häusern bestehendes Zentrum zur Betreuung von Waisenkindern und Obdachlosen, von Suchtkranken und Alten gründen, die dem Tod entgegensahen. Der Präsident von Indien, Pandit Nehru, dem man davon berichtete, kam persönlich zur Einweihungsfeier und ehrte Mutter Teresa mit dem »Wunderbaren Lotus«, einem der höchsten Orden der indischen Regierung. Als kurz darauf der damals amtierende Papst Paul VI. Indien besuchte, traf auch er mit Mutter Teresa zusammen und übergab ihr eine seltsame, wertvolle Spende: Reiche Katholiken aus den USA hatten Papst Paul ein teures weißes Auto geschenkt und drängten ihn, mit dem geschenkten Auto durch Bombay zu fahren. Der Papst fuhr eine Strecke weit an den jubelnden Menschen vorbei; dann stieg er um in einen einfachen grauen Jeep und verschenkte das Auto an Mutter Teresa. Sie bedankte sich und ließ das Auto am Sonntag darauf in einer Tombola versteigern; die Tombola brachte mehr als 100 000 Dollar ein. Stolz und vor Freude strahlend kamen die Veranstalter und wollten Mutter Teresa das viele Geld überbringen; sie brauchten nicht lange zu suchen: Sie war, wie so oft, im Sterbehaus und tröstete einen lahmen alten Mann, dem die Ärzte tags zuvor in der Klinik einen Fuß amputieren mussten. Ratten und Ameisen hatten ihm im Dreck der Slums bei lebendigem Leibe den Fuß schon bis fast auf die Knochen abgenagt.

Die Missionarinnen der Liebe pflegten indessen nicht nur die Ärmsten in den Sterbehäusern; mit ebenso viel Energie und Hingabe kümmerten sie sich um Leprakranke. Die *Lepra* (wörtlich übersetzt: Schuppenkrankheit) gehört noch heute vielerorts zu den Krankheiten, die man »Geißeln der Menschheit« nennt. Man schätzt, dass es auf der Welt immer noch an die zehn Millionen Leprakranke gibt: kaum noch in Europa, Nordamerika und Australien, wohl aber in Südamerika, im mittleren Afrika und in den subtropischen Gebieten Asiens. Die Lepra (jedenfalls eine der verschiedenen Arten von Lepra) wird des öfteren in der Bibel erwähnt und wird dort »Aussatz« genannt – Aussatz, weil man von alters her die Kranken aus Furcht vor Ansteckung aus der Gemeinschaft ausschloss. Zu Mutter Teresas Zeiten setzte man in Indien Leprakranke aber nicht nur einfach vor die Tür, sondern man drängte sie gewöhnlich aus den Städten und Dörfern hinaus, in denen sie zu Hause waren, sodass manchmal Scharen von Aussätzigen über die Landstraßen zogen und, in den Slums der Großstädte angekommen, sich mit ihrer damals noch weitgehend unheilbaren Krankheit durch die Straßen der Stadt schleppten und an den Türen der Gesunden um Reis bettelten, um wenigstens noch eine Zeit lang leben zu können.

Bevor Mutter Teresa mit ihrer Arbeit an diesen von allen Gemiedenen anfing, las sie in den Forschungsarbeiten eines belgischen Professors mit Namen Dr. Hemeryck, der den Verlauf der Leprakrankheit über Jahre gründlich untersucht und seine neuen Erkenntnisse über verbesserte Behandlungs- und Heilungsmethoden in Fachzeitschriften veröffentlicht hatte. Sie gab, was sie gelesen und gewissenhaft studiert hatte, an die Schwestern weiter, und so begannen sie, nach den Vorschlägen und Methoden des Dr. Hemeryck vorzugehen:

War man bis dahin über jeden Erwachsenen, aber auch schon über jedes kleine Kind in Panik geraten, wenn sich auch nur das geringste Merkmal der Krankheit zeigte, so riet nun Mutter Teresa den betroffenen Familien, Dr. Hemerycks Rat entsprechend, die Erkrankten nicht, wie es üblich war, sogleich und übereilt in ein Leprösenheim zu bringen oder (wenn die Leute arm waren) auf die Straße zu jagen, sondern zu Hause in der gewohnten Umgebung zu lassen. »Ein Mensch, der Liebe und Fürsorge erfährt«, sagte sie, »hat eher eine Chance, den Aussatz zu überstehen und gesund zu werden, als ein Mensch, der sich von Vater und Mutter, von Bruder und Schwester verlassen fühlen muss.« Sie lehrte die wohlhabenderen Familien die Grundregeln von Hygiene und richtiger Ernährung; zu den armen Leuten, die sich nicht ausreichend ums Essen, um die Sauberkeit der Wohnung und um die regelmäßige notwendige Körperpflege kümmern konnten, ging sie selber hin oder schickte ihre Schwestern, die in den Häusern und Hütten das Überlebensnotwendige taten.

Einmal drehte eine Fernsehgesellschaft einen Film über die Arbeit der Missionarinnen der Liebe, der in vielen Ländern der Welt zu sehen war. Da spendeten unzählige Einzelpersonen, Vereine und Firmen, von den eindrucksvollen Bildern angestoßen, viel Geld an den Orden, das Mutter Teresa sogleich dafür verwendete, im ganzen Land ambulante Leprastationen aufzubauen und mit den modernsten Hilfsmitteln auszustatten. Zur Ausstattung gehörten auch Krankenfahrzeuge, mit denen die Ärztinnen und Ärzte, die Pfleger und Schwestern bis in die entlegensten Ortschaften fuhren, um die Erkrankten und ihre Familien aufzusuchen und mit Medikamenten zu versehen. Oft genug wurden die vom Aussatz Befallenen durch die kontrollierte Einnahme der Medikamente völlig geheilt, vor allem, wenn sich die Krankheit in einem noch verhältnismäßig frühen Stadium befand. Die anderen, schlimmeren Fälle brachten die Schwestern mit dem Krankenwagen in Kliniken, wo man der Lepra mit gezielten Therapien zu Leibe rücken konnte. Trotz aller Mühen war es dennoch unvermeidlich, dass bei den zahllosen Aussätzigen (in Indien waren es damals etwa zwei Millionen, von denen man die meisten trotz strenger Meldepflicht gar nicht »erfassen« konnte, weil sie keinen festen Wohnsitz hatten) viele übrig blieben, die allein gelassen und ohne Trost ihrem Ende entgegensiechten.

Immerhin gelang es Mutter Teresa durch die bestmögliche Behandlung in der Familie oder in den Kliniken, die Schmerzen Tausender Aussätziger bis zum Erträglichen zu lindern und manche, die ohne ihre Hilfe und Sorge eines langsamen und qualvollen Todes gestorben wären, trotz der grässlichen Entstellung ihrer Gesichter und der Verkrüppelung ihrer Arme und Beine wieder in die Gesellschaft einzugliedern. Nicht selten konnte sie ihnen in der Landwirtschaft oder in einer Fabrik sogar einen ihren Fähigkeiten entsprechenden Arbeitsplatz vermitteln.

Die kleine Gruppe der Mädchen und jungen Frauen, die Mutter Teresa ab 1946 um sich zu sammeln begonnen hatte und die 1960 offiziell unter der Bezeichnung »Missionarinnen der Liebe« (oder auch: »Missionarinnen der Nächstenliebe«, wie man den Namensteil Charity gelegentlich übersetzt) von der Kirche anerkannt wurde, war im Lauf der Jahre zu einer weltweit großen Ordensgemeinschaft angewachsen. Nicht nur in den Brennpunkten Kalkutta und Neu-Delhi, sondern über den ganzen unermesslich großen Subkontinent Indien breitete Teresa ihr Armen-Hilfswerk aus. Sie schickte die Missionarinnen überall hin, wo Not war und Hilfe gebraucht wurde. Schon zu ihren Lebzeiten gab es Missionarinnen der Liebe in 107 Ländern der Welt, und im Jahre 1997, als Mutter Teresa starb, zählte ihr Orden 4 600 Schwestern, die getreu nach der vierten Ordensregel ihr Leben ganz in den Dienst der Ärmsten der Armen gestellt hatten. Von ihrem Haus in Melbourne ausgehend, tun sie bis heute ihre Arbeit in den kleinen Niederlassungen von Australien und Neuguinea; von Caracas aus sorgen sie für die Armen in Venezuela, Guatemala und anderen mittel- und südamerikanischen Ländern; in Nairobi laufen die Fäden ihrer Tätigkeit in Kenia und Äthiopien zusammen; San Francisco ist Ausgangs- und Stützpunkt ihres Wirkens in den USA. In Warschau steht das Mutterhaus und Ausbildungszentrum für Polen und die Länder im Osten. Im Jemen arbeiten sie und in Japan, in Manila koordinieren sie ihre Arbeit auf den Philippinen, von Rom aus betreuen sie ihre Stationen in Italien. In Essen wurde 1979 ihre erste Niederlassung für Deutschland gegründet, von Essen aus gingen sie nach Hamburg und nach München, nach Mannheim und nach Chemnitz. Waren es in den armen Ländern hauptsächlich Kranke und Sterbende, Hungernde und Obdachlose, mehr und mehr auch HIV-Infizierte und deren Angehörige, deren sich Mutter Teresa und die Schwestern annahmen, so gilt es heute in Amerika und Europa vordringlich, sich um Alkoholsüchtige und Drogenabhängige zu kümmern, um in Notsituationen Alleingelassene, um verwahrloste Jugendliche und Nichtsesshafte, um entlassene Strafgefangene, die ihren Weg in die Gesellschaft nicht zurückfinden, um seelisch Verkümmerte und andere Rat- und Haltlose, die Hilfe brauchen. Der Präsident von Indien hat wahrlich nicht zu hoch gegriffen, wenn er bei ihrem Staatsbegräbnis sagte, dass es »Millionen Leidende« waren, deren Tränen Mutter Teresa getrocknet hat – sie und in ihrer Nachfolge die Missionarinnen ihres Ordens.

Obwohl Mutter Teresa in ihren letzten zehn Lebensjahren mit einem Herzschrittmacher leben musste, ging sie immer wieder, entgegen den Anweisungen der Ärzte, auf mühsame weite Reisen: zu den europäischen und überseeischen Ordensstützpunkten und, wenn ihr Rat gefragt war, zu den kleinen, einsam gelegenen Niederlassungen, in denen manchmal nur vier oder fünf Schwestern ihren aufreibenden Dienst taten. Mehrere Male musste sie unterwegs in eine Klinik eingeliefert werden: mit Lungenentzündung und Malaria, mit Gehirnbluten und schmerzhaften Nierenkoliken, einige Male mit einem lebensbedrohlichen Herzinfarkt, ja sogar mit einem völligen Herzstillstand. Schließlich war ihre Kraft aufgebraucht und kein Arzt konnte ihr mehr helfen. Am 5. September 1997 starb sie, 87 Jahre alt.

Im Lauf ihres langen, segensreichen Wirkens wurde Mutter Teresa mit der Doktorwürde von 25 Universitäten in Europa, Asien und Amerika geehrt. Sie wurde mit Orden und Verdienstmedaillen von den Staatsoberhäuptern vieler Länder dekoriert; in New York zeichnete Präsident Kennedy, in Rom Papst Johannes XXIII. sie mit einem bedeutenden und nur selten verliehenen Friedenspreis aus. Der Höhepunkt der Ehrungen, die ihr zuteil wurden, war im Jahre 1979 die Verleihung des Friedensnobelpreises, durch den sie in eine Reihe mit anderen berühmten und verdienstvollen Persönlichkeiten gestellt wurde, in eine Reihe mit Bertha von Suttner und Willy Brandt, mit Nelson Mandela und Martin Luther King, mit Gandhi und Elsa Brändström, mit Fridtjof Nansen, Henri Dunant und Albert Schweitzer. Nachdem sie bei der Nobelpreisfeier die obligaten Dankesworte gesprochen hatte, tat sie etwas Ungewöhnliches. Sie wandte sich direkt an die geladenen Ehrengäste und rief ihnen zu: »Die Armen in aller Welt sind großartige Leute. Sie verdienen unseren Respekt, sie wollen, dass wir sie mit Achtung und mit Liebe behandeln. Jesus Christus hat sich selbst zum Hungrigen gemacht, zum Nackten, zum Heimatlosen. Wenn Sie, meine Damen und Herren, einem Armen den Rücken zuwenden, wenden Sie Christus den Rücken zu! Wollen Sie Gott lieben? Gut, dann lieben Sie die Armen!«

Willy Brandt

Versöhnung zwischen Ost und West

In den Jahren 1944 und 1945 eroberte die sowjetrussische »Rote Armee« alle Gebiete zurück, die in Osteuropa von den Deutschen besetzt worden waren. Unaufhaltsam marschierte sie auf die Hauptstadt Berlin zu. Zur selben Zeit landete die »US-Army« im Westen und setzte, zusammen mit den verbündeten englischen und französischen Streitkräften, über den Rhein. Der Zweite Weltkrieg, sechs Jahre zuvor begonnen, war entschieden: Am 8. Mai 1945 kapitulierte die Deutsche Wehrmacht; Hitler entzog sich der Verantwortung durch Selbstmord, das »Tausendjährige Reich« war in Blut und Tränen untergegangen, die vier *Alliierten* hatten Deutschland von der nationalsozialistischen Diktatur befreit.

Zu den zähesten deutschen Politikern, die nach 1945 die Annäherung der ehemaligen Feinde in Ost und West anbahnten und herbeiführten, gehört der damalige Bundeskanzler Willy Brandt.

Die Sieger teilten Deutschland auf. Die Gebiete, die jenseits der Flüsse Oder und Neiße lagen, wurden abgetrennt und gehören seitdem zu Polen. Das übrige Deutschland kam zunächst in vier »Besatzungszonen« unter die Verwaltungshoheit der vier Siegermächte; nach und nach bildeten sich daraus zwei eigene, mehr oder weniger selbstständige deutsche Staaten: mit eigenen Regierungen, eigenen Nationalhymnen, eigenen Fahnen, eigener Währung und – kaum dass nach dem Krieg vier Jahre vergangen waren – eigenen Armeen.

Die beiden deutschen Staaten hießen Deutsche Demokratische Republik (DDR) und Bundesrepublik Deutschland (BRD). Um die beiden Staaten deutlich voneinander zu trennen, wurde zwischen ihnen eine Grenze aus Mauern und Stacheldrahtzäunen gezogen. Die Grenze hieß Eiserner Vorhang, und es schien, als würden die Deutschen auf der einen und auf der anderen Seite des Eisernen Vorhangs nie mehr zueinander kommen und zu einem einzigen deutschen Staat vereinigt werden.

Erst nach 40 Jahren gelang es, nach zahlreichen, von vielen Rückschlägen begleiteten Bemühungen, den Eisernen Vorhang aufzureißen, die Mauer zu öffnen und die Deutschen in Ost und West wieder zusammenzuführen. Unter den Politikern, welche die friedliche Wiedervereinigung der Deutschen anbahnten, ist wohl an erster Stelle Willy Brandt zu nennen.

Brandt wurde 1913 in Lübeck als uneheliches Kind geboren. Seine Mutter war eine neunzehnjährige Verkäuferin in einem Lebensmittelgeschäft; sie hieß Martha Frahm. Ihr Sohn, Herbert Frahm, nannte sich später, als er aus politischen Gründen nach Norwegen fliehen musste, Willy Brandt. Seinen Vater hat er nicht gekannt, er wuchs vielmehr bei seinen Großeltern auf. Der Großvater, ein Lkw-Fahrer, gehörte, wie es damals unter Arbeitern üblich war, der Sozialdemokratischen Partei Deutschlands (SPD) und dem Gewerkschaftsbund an. Die Frahms zählten in der altehrwürdigen Hansestadt Lübeck nicht zur Schicht der reichen Bürger, sondern zur Klasse der »Kleinen Leute«. Frahm war ein guter Schüler. Er erhielt einen Freiplatz in einem Lübecker Gymnasium, ohne Schulgeld bezahlen zu müssen. Mit kaum fünfzehn Jahren schrieb er schon Artikel für den »Lübecker Volksboten«. Für seinen Abituraufsatz wählte er ein politisches Thema und erhielt, als Bester, die Note Sehr gut. Als er das Gymnasium verließ, gab er als Berufsziel an: Journalist. Mit sechzehn Jahren trat er in eine Jugendabteilung der SPD ein, kurz darauf kam in Deutschland Hitler an die Macht und löste sogleich alle Parteien auf. Herbert Frahm traf sich nachts mit seinen Freunden in Kellern und auf Dachböden, wo sie Flugblätter gegen die Politik Hitlers verfassten und auf primitiven Apparaten Zeitungen druckten. Seine illegale Tätigkeit wurde jedoch verraten. Er floh, in einem Fischerboot versteckt und unter seinem neuen Namen, bei Nacht über Dänemark nach Norwegen. Wie viele andere, so hoffte auch er, die Hitler-Herrschaft werde von nur kurzer Dauer sein. Doch Hitlers Macht wuchs und Willy Brandt musste zwölf Jahre im Exil leben.

In Norwegens Hauptstadt Oslo sammelten sich um Willy Brandt junge Männer, die Kontakte zur verbotenen SPD in Deutschland unterhielten. Ständig gingen Briefe mit verschlüsselten Botschaften zwischen Norwegen und Deutschland hin und her: Ermutigungen, Ratschläge, Informationen. Brandt gab sich aber mit den spärlichen schriftlichen Kontakten nicht zufrieden. Er ließ sich von seinen Freunden einen gefälschten Pass machen und riskierte, als norwegischer Student getarnt, die gefährliche Reise nach Berlin, die ihn, wäre er erkannt worden, vermutlich das Leben gekostet hätte. In Berlin traf er sich heimlich mit Männern aus der verbotenen SPD und beriet mit ihnen, wie man in kleinen Schritten und Aktionen Widerstand gegen Hitler leisten könnte. Zum Glück wurde Willy Brandt in Berlin nicht von der Gestapo entdeckt; nach einem halben Jahr konnte er heil nach Oslo zurückkehren.

In jenen Tagen stand in Spanien ein General auf, Franco mit Namen, ein »Faschist«, der, ähnlich wie Hitler in Deutschland, alle freiheitlichen Vereine und Parteien zerschlug. Seine Truppen überzogen das Land mit einem blutigen Bürgerkrieg; Hitler unterstützte ihn mit einer Legion von Bombenflugzeugen. Aus vielen Ländern kamen Männer den spanischen Sozialisten zu Hilfe, die für ihre Freiheit kämpften. Auch Willy Brandt ging, als Journalist, nach Spanien und schickte laufend Berichte über den Stand der Kämpfe an Zeitungen in mehreren Ländern. Er machte Vorschläge, wie man die vom Krieg heimgesuchten Menschen vom Ausland her mit Kleidung und Lebensmitteln unterstützen könnte, und nahm auch selbst an Hilfs- und Versorgungsaktionen teil. Am Ende aber stand Franco als Sieger des Bürgerkriegs da: Er wurde der unumschränkte Diktator über ganz Spanien.

Brandt kehrte nach Norwegen zurück. Kurz darauf begann in Europa der Zweite Weltkrieg. Hitlers Armeen eroberten ein Land nach dem anderen, 1940 drangen sie in Norwegen ein und besetzten das Land, von Oslo bis hinauf zum Nordkap. Würden die Deutschen Willy Brandt jetzt endlich entdecken und verhaften? Wieder kamen ihm seine Freunde zu Hilfe und retteten ihm das Leben: Sie steckten ihn in eine norwegische Soldatenuniform, Brandt wurde als Norweger gefangen genommen, man erkannte ihn nicht, man brachte ihn in ein Kriegsgefangenenlager, er kam frei und konnte hinüber in das neutrale Land Schweden fliehen.

In Stockholm, der Hauptstadt von Schweden, machte sich Brandt sogleich wieder an die politische Arbeit. Er trat einer Gruppe bei, welche sich die *Kleine Internationale* nannte. In dieser Gruppe trafen sich

Sozialdemokraten aus fast allen Ländern Europas, aus denen sie beim Einmarsch Hitlers hatten fliehen müssen. Sie wählten den dreißigjährigen Willy Brandt zu ihrem Leiter. Zur Kleinen Internationalen von Stockholm gehörten der spätere österreichische Kanzler Kreisky und mehrere andere Politiker, die nach dem Krieg in ihren befreiten Ländern Minister wurden oder andere hohe Staatsämter innehatten. Sie entwarfen Pläne zu einer gerechten Neugestaltung Deutschlands und Europas – für die Zeit nach Hitler. In einer Erklärung hielten sie fest, dass es gut sei, wenn Hitler besiegt und das so genannte Großdeutsche Reich unterworfen würde, dass danach aber, nach einer vorübergehenden Zeit der Verwaltung durch die Siegermächte, die Deutschen wie alle anderen Völker Europas als freie Menschen eine demokratische, friedliebende Regierung wählen dürften. Brandt stellte sich vor, dass in Deutschland diese Ideen am zuverlässigsten durch eine sozialistische, von der SPD geführte Regierung verwirklicht werden könnten.

1946 fuhr Willy Brandt, zusammen mit seiner norwegischen Frau Rut Hansen, nach Deutschland zurück, besuchte kurz seine Heimatstadt Lübeck und wählte schließlich Berlin zu seinem künftigen Wohnsitz. Im Osten des geteilten Deutschland regierte, eng an den Bündnispartner Russland angelehnt, Walter Ulbricht; sein Titel war Staatsratsvorsitzender. Im Westen, ebenso eng an Amerika gebunden, wurde Konrad Adenauer zum Bundeskanzler gewählt. Auch die alte deutsche Hauptstadt Berlin war geteilt: Ostberlin gehörte zur DDR und galt als deren Hauptstadt; Westberlin fühlte sich zur BRD gehörig, deren Hauptstadt jedoch Bonn war. Willy Brandt wurde, elf Jahre nach seiner Rückkehr, zum Regierenden Bürgermeister von Westberlin gewählt. Später wurde er, fünfzigjährig, Vorsitzender der Sozialdemokratischen Partei Deutschlands.

In all diesen Nachkriegsjahren entbrannten heftige politische Kämpfe, bei denen es vordergründig fast immer um die umstrittene Sonderrolle von Westberlin ging. Die Stadt lag, gewissermaßen wie eine ferne Insel, mitten im Gebiet der DDR und war vom Westen her nur auf dem Luftwege und durch einen schmalen Straßenkorridor zu erreichen. In den Zeiten, in denen der Konflikt auf dem Höhepunkt war, riegelten die Russen den Korridor ab, um die Stadt vom Westen abzuschneiden. Die Amerikaner versorgten jedoch die Westberliner über eine so genannte Luftbrücke mit dem Lebensnotwendigsten und Berlin konnte sich als freie Stadt behaupten. Brandt lud den Amerikanischen Präsidenten Kennedy nach Berlin ein. Kennedy kam und wurde vor dem Rathaus von einer gewaltigen Menschenmenge empfangen. Er versicherte, dass Amerika Berlin nicht im Stich lassen werde. Um auszudrücken, wie sehr er sich mit den Menschen in Berlin verbunden fühlte, rief er: *»Ich bin ein Berliner!«* Er riet den Deutschen, nicht die Geduld zu verlieren und keine Gewalt anzuwenden, sondern in kleinen, überlegten Schritten die normalen Beziehungen zwischen Ost und West anzugehen. Diesen klugen Rat des amerikanischen Freundes hat Willy Brandt beherzigt: Seine Politik der Annäherung zwischen Ost und West wurde zu einer »Politik der kleinen Schritte«.

Nach seinem Treffen mit dem amerikanischen Präsidenten wollte Brandt die ersten kleinen Schritte in Richtung Osten tun. Zweimal versuchte er, nach Moskau zu reisen und ein Gespräch mit Nikita Chruschtschow, dem mächtigsten Mann Russlands, zu führen. Beide Versuche schlugen fehl. Der kleine Schritt durfte nicht über Moskau führen, sondern musste noch kleiner sein. Er fand in Berlin statt: Brandt konnte ein Abkommen zwischen dem Senat von Westberlin und der DDR-Regierung aushandeln, auf Grund dessen es möglich wurde, dass unter bestimmten Bedingungen und strengen Kontrollen Verwandte in Ost- und Westdeutschland über Grenzen und Mauern hinweg einander – wenn auch immer nur kurz – mit einem Passierschein in der Hand besuchen durften.

Willy Brandt aber wollte mehr als nur kleine, wenn auch für die Menschen sehr wichtige Alltagsverbesserungen in den Beziehungen zwischen den beiden deutschen Staaten. Er wollte, dass BRD und DDR zunächst friedlich nebeneinander existierten, eines Tages aber, wie es in der deutschen Nationalhymne heißt, in »Einigkeit und Recht und Freiheit« wieder zu einem »deutschen Vaterland« zusammenwachsen sollten.

Am 1. Oktober 1969 wurde Willy Brandt zum Bundeskanzler gewählt und sofort tat er einen nächsten kleinen Schritt. Es kam zu einer Begegnung, die bis dahin niemand für möglich gehalten hätte: Willy Brandt, der Regierungschef der Bundesrepublik Deutschland, traf in der ostdeutschen Stadt Erfurt mit Willy Stoph zusammen, dem Regierungschef der Deutschen Demokratischen Republik. Die Erfurter zogen am Nachmittag in Scharen vor das Hotel, in dem Brandt wohnte, und riefen so laut und so lange »Willy Brandt! Willy Brandt!«, bis er ans Fenster kam und ihnen zuwinkte. Später trafen sich die beiden Spitzenpolitiker in der westdeutschen Stadt Kassel zum Gegenbesuch und schlossen weitere Verträge über die Beziehungen zwischen den beiden deutschen Staaten ab.

Kurz darauf kam auch endlich der längst fällige Moskau-Besuch zustande. Die beiden Staatsoberhäupter Deutschlands und Russlands, Brandt und Kossygin, legten in einem Vertrag fest, in Zukunft auf jegliche Gewaltanwendung gegeneinander zu verzichten. Dann reiste Brandt nach Polen und schloss auch mit dem polnischen Präsidenten Gomulka einen Vertrag über ein friedliches Nebeneinanderleben zwischen Polen und Deutschen.

Die Gespräche und Verhandlungen waren nicht einfach: Im Zweiten Weltkrieg hatten die Deutschen überall im Land polnische Juden verfolgt und Hunderttausende von ihnen ermordet. In Polens Hauptstadt Warschau ging Willy Brandt in das Stadtviertel, das am ärgsten unter den Grausamkeiten gegen die Juden gelitten hatte. Zuerst legte er einen Kranz nieder; dann fiel er, erschüttert von dem Unrecht, das Hitler Polen zugefügt und beschämt über das Leid, das die Deutschen den Juden angetan hatten, am Mahnmal des einstigen jüdischen Gettos auf die Knie. Die Bilder von seinem Kniefall im Judenviertel von Warschau gingen übers Fernsehen in die ganze Welt. Willy Brandt, so sagten damals viele, hat mit diesem Zeichen mehr für ein neues, freundschaftliches Verhältnis zwischen Polen und Deutschen getan als manche andere, die nur darüber reden und streiten. Genau ein Jahr später, am 10. Dezember 1971, wurde der Bundeskanzler für seine »Kleinen Schritte«, die so viel zur wachsenden Entspannung zwischen den verfeindeten Völkern in Ost und West beigetragen haben, vor aller Welt aufs Höchste geehrt: Er erhielt in Oslo den Friedensnobelpreis.

Der historische Kniefall von Bundeskanzler Willy Brandt. Das Bild der Versöhnungsgeste am Mahnmal des Warschauer Gettos ging übers Fernsehen und durch die Presse in die ganze Welt.

Brandt hatte aber nicht nur Verehrer und Freunde, sondern auch Feinde und Neider. Einige Politiker, auch aus seiner eigenen Partei, waren mit seinen Friedensbemühungen nicht einverstanden und bekämpften ihn mit allen Mitteln. Das Regieren fiel ihm immer schwerer. Seine ärgsten Gegner scheuten sich nicht, sogar Einzelheiten aus seinem Privatleben an die Öffentlichkeit zu zerren. Als dann noch aufgedeckt wurde, dass einer seiner Freunde und Vertrauten ein Spion war und Staatsgeheimnisse aus dem Kanzlerbüro an die Regierung der DDR verraten hatte, war er mit seiner Kraft am Ende und trat vom Amt des Bundeskanzlers zurück.

Doch wer nun glaubte, Brandt würde sich, enttäuscht, aus der Politik zurückziehen und die Hände in den Schoß legen, irrte. Schon damals, als er noch Kanzler war, hatte er in New York vor der UNO-Vollversammlung über die Zukunft des geteilten Deutschland und über den Frieden in der Welt gesprochen. Jetzt, da man ihn zum Präsidenten aller weltweit zusammengehörigen sozialdemokratischen Parteien gewählt hatte, begann er, Reisen in viele Staaten der Erde zu unternehmen. Überall, wohin er kam, rief er die verantwortlichen Politiker zu Gewaltlosigkeit und Frieden auf.

Besonders intensiv bemühte er sich um den Frieden im Nahen Osten: Er führte lange Gespräche mit israelischen Politikern und dem heutigen Palästinenserpräsidenten Jassir Arafat. Er reiste in die USA, wo ihm für seine unermüdlichen Anstrengungen der Dritte-Welt-Preis und der Albert-Einstein-Friedenspreis verliehen wurden. Er besuchte China und elf Staaten in Lateinamerika, ging auf den irakischen Präsidenten Saddam Hussein zu und traf sich mehrere Male mit dem sowjetrussischen Präsidenten Gorbatschow in Russland. Gorbatschow war es denn auch, der es durch seine offene, menschenfreundlichere Politik ermöglichte, dass die Völker in Osteuropa wagten, nach nationaler Eigenständigkeit und politischer Freiheit zu rufen und die Öffnung des Eisernen Vorhangs zu fordern.

Am 9. November 1989 war es soweit. In der Morgendämmerung ging in Brandts Wohnung in Unkel am Rhein das Telefon. Ein Journalist rief aus Berlin an und meldete mit erregter Stimme, die Mauer in der geteilten Stadt sei offen, Menschen stiegen herüber und hinüber, Ostdeutsche und Westdeutsche lägen sich in den Armen und weinten vor Freude. Brandt ließ unverzüglich ein Flugzeug bereitstellen und flog nach Berlin. Am Abend stand er – zusammen mit mehreren anderen deutschen Politikern – vor dem Berliner Rathaus. Sie sangen die

Nationalhymne und Brandt rief den hunderttausend Menschen zu: »Jetzt wächst zusammen, was zusammengehört!«

Kurz darauf bestimmen die Bürgerinnen und Bürger der DDR zum ersten Mal selbst ihre Regierung in freier Wahl; am 3. Oktober hört die DDR auf zu existieren. Im Berliner Reichstagsgebäude eröffnet der »Alterspräsident« Willy Brandt die denkwürdige, feierliche Sitzung, in der die Vertreter aller in der bisherigen DDR gelegenen Länder Brandenburg, Mecklenburg-Vorpommern, Sachsen, Sachsen-Anhalt und Thüringen ihren Beitritt zur Bundesrepublik Deutschland erklären: Der größte der »Kleinen Schritte« ist getan. Brandt stellt den Antrag, den Regierungssitz in Bonn aufzugeben und Berlin zur Hauptstadt des ganzen, wieder vereinigten Deutschland zu machen.

Zwei Jahre später war Willy Brandt tot. Der damalige Bundeskanzler Helmut Kohl, lange Zeit sein politischer Gegner, verneigte sich bei der Trauerfeier in Ehrfurcht vor dem Sarg des großen Deutschen.

Mahatma Gandhi
Streiter des zivilen Ungehorsams

Mohandas-Karamchand Gandhi, genannt »Mahatma«: Die Große Seele. – Gandhi machte die Menschen in der britischen Kolonie Indien selbstbewusst und führte sie 1947 in die Unabhängigkeit.

Gandhi, der Streiter für die Freiheit des indischen Volkes, wurde am 2. Oktober 1869 in der Nähe von Bombay geboren. Sein Vater war ein in englischen Diensten stehender Minister; seine Mutter war eine einfache, unscheinbare, aber weise Frau, auf deren Rat man überall hörte, bis hinauf in die Fürstenhäuser. Im Geburtenverzeichnis von Gandhis Heimatdorf Porbandur lautet sein Vorname Mohandas-Karamchand. Später gab ein bedeutender indischer Dichter ihm einen neuen Vornamen, der einfach klingt, aber Großes und Ehrenvolles aussagt: Mahatma, zu Deutsch: »Große Seele«. Unter dem Namen Mahatma Gandhi ist er für immer in die Weltgeschichte eingegangen.

In Indien gab es zu dieser Zeit strenge religiöse Vorschriften. Die Gandhi-Familie war zum Beispiel mit Leuten befreundet, die wie Mönche lebten: Sie fasteten mehrmals in der Woche, benutzten keine Fahrzeuge, sondern gingen stets zu Fuß – und das auch nur am helllichten Tag, denn sie fürchteten, im Dunkeln ein Tier zu übersehen und es versehentlich zu zertreten. Mit einem kleinen Besen fegten sie pausenlos den Weg zu ihren Füßen, damit sie kein Insekt verletzten; vor dem Mund trugen sie ein Tuch, um nicht eine Mücke oder eine kleine Fliege einzuatmen und zu verschlucken. Von seinen Eltern lernte Gandhi Beten und Fasten und ein einfaches

Leben; von den frommen Freunden der Familie lernte er die Achtung vor allem Lebendigen, das Gott erschaffen hat. Sein ganzes späteres Leben hindurch hat Gandhi kein Fleisch gegessen, weil er nicht wollte, dass Tiere für Menschen sterben müssten.

Zu den Eigenheiten Indiens gehört es mancherorts noch heute, dass sich nicht die jungen Mädchen einen Mann und die jungen Männer ein Mädchen zum Heiraten aussuchen, sondern dass die Eltern ihre Söhne und Töchter füreinander auswählen und die Heirat untereinander aushandeln, meistens schon sehr früh und gewöhnlich so, dass die Kinder nichts davon wissen. So erging es damals auch dem kleinen Gandhi. Als er gerade sprechen und laufen gelernt hatte, wurde er zum ersten Mal verlobt; dann starb das zwei Jahre ältere Mädchen. Doch noch ehe er lesen und schreiben konnte, verlobten ihn die Eltern ein zweites Mal; wiederum starb die Auserwählte. Mit sieben Jahren versuchten sie es ein drittes Mal, und dieses Mal ging es gut aus: Das Mädchen blieb am Leben, sie heirateten mit dreizehn, und kurz vor Gandhis sechzehntem Geburtstag bekamen sie ihr erstes Kind. Als Mohandas-Karamchand Gandhi 19 Jahre alt geworden war, ging er nach England, um Rechtswissenschaft zu studieren.

England war damals der mächtigste Staat der Erde. Der König von England herrschte über riesige Landgebiete und Städte in allen Kontinenten. Der ganze Erdteil Australien gehörte mit fast allen darumliegenden Inselstaaten zum British Empire, der größte Teil Nordamerikas, Gebiete und Kriegshäfen in Vorderasien und im Fernen Osten; Südafrika war Königlich-Englische Kolonie, und auch Gandhis Heimatland Indien war Teil des Englischen Weltreichs. Gandhi bewunderte die Engländer, wie sie mit selbstverständlichem Stolz als Herren auf die Menschen herabblickten, die ihre Untertanen waren und ihnen nach strengen, unerbittlichen Gesetzen dienen mussten. Mit wie viel schamloser List und, wo dies nicht half, mit wie viel brutaler Gewalt sie die unterworfenen Völker ausbeuteten, das durchschaute Gandhi in seinen jungen Jahren noch nicht.

In London angekommen, kleidete er sich wie ein »Gentleman«; mit großer Ausdauer übte er, seine Krawatte nach englischer Art zu binden und den steifen Kragen und die weißen Manschetten perfekt anzulegen. Statt der gewohnten Sandalen trug er enge, modische Schuhe, statt des gewickelten Turbans einen Hut. Eine Stunde verbrachte er jeden Morgen vor dem Spiegel, um sich die Zähne zu putzen und Bart und Haare nach Londoner Muster herzurichten. Wie kränkte es ihn, wenn er erfuhr, dass er dennoch auf der Straße oder in

Abendgesellschaften heimlich ausgelacht wurde, weil er in seiner Aufmachung manchmal eher wie ein fremder Narr denn wie ein geborener Brite wirkte.

Als er sein Studium beendet hatte, wurde er im Büro eines Rechtsanwalts angestellt. Kurz nach seiner Anstellung entsandte ihn sein Vorgesetzter nach Südafrika; dort sollte er als Anwalt seinen ersten Prozess führen. In Südafrika lernte er die von ihm so sehr verehrten englischen Kolonialherren von einer anderen Seite kennen, von einer Seite, die ihn aufhorchen und erschrecken ließ.

Kaum war er nämlich mit seinem Schiff angekommen und in einen Zug umgestiegen, um an den Ort der Gerichtsverhandlung zu fahren, da trat ein Engländer auf ihn zu und sagte: »Steig aus und setz dich in den Gepäckwagen! Ich mag als Weißer nicht mit einem farbigen Kuli im selben Abteil sitzen.« Kuli war ein Schimpfwort für Inder, die als rechtlose Gastarbeiter in Südafrika lebten, ähnlich wie das Wort Nigger, das man in den USA den Schwarzen nachrief. Gandhi wehrte sich und zeigte seinen Pass und seine Fahrkarte, doch der Engländer ließ die Polizei rufen und ihn mitsamt seinen Koffern auf den Bahnsteig werfen. Gandhi raffte sein Gepäck zusammen und ging zum Bahnhofsvorplatz, um mit der Postkutsche weiterzufahren. Der Kutscher wies ihm einen Stehplatz auf dem Trittbrett an, obwohl in der Kutsche genügend Sitzplätze frei waren. Als Gandhi widersprach, wurde er von den weißen Fahrgästen beschimpft, hinausgestoßen und vom Kutscher mit der Peitsche geschlagen. Weinend lag er am Straßenrand und beschloss, gleich am nächsten Morgen in seine Heimat Indien zurückzukehren. Zwei Männer fanden ihn, hatten Mitleid, nahmen ihn mit in ihr Haus und sorgten in den nächsten beiden Tagen für ihn. Am dritten Tag dankte Gandhi ihnen für die Gastfreundschaft und wollte sich verabschieden. Da luden die Männer einige Freunde ein und machten zu Ehren ihres Gastes ein festliches Abendessen. Bei dem Abendessen erfuhr Gandhi von den Gästen so viel Bedrückendes über die Lage der indischen Kulis in Südafrika, dass er sich entschloss, nicht heimzufahren, sondern noch einige Wochen zu bleiben, um als Anwalt der einen oder anderen ungerecht behandelten indischen Familie helfen zu können. Gandhi eröffnete ein Anwaltsbüro. Viele Inder hörten davon, kamen und baten ihn um Rat und Hilfe. Bis in die Nachtstunden klingelte die Türglocke an seiner Kanzlei, niemanden wies er ab, Reiche sowenig wie Arme. Er blieb in Südafrika – und fuhr erst nach 25 Jahren nach Indien zurück.

Schon in seiner Studentenzeit in England hatte Gandhi Bücher gelesen, die für sein Leben einmal von großer Bedeutung werden sollten: Es waren das Glaubensbuch der Juden, das Alte Testament; das Glaubensbuch der Christen, das Neue Testament; das Glaubensbuch der Muslime, der Koran, und das Glaubensbuch der Hindus, zu denen Gandhi gehörte. Die Teile des Hindu-Buches, die er in London las – das Hindu-Glaubensbuch trägt den für uns schwer auszusprechenden Namen Bhagavadgita – gehören zum umfangreichsten Religionsbuch der Welt, das 100 000 Verse umfasst. Gandhi lernte viele davon auswendig; er schrieb sie auf Zettel und steckte sie an den Spiegel (in den er ja in den Londoner Tagen jeden Tag lange hineinschaute). Zu den wichtigsten Versen gehörte, wie Gandhi später sagte, der Satz aus dem Hindu-Buch: »Nur dann darf ich mich für gesegnet halten, wenn ich in allem, was ich tue, Gott sehe. Er ist das Seil, an dem mein Leben hängt.« Auch einen Satz aus der Bergpredigt, der im Evangelium der Christen steht, trug er immer vor Augen und im Herzen: »Liebet eure Feinde und vergeltet nicht Böses mit Bösem!«

Dann, in Südafrika, kamen zu den religiösen Schriften wichtige politische Bücher hinzu, die von philosophischen Dichtern aus England, Amerika und Russland verfasst worden waren. Bei ihnen fand er vieles, was er schon vorher selber gedacht hatte und was ihn jetzt in seinem Denken bestätigte und bestärkte, zum Beispiel über die Ungerechtigkeit in der Welt: »Wer zu viel isst, stiehlt einem anderen die Mahlzeit; jeder Pfennig, den der Reiche zu viel in der Tasche hat, ist ein Pfennig, der den Armen fehlt.« Bei dem Russen Leo Tolstoi las er: »Seit undenklichen Zeiten grüßen die Menschen einander mit dem Gruß: Friede sei mit dir! – und halten sich zugleich bis an die Zähne bewaffnete Armeen, um ihre Probleme mit dem Schwert zu lösen.« Aus den Büchern lernte Gandhi, dass es nötig und richtig sei, gegen das Böse Widerstand zu leisten und zu keinem Unrecht zu schweigen. Er nannte diese Art von Widerstand *Zivilen Ungehorsam:* Die Menschen, die unterdrückt werden, sollen sich nicht willenlos wie Tiere in ihr Schicksal ergeben, sondern sich zusammentun und »zivil« – das heißt ohne Uniform und Waffen, ohne Gewalt und Terror – denen den Gehorsam verweigern, die ihre Macht missbrauchen und die Schwachen klein halten.

Klein gehalten wurden die Inder in Südafrika vor allem dadurch, dass sie kein Wahlrecht hatten. Sie hatten nie die Aussicht, jemals mitzuregieren und über ihr Leben mitzubestimmen. Gandhi tat sich mit anderen indischen Einwanderern zusammen und ruhte nicht eher, bis

– zunächst in einem kleineren Landesteil von Südafrika – eine »Indische Kongresspartei« gegründet und zu den Wahlen zugelassen wurde. Die Weißen, die bis dahin allein regiert und alle Macht in Händen gehabt hatten, waren empört. Als sich die Inder in den Wahlbüros meldeten, zerrten sie sie wie Verbrecher an die Stempelkissen und nahmen ihnen die Fingerabdrücke ab. Um sie vor aller Augen zu erniedrigen, nahmen sie nicht, wie das üblich ist, bloß den Abdruck des Daumens, sondern die Abdrücke aller zehn Finger. Das war für Gandhi der Anlass, zum ersten Mal öffentlich zum zivilen Ungehorsam aufzurufen. Mit 154 Freunden brach er zu einem Protestmarsch auf; auf dem Marktplatz verbrannten sie die Wahlausweise, auf denen ihre zehn Fingerabdrücke registriert waren. Alle Teilnehmer an der Demonstration wurden verhaftet und ins Gefängnis gesperrt.

Nach seiner Freilassung traf Gandhi eine wichtige Entscheidung: Er wollte nicht länger als reicher Mann Vertreter und Anwalt der Armen sein. Er gab seine Rechtsanwaltspraxis auf und legte, wie ein Mönch, das feierliche Gelübde der absoluten Armut ab. Alles, was er besaß, gab er weg. Ein Freund schenkte ihm einen verlassenen Bauernhof; dort ließ er sich mit einer Gruppe von Männern, Frauen und Kindern nieder. Auch seine Familie war aus Indien angereist und wohnte mit ihnen zusammen in dem Bauernhof. Gandhi nannte den Hof *Tolstoi-Farm,* nach seinem russischen Freund, von dem er so viel über Armut, Bescheidenheit und mitmenschliche Gerechtigkeit gelernt hatte. Alle hatten alles gemeinsam, niemand nannte auch nur einen Stuhl sein Eigentum. Jeder Mann, jede Frau, jedes Kind musste im Gemüsegarten und auf dem Feld arbeiten. Alles, was sie zum Essen brauchten, bauten sie selber an. Vom Benediktiner-Orden übernahmen sie den Wahlspruch »Ora et labora«: Bete und arbeite. Alle Bewohner der Tolstoi-Farm kamen abends nach der Arbeit zusammen und beteten um Frieden und Gerechtigkeit. Welche Gebete gesprochen und gesungen wurden, wurde nicht vorgeschrieben; jeder Glaube, jede Religion, jede Konfession war zugelassen, alle waren gleichberechtigt.

Gandhi selbst unterrichtete die Kinder in der Farmschule. Er lehrte sie zwar auch Rechnen, Schreiben und Lesen, doch seine »Hauptfächer« waren Bildung des Charakters, die Verwirklichung der Nächstenliebe, die religiöse Toleranz und die bedingungslose gegenseitige Hilfe. Die Erwachsenen lehrte er, nicht so sehr an anderen Menschen herumzuerziehen und herumzunörgeln, sondern nach Möglichkeit selber immer vollkommener zu werden. So kam es, dass die Inder, die bei Gandhi in die Schule gegangen waren und wieder in das öffentliche Leben zurückkehrten, gute Menschen wurden, die Toleranz und Freiheit, Nächstenliebe und Gerechtigkeit über alles liebten. Nicht ein einziges Mal ist es vorgekommen, dass einer von den Gandhi-Anhängern in Südafrika Gewalt angewendet und einem Menschen oder Tier weh getan hätte.

Einmal verließ Gandhi die Tolstoi-Farm und organisierte einen Protestmarsch. Die Engländer hatten den Kulis verboten, sich von ihren Wohnorten wegzubegeben und ihre Verwandten in anderen Städten oder Landesteilen zu besuchen. Wieder wurde er ergriffen und ins Gefängnis gesperrt, dieses Mal zusammen mit 2 037 Männern, 127 Frauen und 57 Kindern. Doch allmählich mussten die Weißen eingestehen, dass die farbigen Inder in Südafrika nicht mehr alles mit sich machen ließen, ohne Widerstand zu leisten. Dennoch wurden in den 25 Jahren, die Gandhi in Afrika wirkte, keine einschneidenden Gesetze erlassen, mit denen die Rassentrennung gemildert oder gar aufgehoben worden wäre.

Als 1914 der Erste Weltkrieg begann, kehrte Gandhi mit seiner Familie nach Indien zurück. Sofort suchte er eine geeignete Stelle, wo er, ähnlich wie in Südafrika, eine Farm einrichten könnte. Am Rand eines ausgetrockneten Flussbetts gründete er eine kleine Siedlung, die er »Farm der Wahrheit und Gerechtigkeit« nannte. Zu der bereits bewährten Übung, alles anzupflanzen, was zum Essen und Trinken nötig war, kam eine neue Idee: Von nun an sollte auch die Kleidung nicht mehr in der Stadt gekauft, sondern auf der Farm hergestellt werden. Zuerst ließ Gandhi Baumwollsträucher anpflanzen. Dann ging er in die nahe gelegenen Dörfer und schaute sich um: Bald hatte er einen alten Webstuhl gefunden sowie ein paar Spinnräder, die die Leute weggeworfen hatten. Er hatte in den Dörfern gesehen, wie die Menschen von Jahr zu Jahr ärmer geworden waren: In der Regenzeit konnten sie sich zwar von dem ernähren, was ihre Felder hergaben; in den langen Monaten der jährlichen Trockenheit aber lagen Männer, Frauen und Kinder träge und hungrig vor ihren Hütten – sie hatten keine Arbeit und verdienten kein Geld. Manche ließen sich von gewissenlosen Reichen anheuern und sich für sündhaft schlecht bezahlte Fronarbeit in Fabriken verschleißen. Gandhis Plan war, in seiner Farm mit den 78 Männern, die dort mit den Frauen und Kindern zusammen lebten, spinnen zu lernen und, wenn sie es gelernt hatten, hinauszugehen und die Inderinnen und Inder landauf, landab spinnen zu lehren.

Er glaubte: Wenn die Armen erst einmal Lust am Spinnen bekämen, würden sie bald durch fleißige Handarbeit Geld verdienen und für ihre Familien sorgen können. Wenn sie sich aus der Abhängigkeit von den Reichen befreit hätten, würden sie wieder stolz ihre Häupter erheben und frei leben können wie einst ihre Vorfahren. »Zuerst hatte ich nichts als allein diesen Glauben«, schrieb Gandhi. »Glaube war tatsächlich das einzige Kapital, das ich besaß. Aber ich sah, dass dort, wo Glaube ist, alles andere dazugetan wird. Glaube erleuchtet den Verstand und bewirkt Fleiß.«

Anfangs stieß er bei den Leuten auf Unverständnis und Widerstand, denn die meisten hatten sich an Nichtstun und Faulheit gewöhnt. Viele wollten lieber unfrei sein und im Dienst der reichen Kolonialherren arbeiten. Doch in den folgenden Jahren gelang es, mehr und mehr Inderinnen und Inder davon zu überzeugen, dass es menschenwürdiger ist, das eigene Leben selbst zu bestimmen, als nur immer das tun zu müssen, was andere befehlen.

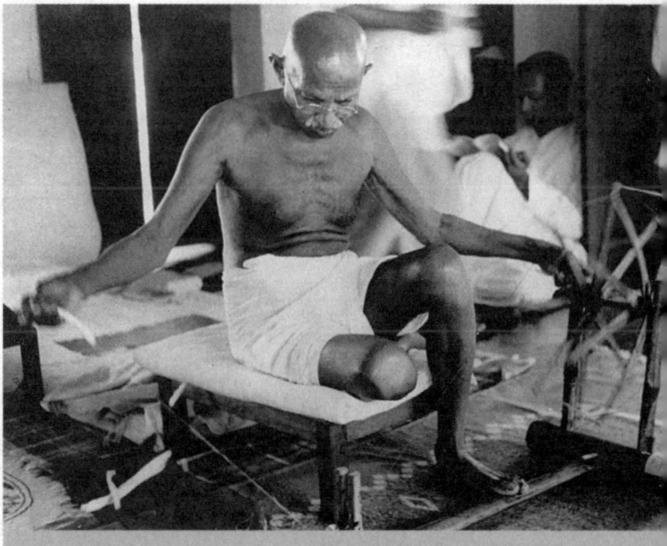

Gandhi erhob das Spinnrad zum Sinnbild für ein unabhängiges Indien. Seine »Waffen« gegen die Unterdrückung waren ähnlich wie die seiner Freunde King und Mandela: Gewaltlosigkeit und Ziviler Ungehorsam.

Gandhi bekleidete sich notdürftig mit einem Tuch, das er selbst gewebt hatte. Auf nackten Füßen marschierte er durchs Land, und überall, wohin er ging, trug er von nun an ein Spinnrad bei sich. Das Spinnrad wurde zum Zeichen für Handarbeit und Selbstversorgung, ja, zum Symbol für Menschenwürde und Freiheit. Später erreichte Gandhi sogar, dass das Spinnrad als Wahrzeichen Indiens in die Nationalfahne aufgenommen wurde. Heute deutet man das Rad in der indischen Fahne vielfach als Rad des Fortschritts und der ewigen Weisheit.

Kein Jahr war vergangen, da hatte Mahatma Gandhi in Indien schon viele Millionen Anhänger, die auf ihn hörten und ihm folgten. Die

Inderinnen und Inder, vor allem die Armen aus den untersten Klassen, die sonst von niemandem beachtet und als »Unberührbare« gemieden wurden, liebten ihn wie einen großen, von Gott gesandten Vater. Schon bekamen die herrschenden Engländer zu spüren, dass der Verkauf ihrer Garne und Tuche in den Handelshäusern zurückging, weil viele Leute das in Indien gesponnene Garn und das von Inderinnen und Indern gewebte Tuch auf den Märkten ihrer Dörfer kauften. Da erließ die Regierung harte Gesetze, mit denen sie den Indern, die immer offener nach Freiheit und nach Unabhängigkeit strebten, Angst einjagen wollten.

Gandhi rief am 6. April 1919 die ganze indische Nation zu einem *Generalstreik* auf. Die Leute hörten auf ihn: Sie blieben zu Hause, keiner ging zur Arbeit, die Maschinen standen still, die Regierenden waren fassungslos und starr vor Schrecken. Mit einem solch einmütigen Ungehorsam des Volkes hatten sie nicht gerechnet. Sofort wurden Streiks und Protestveranstaltungen, politische Demonstrationen und sogar religiöse Prozessionen im ganzen Land verboten. In der Stadt Amritsar hielten sich die Leute nicht an dieses Verbot: Sie kamen auf einem Platz mitten in der Stadt zusammen, fast 20 000 Menschen, um eine gewaltlose Protestversammlung abzuhalten. Da rückte plötzlich der Stadtkommandant von Amritsar mit zwei Panzerwagen an, riegelte alle Fluchtwege ab und ließ mit Maschinengewehren auf die Leute schießen, ohne sie vorher zu warnen. Fast 400 Männer, Frauen und Kinder stürzten tot zu Boden, weit über 1 000 wurden durch die Schüsse verwundet. Mahatma Gandhi fastete drei Tage und drei Nächte und gab alle Orden und Medaillen, die man ihm in den früheren Jahren in Afrika und Indien wegen seiner Verdienste um das Wohl der Menschen verliehen hatte, voll Bitterkeit zurück. Er wurde zu sechs Jahren Gefängnis verurteilt: Die Richter warfen ihm vor, er habe durch Zeitschriften- und Zeitungsartikel das Volk gegen die Engländer aufgewiegelt. Als er wegen einer Krankheit vorzeitig aus dem Gefängnis entlassen wurde, war sein Wille zum gewaltlosen Widerstand und zum zivilen Ungehorsam nicht gebrochen, sondern nur noch stärker geworden.

In England gab es inzwischen einige Politiker, die sagten: »Wir sollten uns aus Indien zurückziehen. Es ist an der Zeit, dass wir dem indischen Volk eine eigene Regierung geben. Indien sollte nicht länger von Engländern, sondern von Indern regiert werden.« Andere widersprachen: »Dafür ist es noch zu früh. Vielleicht später.« – «Nein«, sagten wieder andere, »auch später darf das nicht geschehen,

Indien ist eine der größten Quellen unseres Reichtums, Indien muss immer ein Land unter britischer Herrschaft bleiben!« In diesen aufregenden Tagen schrieb Gandhi einen Brief an den Stellvertreter des englischen Königs in Indien (den man Vizekönig nannte) und kündigte noch mehr zivilen Ungehorsam an, wenn man Indien nicht bald die Freiheit gäbe. »Ich halte die englische Herrschaft für einen Fluch«, schrieb er, »weil England Millionen Inder durch planmäßige Ausbeutung an den Bettelstab gebracht hat. Geht das Ausbeutungssystem nicht sogar so weit, dass England eine ›Salzsteuer‹ erhebt, die vor allem die Armen trifft? Jeder Mann, jede Frau, jedes Kind muss für jede Prise Salz, die beim Kochen oder Backen oder Braten verwendet wird, Steuern an England bezahlen! Ich zum Beispiel, ich muss den Lohn für drei Tage Arbeit abführen, um meine jährliche Salzsteuer bezahlen zu können! Auf den Knien bitte ich Sie, Herr Vizekönig, darüber nachzudenken. Sie, um ein anderes Beispiel zu nennen, verdienen 5 000-mal mehr Geld als ein indischer Arbeiter. Damit tragen Sie selber erheblich zum System der Ausbeutung bei. Sollte mein Brief«, so schloss Gandhi, »keinen Eindruck auf Ihr Herz machen, werde ich mich am 11. März nach dem Morgengebet mit meinen Männern von der Wahrheits-Farm auf den Weg machen, die Vorschriften übertreten und gegen das Salzsteuergesetz demonstrieren.«

Der Vizekönig antwortete nicht, und am 11. März machte sich Gandhi mit seinen 78 Männern auf den Weg, wie er angekündigt hatte. Sie marschierten drei Wochen durch zahlreiche Städte und Dörfer, entlang an kleinen Siedlungen und an einzeln stehenden Hütten. Überall hatten die Bewohner ihre Häuser und Hütten festlich geschmückt, die Straßen gefegt und die staubigen Wege mit Wasser besprengt. Viele schlossen sich dem Salzmarsch an; als sie die Küste erreichten, die Stelle, wo das Salz aus dem Meer gewonnen wurde, waren es mehr als 1 000. Am Morgen des 5. April 1930, als eben die Sonne aufging, tauchte Mahatma Gandhi in die Wellen des Indischen Ozeans und brachte eine Handvoll Salz mit, das er aus einer der großen staatlichen Salzpfannen genommen hatte. Die Menschen jubelten ihm zu und rannten begeistert zu den Salzpfannen. Sie nahmen Salz mit nach Hause, es wurde symbolisch auf den Marktplätzen verkauft, erstmals billig, erstmals ohne die verhasste englische Salzsteuer.

Wenige Tage danach marschierte ein zweiter Protestzug zur Küste, dieses Mal führte ein Freund Mahatmas 2 500 Männer an. Die Engländer hatten in der Nacht einen Stacheldrahtzaun um die großen

Durch seinen Salzmarsch mit 2500 unbewaffneten Frauen und Männern bereitete Gandhi der großen, stolzen englischen Nation vor aller Welt eine beschämende moralische Niederlage.

Pfannen gezogen. Als die Männer sich dem Zaun näherten, stürmten Polizisten heran und schlugen mit Knüppeln auf sie ein. Sobald einer unter den Schlägen niederstürzte, trat ein anderer an seine Stelle und wurde niedergeschlagen. So ging es Stunden um Stunden, mehrere Tage lang, immer trat einer an die Stelle des anderen. Zuletzt lagen die 2 500, die zur Ozeanküste marschiert waren, mit zerschlagenen Schädeln tot oder schwer verletzt auf dem Sand, der rot war vom Blut der tapferen Männer. Keiner hatte sich gewehrt.

Die Zeitungen in der ganzen Welt berichteten von dem schändlichen Massaker. Alle freiheitsliebenden Menschen, die davon erfuhren, stellten sich auf die Seite Gandhis und seiner gewaltlosen Widerstandsbewegung. Die englische Polizei hatte zwar an der Salzküste einen Sieg über 2 500 unbewaffnete Männer davongetragen; die große, stolze englische Nation aber hatte vor den Augen der Welt eine beschämende Niederlage erlitten.

Unter dem Druck der Öffentlichkeit erlaubte die Regierung nach dem Salzmarsch den Indern, jeweils ein wenig Salz für den eigenen Verbrauch an der Küste herzustellen, ohne dafür Steuern entrichten zu müssen. Aber das Volk wollte mehr als eine milde Gabe, wie man sie Bettlern gibt: Es wollte endlich einen von England unabhängigen indischen Staat. Widerwillig mussten die Engländer eine indische »Kongress-Partei« zulassen und sogleich gewannen die Inder die Wahlen in neun von elf Provinzen. Sie bildeten Provinzregierungen, in denen indische Minister neben den Engländern saßen und regierten. Gandhi versuchte das Äußerste: Er reiste nach London und forderte die totale Unabhängigkeit Indiens. Schließlich kam eine Konferenz zu Stande, an der Politiker aus England und aus Indien teilnahmen. Im Sommer 1947, dreiunddreißig Jahre nachdem Mahatma Gandhi seinen gewaltlosen Freiheitskampf für Indien begonnen hatte, war es soweit: Indien wurde für unabhängig erklärt und zu einem freien Staat ausgerufen.

Gandhi war froh – und traurig zugleich. Froh, dass er nun endlich sein Ziel erreicht hatte; traurig aber, weil mit dem Tag der Unabhängigkeitserklärung sein geliebtes Indien in zwei Staaten geteilt wurde, in die beiden Republiken Indien und Pakistan. Am meisten schmerzte ihn, dass die Teilung aus religiösen Gründen zu Stande gekommen war. Gandhi, der sein Leben lang für das friedliche Zusammenleben aller Religionen eingetreten war, musste mit ansehen, wie die Hindus und die Muslime sich voneinander trennten, anstatt den Weg in die Zukunft gemeinsam zu gehen. Fast alle Muslime – 90 Millionen an der Zahl – wanderten teils freiwillig, teils unter dem Druck ihrer Gegner in das neu gegründete Pakistan aus; die Hindus – fast 700 Millionen – blieben im alten Indien.

Bis zu seinem Lebensende fand Gandhi sich mit der unglückseligen Teilung seines Landes in einen Hindu- und einen Muslimenstaat nicht ab. Immer wieder trat er dafür ein, dass die beiden Religionen Frieden schließen sollten.

Am 30. Januar 1948 nahm der fast Achtzigjährige wie gewöhnlich in seinem Haus in Neu-Delhi gegen fünf Uhr sein Abendessen ein: gekochtes und rohes Gemüse, einen Becher Ziegenmilch und als Nachtisch einen Früchtepudding. Dann ging er auf den Marktplatz, wo schon fünfhundert Menschen auf ihn warteten, um mit ihm, wie jeden Tag, für den Frieden zu beten. Mahatma Gandhi wollte gerade auf das Gebetspodest steigen, da trat ihm ein Hindu entgegen, der von Gandhis Versöhnung mit den Muslimen nichts wissen wollte, und feuerte drei Pistolenschüsse auf ihn ab. Gandhi fasste sich an sein Herz und rief aus: »O mein Gott!«

Dann fiel er vornüber und war tot.

Martin Luther King
»Ich habe einen Traum«

Martin Luther King wurde 1929 in Atlanta in den USA geboren. Sein Vater und seine beiden Großväter waren Pfarrer gewesen, und auch er selbst, ein »Doktor der Philosophie«, wurde Pfarrer. Die King-Familie gehörte der evangelischen Baptistenkirche an, der zweitgrößten Kirche Nordamerikas. Einige Männer aus seiner Familie trugen den für unsere Ohren etwas seltsam klingenden Vornamen Martin Luther; sie wollten damit zeigen, wie sehr sie den deutschen Mönch Martin Luther schätzten, der zu seiner Zeit vieles, was er in der Kirche für veraltet oder sogar für falsch hielt, verändert und neu geformt hat und der deshalb »Reformator« genannt wird. Dr. King war verheiratet mit der Sängerin Coretta Scott. In dem Jahr, in dem sie heirateten, gehörten sie zu den 20 Millionen Schwarzen, die unter den 180 Millionen Weißen in den Vereinigten Staaten lebten.

Martin Luther King, die Symbolfigur des gewaltlosen Kampfes der Minderheiten gegen die politische Macht der Unterdrücker. Hunderttausende sangen mit ihm das Freiheitslied: »We shall overcome!«

Als Martin noch ein Kind war, hatte er zwei Erlebnisse, die ihm schon früh deutlich machten, was es heißt, ein Schwarzer, ein »Neger« zu sein. Einmal nahm sein Vater ihn mit in ein Geschäft, um ihm Schuhe zu kaufen. Sie setzten sich. Da kam der Weiße, dem das Geschäft gehörte, und sagte: »Hier vorn im Laden dürfen Sie nicht sitzen. Neger müssen hinten sitzen, hinter dem Vorhang. Wenn weiße Kunden kommen und in meinem Laden einen Neger sehen, oder gar zwei, werden sie abgeschreckt und kaufen nichts.« Der Vater antwortete:

»Dann werden wir unsere Schuhe woanders kaufen«, und sie gingen fort. – Ein andermal waren sie mit dem Auto unterwegs. Bei einer Verkehrskontrolle sagte ein Polizist zu Martins Vater: »Hey, Boy, zeig mal deinen Führerschein!« Der Vater zeigte auf seinen Sohn und sagte: »Der Kleine da, das ist ein Boy. Ich bin ein erwachsener Mann. Reden Sie mich bitte mit Sir an, sonst werde ich nicht auf Sie hören.«

Martin hat diese beiden Erlebnisse nie vergessen, noch oft hat er später davon erzählt: »Ich war traurig und zornig darüber, wie wir Schwarzen von den Weißen behandelt wurden. Größer aber noch als mein Zorn über die Weißen war die Achtung vor meinem Vater, der sich nicht hatte einschüchtern und sich nicht zu beleidigenden oder gehässigen Worten gegen den Schuhverkäufer und den Polizisten hatte hinreißen lassen.«

Seit den Zeiten der amerikanischen Sklaverei waren 100 Jahre vergangen. Inzwischen mussten die schwarzen Männer und Frauen nicht mehr in Ketten arbeiten, sie wurden nicht mehr mit der Peitsche geschlagen oder mit Knüppeln zu Tode geprügelt, wenn sie sich wehrten. Die Sklaverei war abgeschafft. In den USA war 1865 eine Unabhängigkeitserklärung verfasst und verkündigt worden, in der unter anderem stand: »Alle Menschen sind gleich geschaffen und von ihrem Schöpfer mit den gleichen Rechten ausgestattet, die ihnen niemand nehmen darf, darunter das Recht auf Leben, das Recht auf Freiheit, das Recht auf Glück.« Doch immer wieder gab es Richter, die sich in Prozessen gegen Schwarze über diese Erklärung hinwegsetzten. »Schwarze«, so stand einmal in einer Urteilsbegründung, »gelten nicht als Bürger der USA. Sie besitzen keine Rechte, die ein Weißer respektieren muss.« Ein andermal sah die Urteilsbegründung noch schlimmer aus: »Der dumme, tierische Neger, der schwarze Untermensch, ist dazu geboren, der weißen Herrenrasse zu dienen – oder zu sterben.« Vor allem in den südlichen Bundesstaaten waren Ungerechtigkeit, Hass und Terror gegen die Schwarzen groß.

In den Städten der Südstaaten sah man auf Schritt und Tritt Schilder: »Whites only!« – »Nur für Weiße!«. Schwarze durften kein Schwimmbad betreten; in den Parkanlagen standen die menschenverachtenden Worte auf den Rückenlehnen der Ruhebänke. In Restaurants und Cafés wurden Schwarze entweder gar nicht eingelassen oder aber sie mussten in entlegenen Ecken sitzen und wurden nur nachlässig bedient. Auch an Wurstbuden und Imbissständen mussten sie weg von der Theke, wenn ein Weißer kam, ja, die öffentlichen Toiletten waren getrennt nach »Schwarz und Weiß«. Manchmal wurden die Schwarzen beim Busfahren schikaniert und verspottet. Wenn sie beim Fahrer schon ihr Ticket gekauft hatten, mussten sie noch einmal aussteigen und um den Bus herum zur Hintertür gehen, und wenn sie dort ankamen, rief der Fahrer: »Besetzt!« und schloss mit der Automatik die Tür vor ihrer Nase zu, sodass alte, gehbehinderte Männer, vor allem aber Mütter, die Einkaufstaschen in der Hand und ein Baby auf dem Arm trugen, einfach nicht mitgenommen wurden. Zu den gut ausgestatteten Schulen ließ man »Negerkinder« nicht zu; sie mussten zu weit abgelegenen Schulen fahren, in denen sie von schlecht bezahlten schwarzen Lehrerinnen und Lehrern gewöhnlich nur unzulänglich unterrichtet wurden.

Eines Abends geschah es, dass eine schwarze Arbeiterin im Bus saß und heimfahren wollte. Da stieg ein weißer Mann zu, stellte sich herausfordernd vor die Arbeiterin und schrie sie an: »Da will ich sitzen. Los, aufstehen!« Die Arbeiterin antwortete: »Ich bin müde, Sir. Ich habe den ganzen Tag schwer gearbeitet, acht Stunden im Stehen. Meine Beine tragen mich nicht mehr, ich möchte sitzen bleiben.« Der Weiße ging nach vorn und beschwerte sich beim Fahrer. Der Busfahrer grinste und sagte: »Das haben wir gleich. Wir werden gleich sehen, ob die schwarze Kuh Ihnen Platz macht oder nicht.« Er rief die Polizei. Die Arbeiterin wurde verhaftet und ins Gefängnis gesperrt. Dort saß sie fünf Tage, bis ihr Fall verhandelt werden sollte.

Der Vorfall im Bus ereignete sich am 1. Dezember 1955, in der Stadt Montgomery, auf den ersten Blick ein ganz gewöhnlicher Vorfall, wie er sich in ähnlicher Weise in Amerika beinahe alle Tage abspielte. Doch der 1. Dezember 1955 wurde der Tag, der sich von da an in der Erinnerung aller Schwarzen einprägte. Die Stadt Montgomery wurde so etwas wie »die Stadt des Widerstands«; die einfache 42-jährige Arbeiterin – sie hieß Rosa Parks – wurde über Nacht berühmt, weil viele Zeitungen, Fernsehanstalten und Rundfunksender in fast allen Ländern der Welt von dem Vorfall berichteten. Später, wenn irgendwo die Schwarzen sich zu Demonstrationen und Versammlungen einfanden, sangen sie das Protestlied, das damals entstanden war: »Die Welt stand auf, als Rosa Parks sitzen blieb!«

Was war geschehen? An einem Tag zwischen der Verhaftung und der Verhandlung von Rosa Parks trafen sich fünfzig Männer in der Kirche von Montgomery, in der Martin Luther King Pfarrer war. Er sagte: »Ich erinnere mich an den Satz, den mir mein Vater einmal sagte, als ich noch ein Kind war: ›Am Telefon können wir mit einem

Tausende von Kilometern entfernten Menschen sprechen, aber im Städtischen Omnibus nicht einmal mit dem Menschen auf dem Nachbarsitz!‹« Damit hatte er genau die Situation der Schwarzen und Weißen in den Südstaaten getroffen. Die Männer in der Kirche sagten: »Wir müssen endlich etwas tun. Es ist lange genug geredet worden.« Man beschloss, alle schwarzen Bewohner von Montgomery aufzufordern, als Protestzeichen gegen das, was sich im Bus ereignet hatte, am Tag der Gerichtsverhandlung keinen städtischen Bus zu benutzen. Noch in der Nacht wurden tausend Zettel gedruckt und verteilt, auf denen die Leute über den Beschluss unterrichtet wurden. Alle waren gespannt: Werden die Schwarzen den *Busboykott,* wie die Aktion genannt wurde, mitmachen? Viele? Alle? Wird der Busboykott bei der weißen Stadtverwaltung Eindruck machen?

Die Verhandlung gegen Rosa Parks war an einem Montag. Aufgeregt standen Pastor King und seine fünfzig Männer am Busbahnhof und beobachteten, ob der Aufruf zum Boykott befolgt würde. Was keiner erwartet hätte, geschah: Niemand kam, niemand stieg ein, die Busse blieben leer. Überall in der Stadt sah man Schwarze, die zu Fuß gingen, mit ihren Fahrrädern oder per Anhalter fuhren, manche hatten sich Esel oder Pferde geborgt und ritten zur Arbeit, Gruppen von Schulkindern saßen auf den Plattformen von Kleinlastwagen und sogar auf alten Ochsenkarren, die man vom Land geholt hatte.

Rosa Parks wurde zu einer Ordnungsstrafe von zehn Dollar verurteilt. Doch – wer hatte in dem Bus denn eigentlich etwas in Unordnung gebracht: die Arbeiterin, die mit einem gültigen Fahrschein auf ihrem Platz saß, oder der Mann, der sie von dem Sitzplatz vertrieben hatte? So gering auch die Strafe sein mochte – die Schwarzen von Montgomery gaben sich nicht zufrieden. Am Abend kamen sie zu einer Massenveranstaltung zusammen. Martin Luther King sprach vor 5 000 Zuhörerinnen und Zuhörern: »Viele Jahre«, rief er ihnen zu, »haben wir unglaubliche Geduld gezeigt. Jetzt ist der Zeitpunkt gekommen, da wir lange genug geduldig gewesen sind. Wir sind heute Abend hier versammelt, um denen, die uns so lange misshandelten, zu zeigen, dass wir genug davon haben, abgesondert und erniedrigt zu sein, genug davon, herumgestoßen und brutal unterdrückt zu werden. Wir haben keine Wahl: Wir müssen protestieren!« Die Versammlung stellte drei Forderungen auf, die King am nächsten Morgen dem Bürgermeister von Montgomery und dem Direktor der Busgesellschaft vorlegte:

1. Die Busunternehmer garantieren höfliche Behandlung.

2. Die Fahrgäste setzen sich in der Reihenfolge hin, in der sie kommen.
3. Auf allen Linien, die überwiegend von Schwarzen benutzt werden, werden Schwarze als Busfahrer eingesetzt.

Die Stadtverwaltung und die Busgesellschaft lehnten alle drei Forderungen ab. Da beschloss die schwarze Bürgerinitiative, den Busboykott fortzusetzen. Die Schwarzen in Montgomery, die eigene Autos besaßen, organisierten ein privates Verkehrsnetz, sodass die städtischen Linienbusse auch weiterhin leer blieben. Die Busgesellschaft nahm nur noch ein Drittel der gewohnten Fahrgelder ein; sie musste die Tarife erhöhen, und einige Buslinien fuhren überhaupt nicht mehr. Aus ganz Amerika und aus aller Welt kamen Telegramme, Briefe und Telefonanrufe bei Martin Luther King an: »Wir sind eure Freunde! Wir sympathisieren mit euch! Haltet durch!« Manche schickten Geld für Benzin, damit die privaten Autos weiter fahren und die Schwarzen ihren Busboykott fortsetzen konnten.

In Montgomery steigerte sich der Ärger der Weißen zu Zorn und Wut. Coretta King wurde am Telefon beschimpft, man nannte sie Niggerhure und schwarzer Affe. Einmal wurde ein Zettel unter Kings Haustür durchgeschoben: »An Martin L. King. Du Nigger! Noch in dieser Woche wirst du bereuen, dass du nach Montgomery gekommen bist!« Und wirklich: Zwei Tage später, als Pastor Dr. King gerade in seiner Kirche einen Gottesdienst hielt, warfen weiße Fanatiker eine Bombe auf den Balkon seines Hauses. Frau King konnte sich mit ihrem Töchterchen retten, knapp bevor die Bombe explodierte. Ein Junge lief zur Kirche und brachte King die Nachricht von dem feigen Überfall. Er brach die Predigt ab und eilte nach Hause. Vor seinem Haus stand eine erregte schwarze Menschenmenge und wollte mit Gewalt auf die Polizei losgehen. King trat auf den Balkon, auf dem die Bombe explodiert war, und sagte mit ruhiger Stimme: »Freunde! Meine Frau und meine Kinder sind unverletzt. Bitte, geht nach Hause und legt eure Waffen weg. Wir können unser Problem nicht durch Vergeltung lösen. Wir werden der Gewalt mit Gewaltlosigkeit begegnen. Jesus hat gesagt: Liebet eure Feinde – und das wollen wir tun!« Manche Leute weinten, andere riefen: »Amen! Gott segne dich!«

Einer der weißen Polizisten sagte, als er heimkehrte, zu seiner Frau: »Ohne den Niggerprediger hätten sie uns totgeschlagen!« Die Meldung von dem Attentat auf Kings Haus wurde, wie zuvor die Nachricht von dem Rauswurf der Rosa Parks, wiederum über die ganze Welt verbreitet. Viele weiße Amerikaner schämten sich.

Weil Martin Luther King den Busboykott nicht beenden wollte, verklagte die Busgesellschaft ihn auf Schadenersatz. Das Gericht von Montgomery verurteilte ihn zu 386 Tagen Zwangsarbeit. Noch während er im Gerichtssaal saß und gerade das Urteil verkündet worden war, stürzte ein Reporter herein und rief: »Das Oberste Gericht unseres Staates hat soeben entschieden, dass die Rassentrennung in den Bussen gegen das amerikanische Recht verstößt und aufgehoben werden muss!« Zunächst wagte niemand, der Meldung des Reporters zu trauen. Sollte das wahr sein? War das der Sieg? Nach der Verhandlung ging Martin Luther King mit Rosa Parks und einigen Freunden zur Bushaltestelle, die gegenüber seiner Kirche lag. Ein weißer Fahrer sagte: »Ich glaube, Sie sind Herr Dr. King, nicht wahr?« – »Ja, der bin ich«, antwortete er, erstaunt über die ungewöhnliche Höflichkeit. Da öffnete der Fahrer die Vordertür und sprach: »Ich freue mich, dass Sie mit mir fahren!« So stiegen sie ein und fuhren, fuhren den ganzen Tag, fuhren bis zum Abend kreuz und quer durch die Stadt und winkten den Leuten zu, die am Straßenrand standen. Der Jubel der Schwarzen in Montgomery war groß; zwar gab es in den folgenden Wochen noch Zwischenfälle, es gab sogar noch ein zweites Attentat auf die Kings. Doch die Befreiungsbewegung der Schwarzen war nicht mehr aufzuhalten.

Die Welt verfolgte den Befreiungskampf der Schwarzen in den USA und die Aktivitäten ihres Anführers Martin Luther King mit Aufmerksamkeit und Anteilnahme. King erhielt den Friedensnobelpreis. Er wurde zum »Mann des Jahres« ausgerufen, mehr als 300-mal erhielt er öffentliche Auszeichnungen: Er erhielt Diplome von Hochschulen und Ehrendoktorwürden von Universitäten, von zahlreichen ausländischen Staatspräsidenten und Regierungen wurde er zu Freundschaftsbesuchen und Vorträgen eingeladen. Er besuchte den Papst in Rom, er flog nach Afrika und ging in die Länder Ghana und Nigeria; er reiste nach Genf, nach Paris, nach London. Man lud ihn nach Indien ein, er kam nach Deutschland und traf dort mit dem damaligen Bundeskanzler Willy Brandt zusammen. Und in Amerika? Wie ist es ihm dort weiter ergangen?

Als Martin Luther King von Montgomery nach Atlanta umzog, um dort die Nachfolge seines Vaters als Pfarrer anzutreten, vergaß er, seinen Führerschein auf seine neue Anschrift umschreiben zu lassen. Er wurde vom Gericht zu sechs Monaten Zwangsarbeit verurteilt und mitten in der Nacht, an Händen und Füßen mit eisernen Ketten gefesselt und von Polizeihunden bewacht, in eine 500 Kilometer entfernt gelegene »Besserungsanstalt« transportiert. Mit mehreren Schwerverbrechern saß er in einer Zelle, bis er durch das persönliche Eingreifen von Senator John F. Kennedy, dem späteren Präsidenten der USA, mit dem er befreundet war, freigelassen wurde. Doch für 3 600 andere Schwarze, die in verschiedenen amerikanischen Gefängnissen saßen, konnte Kennedy nichts tun, weil die örtlichen Richter zu mächtig waren. Die meisten von ihnen saßen ein, weil sie, ähnlich wie seinerzeit Rosa Parks im Bus von Montgomery, in Cafés und Restaurants sitzen blieben, wenn ein Weißer kam, bis die Polizei sie herausholte und festnahm.

Nach dem Busboykott war dies eine zweite, neue Art und Weise, sich gegen die Ungerechtigkeit der Unterdrücker zur Wehr zu setzen: das Sitzen-Bleiben, das sogenannte *sit-in.* Es hatte damit angefangen, dass man in einem Café drei Schwarze, die Kaffee trinken wollten, nicht Platz nehmen ließ. Da gingen sie hinaus und setzten sich draußen vor der Tür auf die Treppenstufen. Ein andermal, als ein Schwarzer in einem Restaurant keinen Platz bekam, obwohl genügend Stühle frei waren, versammelten sich in wenigen Minuten seine Freunde, kamen ins Restaurant, setzten sich schweigend auf sämtliche freien Plätze und blieben dort beharrlich sitzen. Bald saßen Schwarze in den großen Städten zu Hunderten auf den Bürgersteigen und Bordsteinen vor den Kaufhäusern, wenn die Besitzer auf Rassentrennung bestanden, wie einst der Schuhverkäufer bei Martins Vater. Vor den Kinos saßen sie, sodass man über sie hinübersteigen musste, vor Schulen und Schwimmbädern, überall, wo man schwarze Männer, Frauen und Kinder benachteiligte. Die Polizei hatte alle Hände voll zu tun; man wagte nicht, zu schlagen oder gar zu schießen, weil die Welt sogleich über Rundfunk und Fernsehen davon erfahren hätte. So mussten die Polizisten, um die Straßen, Bürgersteige und Plätze freizubekommen, jeden und jede einzeln wegtragen – es waren 70 000! In jenen Tagen der großen sit-ins entstand ein neues Lied, das bis heute auf der ganzen Welt gesungen wird, wo nicht nur Schwarze, sondern Menschen aller Farben unterdrückt werden: »We shall overcome!«: Wir werden es schaffen! Bei den großen Versammlungen und Umzügen waren es vor allem die Weltstars Mahalia Jackson und Harry Belafonte, die dieses ergreifende Lied anstimmten und es Strophe für Strophe den Leuten vorsangen, bis alle einfielen und es wie ein Gebet zum Himmel schallte.

Nach dem Busboykott, der sich von den Stadtbussen in Montgomery auch auf die weiten Überlandlinien der USA ausgedehnt hatte, war den Schwarzen zugesichert worden, dass sie auf allen öffentlichen Verkehrsmitteln die gleichen Rechte erhielten wie die Weißen. Die sit-in-Blockaden hatten in fast allen Städten und Landkreisen dazu geführt, dass die Schwarzen in die Restaurants und Imbissstuben eingelassen und dort genauso aufmerksam bedient wurden wie alle anderen. Dennoch gab es immer noch viele Möglichkeiten, die von den verstockten Weißen genutzt wurden, um die Schwarzen – hier mit List, dort mit Gewalt – als Menschen zweiter Klasse zu behandeln. Da setzte Martin Luther King mit seinen Freunden eine dritte große Bewegung in Gang, die unüberhörbar und unübersehbar auf die »Rechte der Schwarzen auf Leben, Freiheit und Glück« aufmerksam machen sollte: die Bewegung der Protestmärsche.

Die *Protestmarschbewegung* sollte ihren Anfang in der Industriestadt Birmingham nehmen. In Birmingham herrschte ein brutaler Bürgermeister, den man den Bullen von Birmingham nannte. Er hasste die Schwarzen wie kein anderer Politiker in ganz Amerika. Martin Luther King rief alle schwarzen Männer zusammen, die bereit waren, ohne Anwendung von Gewalt in Birmingham beim ersten großen Protestmarsch mitzumachen. Die Männer, die sich meldeten, mussten schriftlich erklären, dass sie jeden Tag ein Stück in der Bibel lesen und über das Gebot Jesu, die Feinde zu lieben, meditieren würden. Sie mussten sich verpflichten, täglich für ihre Feinde zu beten und strikt alle Regeln des Anstands und der Höflichkeit gegen andere einzuhalten. Vor allem mussten die Männer feierlich versprechen, sich aller Gewalt »der Faust, der Zunge und des Herzens« zu enthalten. Kaum waren sie losmarschiert, wurde Martin Luther King, der an der Spitze des Zuges ging, schon verhaftet und ins Gefängnis gesteckt. Dieses Mal war es Harry Belafonte, der King gegen ein Sicherheitsgeld von 50 000 Dollar vorübergehend freibekam. Der Bürgermeister verbot King in aller Strenge, einen weiteren Marsch zu organisieren.

Da beschlossen die Eltern von Birmingham, ihre Kinder auf die Straße zu schicken, denn sie sagten: »Gegen unsere Kinder wird der herzlose Bürgermeister doch wohl nicht vorgehen, er wird sich nicht an den Kleinen und Wehrlosen vergreifen!« Doch als der endlose Zug der schwarzen Kinder durch die Straßen von Birmingham zog, befahl der Bürgermeister seiner Polizei, die Hunde loszulassen und Wasserwerfer einzusetzen. Er ordnete an, die Werfer so scharf einzustellen, dass der Wasserstrahl die Kinder zu Boden und gegen die Hauswände schleuderte. Ungefähr tausend Kinder wurden aufgelesen und zum Teil ins Krankenhaus, zum Teil direkt ins Gefängnis gebracht. Da gingen ihre Eltern auf die Straße: Immer, wenn ein Trupp Polizisten aufmarschierte, knieten sie nieder und beteten. »Das Protestieren könnt ihr verbieten«, riefen sie den Polizisten zu, »aber das Beten nicht!« Die Polizei und der Bürgermeister waren machtlos, vor allem, als gegen Abend Präsident Kennedy eingriff. Der Präsident schickte Soldaten nach Birmingham, verbot alle Gewalt und entließ den Bürgermeister aus seinem Amt. Im Stadthaus wurde eine gemischte Bürgerversammlung eingesetzt, die aus Schwarzen und Weißen bestand. Die Versammlung ordnete für Birmingham Folgendes an: Die Rassentrennung wird aufgehoben; Schwarze haben das Recht, in allen Berufen zu arbeiten; die gemischte Bürgerversammlung bleibt bestehen und wacht darüber, dass die Schwarzen nicht mehr benachteiligt werden.

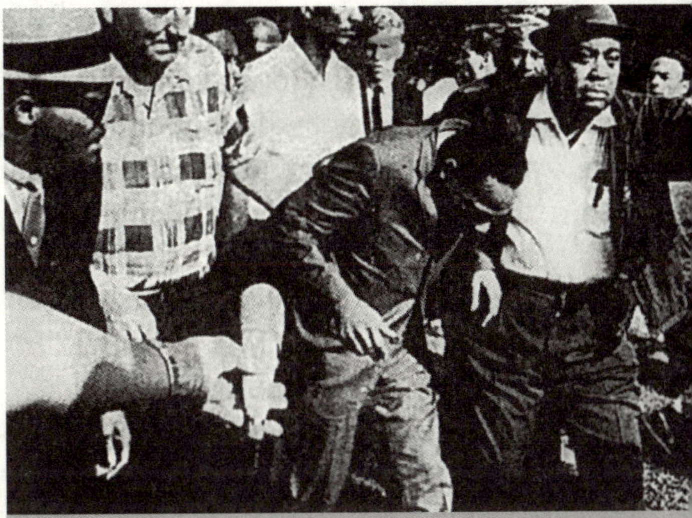

Von einem Stein getroffen, marschiert King an der Spitze des Protestzugs von Birmingham weiter, um seine Forderung nach Gleichberechtigung von Schwarz und Weiß vor die Verantwortlichen zu bringen.

Obwohl es noch zu keinem richtigen Protestmarsch gekommen war, hatte Martin Luther King erreicht, was er sich vorgenommen hatte. »Das Goldene Zeitalter ist damit zwar noch nicht da«, sagte er zu seinen Freunden, »aber die Stadt Birmingham hat einen frischen und mutigen Schritt getan, der Freiheit entgegen.«

Nach dem Sieg von Birmingham begannen die eigentlichen, großen Protestmärsche, die die ganze amerikanische Nation erschütterten. Nicht nur Christen aus Martin Luthers baptistischer Kirche gingen mit, sondern auch Katholiken, Juden, Muslime; nicht nur Schwarze marschierten, sondern auch chinesische Einwanderer und Indianer, sowie, von Tag zu Tag mehr, große Scharen von einsichtigen und mutigen Weißen. So zogen sie durch die amerikanischen

Großstädte in eindrucksvollen gewaltlosen Kolonnen und sangen ihr Hoffnungslied: »We shall overcome!«, in dem es in der dritten Strophe heißt: »Schwarz und Weiß zusammen! Tief in meinem Herzen glaube ich: Eines Tages werden wir es schaffen, dass Schwarz und Weiß zusammen leben!« In Chicago waren es 20 000, in Los Angeles 25 000, in Detroit, der Stadt der großen Autofabriken, protestierten 200 000, und in Washington, der Regierungshauptstadt der USA, war es eine Viertelmillion.

Der Marsch auf Washington endete auf dem riesigen Platz zwischen den Denkmälern der großen amerikanischen Präsidenten mit einer dreistündigen Kundgebung. Wieder sangen Harry Belafonte und Mahalia Jackson und die 250 000 stimmten in ihre Protestlieder ein. Dann verkündete ein Ansager: »Es spricht Martin Luther King, der moralische Führer der Nation!« King hielt eine lange und tief zu Herzen gehende Rede. Zuerst ließ er seinem Zorn freien Lauf: »Es wird weder Rast noch Ruhe in den USA geben, bis dem Schwarzen die vollen Bürgerrechte zugebilligt werden. Es wird weiterhin Stürme des Aufruhrs geben, sie werden weiterhin die Grundfesten der amerikanischen Nation erschüttern, bis endlich der helle Tag der Gerechtigkeit anbricht!«

Dann fuhr er ruhiger fort: »Heute sage ich euch, meine Freunde: Trotz der Schwierigkeiten, in denen wir noch stecken, habe ich einen Traum. Ich habe einen Traum, dass eines Tages Amerika sich erheben und nach dem Grundsatz leben wird, dass alle Menschen gleich erschaffen sind. Ich habe einen Traum, dass eines Tages auf den Hügeln unseres Landes die Söhne früherer Sklaven und die Söhne früherer Sklavenhalter miteinander am Tisch der Brüderlichkeit sitzen können. Ich habe einen Traum, dass meine vier kleinen Kinder eines Tages in einer Nation leben werden, in der man sie nicht nach ihrer Hautfarbe, sondern nach ihrem Charakter beurteilen wird. Ich habe einen Traum, dass sich kleine schwarze Jungen und Mädchen die Hände reichen mit kleinen weißen Jungen und weißen Mädchen, als Brüder und Schwestern. Das ist mein Traum. Das ist unsere Hoffnung. Mit dieser Hoffnung, mit diesem Glauben kehre ich von Washington in die Südstaaten zurück. Mit diesem Glauben werden wir fähig sein, zusammen zu arbeiten, zusammen zu beten, zusammen zu kämpfen, zusammen ins Gefängnis zu gehen, zusammen aufzustehen für die Freiheit, in dem Wissen, dass wir eines Tages frei sein werden. We shall overcome! Wir werden es schaffen!«

Martin Luther King beim Marsch auf Washington: »Ich habe einen Traum, dass eines Tages Amerika sich erheben und nach dem Grundsatz leben wird: Alle Menschen sind gleich erschaffen und sollen wie Brüder und Schwestern leben!«

Fünf Jahre danach, am 4. April 1968, sollte in der Stadt Memphis eine Versammlung stattfinden. Bevor er zu der Versammlung aufbrach, ging Martin Luther King noch einmal auf den Balkon seines Hotels, um nach dem Wetter zu sehen. Sein Chauffeur rief ihm von der Hoteltreppe aus zu: »Es wird kühl, Dr. King! Nehmen Sie lieber einen Mantel mit!« In diesem Augenblick krachte vom gegenüberliegenden Haus her ein Schuss. Martin Luther King wurde in den Hals getroffen und war tot. Der Mörder war ein Berufskiller; bei seiner Vernehmung gestand er, dass er für den Todesschuss bezahlt worden sei. Von wem, verriet er nicht.

Nelson Mandela
Vom Sträfling zum Staatspräsidenten

Schon vor 500 Jahren haben die ersten europäischen Entdecker am »Kap der Guten Hoffnung« das südafrikanische Festland betreten. Sie waren von der Schönheit und Fruchtbarkeit des Landes so sehr angetan, dass sie es »das Paradies« nannten. Elf Kilometer draußen vor dem Hafen des heutigen Kapstadt aber liegt im eiskalten und von Stürmen aufgewühlten Wasser des Süd-Atlantik Robben Island, eine schmale, etwas mehr als 3 km lange Insel, die unter dem Namen »das Fegefeuer am Fuß des Paradieses« bekannt geworden ist.

Staatspräsident Mandela hat für seinen Freiheitskampf 27 Jahre im Gefängnis verbracht. Er wollte nicht die Alleinherrschaft der Schwarzen, sondern die Gleichberechtigung von Schwarzen und Weißen.

Seit frühester Zeit wurde Robben Island (erst von den portugiesischen und zuletzt von den britischen) Kolonialherren als Verbannungsort für ausgesetzte Leprakranke, vor allem aber als Gefängnisinsel benutzt: für Piraten und entlaufene Sklaven, für Geisteskranke und für Trunksüchtige, für Prostituierte und für politische Gefangene, die in einem aufs sorgfältigste bewachten sogenannten Hochsicherheitstrakt und in einem Isolationsblock festgehalten wurden, zu dem kein Unbefugter Zutritt hatte. Viele der Gefangenen sind an den qualvollen Entbehrungen gestorben, die sie bei der harten Arbeit in den nahe gelegenen Steinbrüchen erleiden mussten; andere zogen sich Gebrechen zu, die sie für den Rest ihres Lebens nicht mehr loswurden.

Von allen, die je auf die Insel verbannt worden sind, sind zwei Namen in aller Welt bekannt geworden: »Harry der Strandläufer« und Nelson Mandela. An Harry den Strandläufer erinnert man sich, weil er der einzige Mensch war, dem in der vielhundertjährigen Geschichte die Flucht von der Insel gelungen ist; an Nelson Mandela, weil er der berühmteste und prominenteste Gefangene auf Robben Island war: Als man ihn, zu lebenslanger Haft verurteilt, auf die Insel brachte, wurde er von seinen Bewachern mit Schimpfwörtern überschüttet: Schwarzer Kaffer! Hund! Affe! Als er nach langer Leidenszeit wieder als freier Mann das Festland betrat, wurde Mandela, der Kaffer, der Hund, der Affe, zum Präsidenten der Republik Südafrika gewählt.

Die Vorfahren des Nelson Mandela gehörten zum Königshaus eines traditionsreichen Stammes im Volk der Xhosa. Sein Großvater war Berater des Königs gewesen und durfte an der Königswahl und an den Krönungsfeierlichkeiten teilnehmen. Die Xhosa, ansässig an der südafrikanischen Ostküste des Indischen Ozeans, waren stolze, hochgewachsene Männer und Frauen, die einen ausgeprägten Gerechtigkeitssinn besaßen und Wert auf ein friedliches und geordnetes Zusammenleben der Menschen in den Stämmen und Clans ihres Volkes legten. Nelsons Vater führte in einem der Xhosa-Stämme den Titel »Häuptling«. Er hatte, dem Brauch der Xhosa entsprechend, vier Frauen und lebte mit ihnen und seinen sieben Kindern in Mvezo, an einem Flüsschen im südafrikanischen Landesteil Transkei. Dort kam Nelson Mandela am 18. Juli 1918 zur Welt. Der Vater hing dem alten naturverbundenen Glauben der Xhosa an; seine Mutter war eine fromme methodistische Christin. Sie ließ das Kind taufen, und zwar auf den Namen »Rolih Lahla«, zu Deutsch: Unruhestifter. Später, beim Eintritt in die Schule, erhielt Rolih Lahla den englischen Vornamen Nelson. Nelson besuchte zunächst eine nahe gelegene Missionsschule der Methodisten. Dort freundete er sich mit dem Sohn eines Stammeshäuptlings an und lebte längere Zeit in dem Haus, in welchem der Häuptling seinen Amtssitz hatte und mit seiner Familie wohnte. Mit 21 Jahren ging er nach Fort Hare, um dort an der »Universität für Schwarze« verschiedene Fächer, vor allem Rechtswissenschaft, zu studieren. Im Jahre 1940, zu der Zeit, als in Europa der Zweite Weltkrieg tobte, floh er, mitten in der Nacht, aus dem Land der Xhosa, weil man ihn mit einem Mädchen verheiraten wollte, das er noch nie gesehen hatte. Er setzte sich in die 1 000 km entfernt gelegene Umgebung von Johannesburg ab, der größten und bedeutendsten Stadt der (damals noch so genannten) Südafrikanischen Union. Dort hatte er das Glück, als Gehilfe in der Kanzlei eines stadtbekannten Rechtsanwalts angestellt zu werden.

Als der junge Häuptlingssohn Nelson Mandela nach Johannesburg kam, hatte Südafrika 10 Millionen Einwohner; davon machten die Weißen nur etwa 20% aus: Es waren die aus den Jahren der Kolonialzeit stammenden Nachfahren der Holländer, die man Buren nannte, sowie viele eingewanderte Engländer. Der größte Teil Südafrikas aber war von schwarzen Afrikanerinnen und Afrikanern bewohnt; ihr Anteil an der Gesamtbevölkerung betrug 70%. Außer den eigentlichen Schwarzen gab es noch rund eine Million Farbige, die aus früheren (zwischen Schwarzen und Weißen gemischten) Familien stammten; sie hießen Mischlinge oder »Klörlinge«, von dem holländischen Wort »Kleur«, die Farbe. Hinzu kamen noch viele Inder (verächtlich: Kulis) und Einwanderer aus anderen asiatischen Ländern. Die Stadt Johannesburg selbst war fast ausschließlich von Weißen bewohnt. Die Schwarzen und Farbigen hingegen waren außerhalb des Stadtbereichs in lagerartigen Townships angesiedelt. Sie arbeiteten unter menschenunwürdigen Bedingungen und gegen lächerlich geringe Löhne in Bergwerken. Dort gruben sie nach Gold und Diamanten, nach Kohle und Uran. Den billigen schwarzen und farbigen Arbeitskräften verdankte Südafrika seinen unermesslichen Reichtum: Unter sämtlichen Ländern der Erde, in denen Gold gewonnen wird, steht Südafrika noch heute an erster Stelle; unter den Staaten, die Diamanten und die Platin fördern, nimmt Südafrika den zweiten, unter den urangewinnenden die dritte Stelle ein; auch der südafrikanische Kohlebergbau war damals von großer Bedeutung.

Nelson Mandela, der inzwischen ein junges schwarzes Mädchen mit Namen Evelyn geheiratet hatte, musste, wie alle anderen Schwarzen, zunächst in einer *Township* wohnen, auf engem Raum mit seiner Frau und drei Kindern, mit seiner Mutter und seiner Schwester. Das geringe Monatsgehalt aus der Anwaltskanzlei reichte fast nie, sodass Mandela meistens die zweimal 10 km zwischen der Township und der Innenstadt von Johannesburg zu Fuß laufen musste, um das Fahrgeld für den Bus zu sparen. Trotzdem hat er in diesen bedrückenden Monaten in nächtlichem Eigenstudium bei Kerzenlicht Prüfungsarbeiten geschrieben, den Doktortitel und die Zulassung zum Beruf eines selbstständigen Rechtsanwalts erworben. Zusammen mit einem Freund eröffnete er 1952 die erste sogenannte Schwarze Anwaltspraxis in Afrika, die »Kanzlei Mandela & Tambo«. Sie konnten den Ansturm der Schwarzen und Farbigen, die täglich bei ihnen Rat und Hilfe suchten, kaum bewältigen; vielen Armen erließen sie die üblichen Anwaltskosten oder erhoben von ihnen nur geringe Gebühren.

Schon hundert Jahre vor dieser Zeit waren die Briten nach Südafrika gekommen und hatten damit begonnen, die Menschen der so genannten Schwarzen Rasse von denen der Weißen Rasse abzusondern und streng voneinander zu trennen. Sie nannten die Rassen-Trennung mit einem Wort aus der Burensprache *Apartheid.* Die Nicht-Weißen mussten unter sich bleiben und mussten entweder in den Elendsquartieren der Townships oder aber, soweit das in den verschiedenen afrikanischen Landschaften durchführbar war, in schwarzen »Homelands« und »Reservaten« wohnen. Die Kinder und die heranwachsenden Söhne und Töchter der Schwarzen konnten normalerweise nicht in eine ordentliche Schule gehen oder eine weiterführende Schule besuchen, in der sie sich für einen gehobeneren Beruf hätten ausbilden lassen können. Eines der wichtigsten Ziele der Apartheidpolitik war nämlich, die schwarzen Kinder dumm zu halten, damit sie nicht eines Tages, wenn sie erwachsen wären, den Weißen ebenbürtig oder gar überlegen würden. Nur mit Glück und unter kaum erträglichen Belastungen und Belästigungen gelang es dem einen oder anderen, sich – ähnlich wie Nelson Mandela – an einer »Schwarzen-Universität« als Student einzuschreiben. Zuletzt gab es in Südafrika vier solcher Universitäten; sie lagen aber weit ab von den ländlichen Wohngebieten, und nur wenige Schwarze hatten Geld genug, dorthin zu fahren und die Genehmigung zu beantragen, in der Universitätsstadt ein Zimmer mieten zu können.

Die Apartheidgesetze wurden von Jahr zu Jahr strenger: Eheschließungen zwischen Schwarzen und Weißen waren bei Strafe verboten; wenn ein schwarzer Junge und ein weißes Mädchen sich ineinander verliebten, mussten sie ihre Beziehung geheim halten, um nicht ebenfalls hart bestraft zu werden. Die Schwarzen, die Klörlinge und die Inder hatten kein Wahlrecht: Nur die Weißen durften wählen, nur sie bestimmten, wer das Land mit seinen siebeneinhalb Millionen Nicht-Weißen regierte. Nur Weiße durften die schönen südafrikanischen Strände betreten, um im Meer zu schwimmen. Die Schwarzen ließ man nicht in die Parkanlagen von Kapstadt und Johannesburg; überall waren – ähnlich wie zu dieser Zeit in den Südstaaten der USA, wo Martin Luther King gegen die Diskriminierung der Schwarzen kämpfte – Schilder mit der Aufschrift »Nur für Weiße!« angebracht: an den Türen vieler Cafés und Restaurants, an Bussen und Trambahnen, an öffentlichen Toiletten und an Kinos, an den Eingängen der städtischen Kinderspielplätze, an Theatern und Bibliotheken. In den Straßen patrouillierten Polizisten mit Knüppeln und Handschellen;

jeder, der ein Apartheidgesetz übertrat, wurde gepackt und vor Gericht oder ins Gefängnis gebracht. Fast nur noch in den Kirchen und in den dörflichen Missionsschulen sowie bei einigen menschlich gebliebenen weißen Farmern oder Handwerksmeistern konnten sich die Schwarzen wie Menschen fühlen; überall sonst behandelte man sie mit Verachtung.

Jeder erwachsene Bewohner Südafrikas musste ständig einen Pass bei sich tragen, in dem angegeben war, zu welcher der vier »gesetzlich festgelegten Rassen-Kategorien« er gehörte: Ob er als echter Weißer galt oder ob er sich Schwarzer, Farbiger oder Asiat zu nennen hatte.

Hier und da fanden sich, verstreut über das Land, Männer, die sich zusammentaten, um für bessere Lebensbedingungen der Schwarzen und Farbigen zu kämpfen. Zu ihnen gehörte der junge Maninal Gandhi, dessen Vater Mahatma Gandhi eine Zeit lang in Südafrika gelebt und unter den Misshandlungen durch die Weißen zu leiden gehabt hatte; auch der spätere Friedensnobelpreisträger Erzbischof Desmond Tutu zählte zu den Mutigen; die Kommunistische Partei, die den unterdrückten Arbeitern Recht verschaffen wollte, stand ebenfalls auf ihrer Seite. Die stärkste Gruppe derer, die gegen die Ungerechtigkeiten der weißen Minderheit in Südafrika Protest erhoben und die Gleichberechtigung der Schwarzen und Weißen durchsetzen wollten, nannte sich *African National Congress,* kurz: ANC. Im Jahre 1944 schloss sich Nelson Mandela (zusammen mit seinem Geschäftspartner Oliver Tambo und mit seinem Freund Walter Sisulu) dem ANC an. »Ich konnte nicht länger schweigen und meine Wut unterdrücken«, schrieb er später in seinen Lebenserinnerungen, »in mir wuchs eine rebellische Haltung, wuchs das Verlangen, das politische System zu bekämpfen, das mein Volk einsperrte wie in einen Kerker.«

Dem ANC gelang es – zwei Jahre später –, zusammen mit den anderen Protestgruppen erstmals einen großen *Bergarbeiterstreik* für bessere Wohnverhältnisse und mehr Lohn zu organisieren. Siebzigtausend Schwarze folgten, zunächst noch ängstlich und zögernd, doch dann immer mutiger und begeisterter, dem Streikaufruf. Manche nahmen schweigend an den Protesten teil; andere machten ihrer Wut Luft und riefen in Sprech-Chören: »Afrika den Afrikanern!« Einige besonders kämpferisch Gesonnene trugen Spruchbänder mit dem Aufruf: »Treibt die Weißen ins Meer!« Die Polizei ging mit rücksichtsloser Härte gegen die Streikenden vor: Zwölf Bergleute wurden totgeschlagen. Sofort verbot die Regierung Streiks und Protestveranstaltungen jeglicher Art, doch der ANC umging das Verbot geschickt, indem er ein Stay-at-home-Programm dagegensetzte und die Männer einzeln aufforderte, an bestimmten Tagen zu Hause zu bleiben und nicht zur Arbeit zu gehen. Noch ein zweites Mal versuchten die Führer des ANC, trotz Verbot einen Streik durchzuführen; dieses Mal wurden 18 Bergarbeiter getötet und mehr als 30 verletzt.

Am 6. April 1952 sollten in allen größeren Städten Südafrikas große nationale Feiern stattfinden: zum 300. Jahrestag, an dem der holländische Eroberer Jan van Riebeeck in der Bucht von Kapstadt gelandet war und die Weißen systematisch damit begonnen hatten, das Land in Besitz zu nehmen. In den Wochen vor diesen staatlichen Feiern reiste Mandela, zusammen mit seinen Freunden Tambo, Sisulu und Maninal Gandhi, quer durch die Südafrikanische Union, von Stadt zu Stadt, von Dorf zu Dorf und rief die Schwarzen und Farbigen zu einer landesweiten *Missachtungs-Kampagne* auf. Die Leute hörten auf Nelson Mandela (den sie den geborenen Führer der Massen nannten). Immer mehr Männer und Frauen traten dem oppositionellen ANC bei; die Mitgliederzahl stieg binnen kurzem von 7 000 auf 100 000. Am Nationalfeiertag begann die Missachtungskampagne: Die Menschen gingen in Scharen auf die Straße und übertraten – von Mandela zu strikter Gewaltlosigkeit ermahnt – die Apartheidgesetze: Sie stiegen in Busse und Zugabteile ein, die nur für Weiße reserviert waren, betraten Postämter und Sparkassen durch die ihnen verbotenen Haupteingänge und riefen den Polizisten zu: »Hey, Männer! Öffnet doch die Gefängnistore, wir wollen freiwillig hinein!« Viele, unter ihnen auch Mandela und seine engsten Freunde, hielten die Hände hin, ließen sich fesseln und verhaften und ins Gefängnis werfen. Mandela wurde zu neun Monaten Freiheitsstrafe verurteilt. Mehrere Tausend Anhänger des ANC hielten daraufhin eine Protestveranstaltung ab, auf der sie Mandela in Abwesenheit zum stellvertretenden Vorsitzenden wählten. Kaum war er probeweise und auf Bewährung aus der Haft entlassen, wurde er erneut verurteilt, weil er den ungerechten und immer noch mehr verschärften Anordnungen der Regierung nicht Folge leistete. Er wurde »mit dem Bann belegt«, das heißt: unter Polizeiaufsicht gestellt. Zwei Jahre lang durfte er keine Versammlung und Kundgebung besuchen und das Stadtgebiet von Johannesburg nicht verlassen. Mandela übertrat jedoch immer wieder die Einschränkungen und Verbote, die gegen ihn erlassen wurden. Statt persönlich auf den Versammlungen der Schwarzen zu erscheinen, schrieb er von nun an seine Reden auf und ließ sie vor allem Volk von seinen Freunden verlesen. Nur noch ganz selten war er bei seiner Familie zu Hause, fast jeden Tag und jede Nacht war er unterwegs zu Besprechungen und Planungen bei seinen Mitstreitern vom ANC. Noch einmal wurde er, wegen seines Ungehorsams und seiner Tätigkeit im Untergrund, für mehrere Wochen ins Gefängnis gesperrt. Als er schließlich freikam, hatte seine Frau Evelyn ihn verlassen und seine Ehe wurde geschieden.

Nelson Mandela traf wieder mit seinen Freunden zusammen und bereitete mit ihnen eine sogenannte *Freiheits-Charta* vor. Sie befragten Tausende von Afrikanern aus allen »Rassen-Kategorien«: »Was würdet Ihr tun, wenn Ihr die Gesetze für Südafrika machen könntet? Was würdet Ihr tun, um Südafrika zu einem glücklichen Land für alle zu machen?« Die Leute schrieben ihre Antworten auf Zettel und auf nahezu allen Zetteln hieß es: »Wir wollen wählen dürfen! Wir wollen gleiches Stimmrecht für alle Südafrikaner!« Da rief der ANC zu einem allgemeinen Volkskongress in dem Städtchen Kliptown auf; fast 3 000 Abgesandte aus allen Dörfern und Städten kamen zusammen – auf Fahrrädern und Eselskarren, mit Bussen und zu Fuß. Nelson Mandela, der noch immer im Bann lebte und nicht am Volkskongress teilnehmen durfte, hatte sich verkleidet und sein Gesicht unkenntlich gemacht; in den Massen der Menschen versteckt, hörte er den Reden zu und beobachtete, wie über die eingereichten Vorschläge abgestimmt wurde. Schließlich, gegen Abend, wurde die Freiheits-Charta aufgeschrieben und vorgelesen. Der erste Satz lautete: »Wir, das Volk von Südafrika, erklären vor dem ganzen Land und vor aller Welt: Südafrika gehört allen, die darin leben, Schwarzen und Weißen! Wir alle sind Brüder, Schwarze und Weiße, wir alle sind gleichberechtigte Bürger von Südafrika!«

Während die Menschen sich noch vor Freude umarmten und miteinander tanzten, rückte ein gewaltig großes Aufgebot von schwer bewaffneten Polizisten an. Sie durchsuchten die Teilnehmer, ließen sich die Pässe zeigen, schrieben alle Namen auf, beschlagnahmten die Charta und sammelten fast 10 000 Zettel und Schriftstücke ein, die sie bei den Delegierten fanden. 156 führende Männer der Oppositionsgruppen – unter ihnen auch der verkleidete Mandela – wurden verhaftet. Draußen vor Kliptown standen schon Flugzeuge bereit, mit denen sie in die Hauptstadt Pretoria abtransportiert wurden. Dort begann der größte politische Strafprozess der Menschheitsgeschichte. Der Prozess dauerte fünf Jahre. Trotz aller Anstrengungen der weißen

Regierung mussten am Ende dann doch alle Angeklagten freigesprochen werden. Mandela konnte endlich, wenn auch hauptsächlich aus dem Untergrund heraus, seinen Freiheitskampf für die Gleichberechtigung von Schwarzen und Weißen fortsetzen.

Nach seiner Scheidung von Evelyn heiratete Nelson Mandela wieder, eine schwarze Frau, die – als Winnie Mandela schon bald in aller Welt bekannt – ihren Mann in seinem Freiheitskampf unterstützte und später, während seiner langen Haft auf Robben Island, treu an seiner Seite blieb. Sie nahm eine führende Stellung im ANC ein und wurde von den Weißen mehrere Male eingekerkert. Doch im Gegensatz zu ihrem Mann Nelson stachelte sie die Schwarzen immer häufiger, bald offen, bald versteckt, zu Gewalt gegen die Herrschenden an. Als eine Schlägerbande, der sie nahe stand, bei einem Aufstand einen vierzehnjährigen Jungen heimtückisch ermordete, wurde sie zu sechs Jahren Gefängnis verurteilt. Ihr Hass wuchs, ihr Herz verhärtete sich, nach und nach fügte sie durch ihre schlecht durchdachten illegalen Aktionen den Friedens- und Versöhnungsbemühungen ihres Mannes und seiner Oppositionsgruppen mehr Schaden als Nutzen zu. Nach 38 Jahren Ehe hat sich Nelson Mandela von ihr getrennt.

Nach dem Volkskongress von Kliptown und dem glücklichen Freispruch aller Verantwortlichen wurde der Hass der Behörden auf Nelson Mandela, den »geborenen Führer der Massen«, immer stärker. Die Polizei versuchte angestrengt, ihn bei irgendeiner neuen Übertretung der Apartheidgesetze zu ertappen, um ihn vor Gericht zu bringen, verurteilen zu lassen und endlich für immer unschädlich zu machen. Doch Mandela überlistete seine Verfolger stets mit Geschick: Wenn er zu einer heimlichen Zusammenkunft fuhr, verkleidete er sich entweder als harmloser Chauffeur oder als Gärtner, der angeblich irgendwo bei einem Weißen einen Park oder einen Garten zu bearbeiten hatte. Bald gelang es ihm, erstmals auch eine größere Anzahl von Frauen für den Freiheitskampf zu mobilisieren: 20 000 schwarze Afrikanerinnen protestierten in der Hauptstadt Pretoria vor dem Regierungsgebäude der Südafrikanischen Union; ein andermal marschierten einige Hundert, mit ihren Babys auf dem Rücken, durch die Innenstadt von Johannesburg. Wieder wurden mehrere Tausend verhaftet (unter ihnen auch Winnie Mandela); zwei Wochen später schoss die Polizei wahllos in einen Protestzug und tötete 70 Schwarze. Mandela kam erzürnt aus seinem Versteck und verbrannte, gemeinsam mit vielen anderen Afrikanern, vor aller Augen seinen »Vier-Kategorien-Pass«. Er wurde erneut verhaftet und erneut kam es zu einem langen, zermürbenden Prozess. Auch dieses Mal musste er freigesprochen werden, weil die Richter, wie im Prozess von Kliptown, keine ausreichenden Beweise für einen strafbaren Gesetzesbruch erbringen konnten.

Im Jahre 1960 wurden der ANC und die anderen Freiheitskämpfergruppen von der südafrikanischen Regierung durch Gesetz für verboten und aufgelöst erklärt. Mandela entschloss sich, mit Sisulu und seinen anderen Freunden aus den nunmehr verbotenen oppositionellen Organisationen endlich zum offenen Kampf und zur Anwendung von Gewalt überzugehen; die Gewalt sollte sich jedoch nach wie vor nicht gegen Menschen richten, sondern gegen Sachen, die als Symbole der Staatsmacht gelten konnten. Mandela verfasste – im Untergrund verborgen – einen Aufruf an seine schwarzen Landsleute. »Ich werde«, hieß es in diesem Aufruf, »gegen die Regierung kämpfen, Seite an Seite mit euch, Meter um Meter, Meile um Meile, bis der Sieg errungen ist. Ich werde bis zum Ende meiner Tage mit euch um die Freiheit kämpfen.« Flugblätter gingen von Hand zu Hand: »Die Regierung hat bisher unsere Friedfertigkeit als Schwäche gedeutet«, stand darin, »doch wir werden uns nicht unterwerfen. Wir haben keine andere Wahl, als mit allen uns zur Verfügung stehenden Mitteln zuzuschlagen, um unser Volk, um unsere Zukunft, um unsere Freiheit zu verteidigen!«

Die Männer des verbotenen ANC begannen mit Sabotageakten: Über das ganze Land verteilt, griffen sie nachts mit selbst gebastelten Bomben und Brandsätzen Militärstützpunkte an und versetzten die dort stationierten Wachtposten in Angst und Schrecken; sie beschädigten wichtige Teile in Elektrizitätswerken, sägten Hochspannungsmasten um, legten Telefonleitungen lahm und sprengten riesige Krater in die Fahrbahndecken der Fernstraßen. Die Regierung in Pretoria wurde nervös: Nie hätte man den »dummen Schwarzen« Sabotageakte solchen Ausmaßes zugetraut. Am schlimmsten war es für die Regierung, dass nun auch das Ausland durch die Presse und durch Rundfunk und Fernsehen auf den Kampf gegen die Apartheid aufmerksam wurde. Aus Angst vor Zerstörungen lehnten viele ausländische Firmen es ab, weiter in die südafrikanische Wirtschaft zu investieren. Nelson Mandela gelang es in diesen Tagen, unerkannt über die Grenze zu gehen und in mehreren Staaten von den Aktionen der Untergrundkämpfer zu berichten. In Äthiopien hielt er vor einem großen internationalen Afrikakongress eine begeisternde Rede; er besuchte die Regierungen von Botswana und Tansania, er reiste nach Marokko und Tunesien, nach Liberia und Nigeria, nach Madagaskar und Algerien, er flog sogar nach England, wo er, unter falschem Namen, in London mit ausländischen Gesinnungsgenossen zusammentraf. Fast überall, wohin er kam, sagte man ihm zu, ihn mit Geld für seine Sabotageunternehmungen im südafrikanischen Freiheitskampf großzügig zu unterstützen.

Heimgekehrt, machte Nelson Mandela sich noch in derselben Nacht auf den Weg nach Johannesburg. Wie schon so oft, verkleidete er sich wieder, mit Dienstmütze und livriertem Jackett, als Chauffeur. Doch er wurde verraten, bis heute weiß man nicht genau, durch wen: Unterwegs hielt eine bewaffnete Polizeistreife das Auto an, Mandela konnte sich nicht ausweisen. Am nächsten Tag stand er vor Gericht – zusammen mit seinem Freund Sisulu, den man ebenfalls in derselben Nacht verhaftet hatte. Die Richter klagten ihn an: Er habe Männer angeworben und für Sabotageakte trainiert, um mit ihnen eine gewaltsame Revolution vorzubereiten und die Regierung zu stürzen; auch sei er ohne Genehmigung ins Ausland gefahren und habe Geld für seine Operationen gesammelt. Mandela schrieb in der Untersuchungshaft seine Verteidigungsrede auf. Sein Anwalt riet ihm dringend, diesen Text nicht vor Gericht zu verlesen: »Wenn Sie das dem Richter vortragen, wird man Sie sofort hinters Gerichtsgebäude schleppen und am nächsten Baum aufhängen!« Mandela ließ sich nicht umstimmen. Er hielt eine vierstündige Rede, in der er den weißen Richtern mit eindringlichen Worten die Ungerechtigkeit der Apartheidpolitik vorhielt. »Eure Gesetze«, rief er aus, »sind von Weißen gemacht und dienen dazu, Afrikaner arm und Weiße reich zu machen. Nicht ich, ihr Herren, sollte auf der Anklagebank sitzen, sondern die weiße Regierung! Ich bin stets für eine freie und demokratische Gesellschaft eingetreten. Für dieses Ideal lebe und kämpfe ich, und wenn es sein muss, bin ich bereit, dafür zu sterben.«

Das Gericht beriet drei Wochen lang. In diesen drei Wochen kam es überall in der »Republik Südafrika« (wie das Land inzwischen hieß) zu Stay-at-home-Aktionen und zu Massenstreiks; in vielen Städten Europas und Amerikas gingen Menschen auf die Straße und demonstrierten gegen die Apartheidpolitik. In London fanden in der St. Paul's Cathedral, der zweitgrößten Kirche der Welt, Gottesdienste für Mandela und Nachtwachen für den Freiheitskampf der Schwarzen statt; in New York forderte der Weltsicherheitsrat der UN die

Regierung von Südafrika auf, die menschenunwürdige Apartheid zu beenden. Schließlich verkündete das Gericht in Pretoria das Urteil. Unter dem Druck der Weltöffentlichkeit wagten die Richter nicht, die Todesstrafe zu verhängen, »die in einem Falle wie diesem die angemessene Strafe wäre«, wie der Vorsitzende sagte. Das Urteil für alle Angeklagten lautete: »Gefängnishaft! Lebenslänglich!«

Mandela wurde nach Robben Island überstellt, wo sich zu diesem Zeitpunkt mehr als 1 000 Gefangene aufhielten. Sisulu und mehrere andere prominente ANC-Männer mussten mit hinüber in das »Fegefeuer«; Mandelas Freund, Rechtsanwalt Oliver Tambo, wurde nicht verurteilt. Schon bald hatte Tambo mutig die verstreuten Widerstandskämpfer zusammengerufen und den verbotenen ANC neu gegründet; man wählte ihn einstimmig zum Vorsitzenden. Tambo richtete aus einem Versteck heraus einen Aufruf an das Volk von Südafrika, sich an die Freiheits-Charta von Kliptown zu erinnern und sich wieder – wie unter Nelson Mandela – zusammenzuschließen. »Wir alle, Schwarzafrikaner, Klörlinge, Inder und weiße Demokraten, müssen eines Sinnes sein und uns zu einem einzigen, undurchdringlichen und festen Widerstandswall, zu einer einzigen Massenaktion zusammenschweißen!«

Die damals 1000 Gefangenen auf »Robben Island« mussten in den nahe gelegenen Steinbrüchen arbeiten oder im Innenhof des Gefängnisses Sklavenarbeit verrichten.

Einige südafrikanische Zeitungen hatten den Mut, Tambos Aufruf abzudrucken. Mit großen Lettern schrieben sie auf das Titelblatt: »Lasst Mandela frei!« Wie schon einige Jahre zuvor, so griff auch jetzt wieder der Sicherheitsrat der Vereinten Nationen von New York aus in das Geschehen ein und forderte in einer Resolution die Regierung in Pretoria auf, Mandela endlich freizulassen. Die Regierung gab scheinbar nach und erklärte sich bereit, Nelson Mandela aus der Haft zu entlassen. Doch Mandela lehnte das Angebot ab. Er ließ seiner 17-jährigen Tochter Zindzi Mandela einen Brief zukommen und wies sie an, den Brief auf einer bevorstehenden Protestveranstaltung im Fußballstadion der Stadt Soweto durch den Stadionlautsprecher vorzulesen. Mit fester Stimme las Zindzi den Brief ihres Vaters vor. Es waren die ersten Worte Mandelas, die aus Robben Island an die Öffentlichkeit kamen. Viele brachen in Tränen, viele in lauten Jubel aus, als Zindzi las, was ihr Vater geschrieben hatte: »Ich schätze meine eigene Freiheit sehr, aber mehr noch sorge ich mich um eure Freiheit, um die Freiheit meines Volkes. Ich werde mein Recht auf Freiheit nicht preisgeben, aber ich werde auch euer aller Recht auf Freiheit nicht preisgeben. Eure Freiheit und meine Freiheit sind nicht voneinander zu trennen!« Die Worte Mandelas gingen durch die Medien um die ganze Welt. Die meisten westlichen Länder – außer England – und die ganze Europäische Union – außer Deutschland, das auf seine guten Geschäftsbeziehungen mit Südafrika nicht verzichten wollte – verhängten Boykotte und Sanktionen gegen die Republik Südafrika. Kaum noch eine Fluggesellschaft bot Verbindungen nach Südafrika an, rings um das Land baute man Handels- und Investitionssperren auf. Das ehedem so reiche Südafrika bewegte sich auf den Ruin zu, die weiße Regierung musste sich geschlagen geben.

Hohe Regierungsbeamte führten – zunächst im Geheimen – Verhandlungen mit Mandela und seinen Freunden. Dann, endlich, rief der weiße Präsident der Republik Südafrika, Friedrich Wilhelm de Klerk, das Parlament zusammen und verkündete die Freilassung Mandelas und der mit ihm verurteilten Untergrundkämpfer. Zugleich hob er das Verbot des ANC auf und setzte für Ende April freie demokratische Wahlen an, bei denen erstmals in der Geschichte die Afrikanerinnen und Afrikaner aller Rassen und aller politischen Parteien gleiches Stimmrecht hatten. Drei Tage lang drängte sich das Volk, Schwarze und Weiße, in endlos langen Schlangen vor den Wahllokalen, bis alle ihre Stimmzettel in die Urnen geworfen hatten. Der ANC erhielt mit fast zwei Dritteln der Stimmen die absolute Mehrheit und zog als Sieger in das neue Parlament ein.

Am 10. Mai 1994 wurde der 76-jährige Nelson Mandela nach insgesamt 27 Gefängnisjahren als »Staatspräsident der Republik Südafrika« vor dem Parlament vereidigt; der Weiße de Klerk wurde sein Stellvertreter. Südafrika war ein freies demokratisches Land geworden.

Bildnachweis:

9 DRK-Bildarchiv, Bonn.
15 DRK-Bildarchiv, Bonn, Foto M. Eram.
Umschlag (o.M./o.r.), 19, 73, 105, 125 Bildarchiv Preußischer Kulturbesitz, Berlin.
29 Privatbesitz Elsa Björkman-Goldschmidt.
33 Norgard Kohlhagen, Elsa Brändström, © Quell/Gütersloher Verlagshaus, Gütersloh.
44 B. Nordahl und Hj. Johansen: Supplement zu F. Nansen: In Nacht und Eis III. Leipzig 1914.
48 H. S. Jensen: Fridtjof Nansen, Lynge 1986.
Umschlag (u.M.), 51 Süddeutscher Verlag Bilderdienst, München.
54, 57 Ewa Curie, Maria Curie, Warschau 1972.
56 Institut de Physique Solvay.
66 Christiane Wilder, Barbara Esser, Montessori-Schule, © 1989 by Rowohlt Taschenbuch Verlag GmbH, Reinbek.
70 Foto: Helmut Heiland, Grevenbroich.
78, 139 Aufnahmen, die auf Veranlassung oder mit Erlaubnis der NAZI-Behörden gemacht wurden (Fundort: verlassenes Büro der Gestapo).
80, 138, 184 dpa Bildarchiv, Hamburg.
Umschlag (u.r.), 83, 88 Deutsches Albert Schweitzer Zentrum Frankfurt a.M. (Archiv und Museum).
95 AWO-magazin, Zeitschrift der Arbeiterwohlfahrt, Bonn.
101, 102 AWO-Bezirksverband, Essen.
105 Käthe Kollwitz, »Not« (aus der Serie »Ein Weberaufstand«). © VG Bild-Kunst, Bonn 2000.
109 (o.) Käthe Kollwitz, »Hungernde Kinder« 1924, (u.) Käthe Kollwitz, »Nie wieder Krieg«, 1924 © VG Bild-Kunst, Bonn 2000.
118 aus: The Steps of Bonhoeffer. A Pictorial Album. J. Martin Baily and Douglas Gilbert. United Church Press, Philadelphia.
Umschlag (u.l.), 121, 128 Ullstein Bilderdienst Berlin.
131 Sammlung Dauzenroth, Gießen.
141, 149, 150 Archiv des Verlags »Friede und Heil«, Franziskanerkloster Würzburg.
Umschlag (o.l.), 160, 199 KNA-Bild, Frankfurt/M.
163 Desmond Doig.
170 Jenner Zimmermann.
Umschlag (M.r.), 187, 193, 196 Ghandiserve e.K., Berlin.
207 Flip Schulke/ Flip Schulke Archives, Florida.
208 Bettmann Archive New York.
221 Mayibuye Centre, University of the Western Cape, Bellville, South Africa, Foto Jürgen Schadeberg, Pinegowrie.

Alle übrigen Abbildungen: Patmos Archiv

Lebensgeschichten
von großen und kleinen Leuten

Das beispielhafte Leben vieler heutiger »Helden« und Vorbilder wird in Kurzbiographien den jungen Leserinnen und Lesern nahegebracht. Doch der Heiligenkalender braucht sich hinter den »weltlichen Helden« nicht zu verstecken. Josef Quadflieg hat aus der Vielzahl der Heiligen Männer und Frauen herausgesucht, denen eines gemeinsam ist: Sie tragen fast alle ungeläufige, seltsame Namen und haben auf ihre je eigene Weise das Evangelium wirksam werden lassen.
Wo es Helden und Heilige gibt, gibt es auch stets Halunken, die dem Leser in vielen Alltagsgeschichten begegnen.
Das Buch ist strukturiert durch die vier Jahreszeiten und informiert nebenher über Persönlichkeiten aus Wissenschaft und Politik, aus Kunst und Geschichte, Film und Sport, die zur selben Zeit Geburtstag haben wie die großen Helden und Heiligen; es bietet so manches über das Kirchenjahr und seine Feste und Bräuche sowie einen Namenskalender für alle 365 Tage des Jahres.

Format 16,4 x 23 cm, zahlr. Bilder, 272 Seiten, ISBN 3-491-79454-4